普通高等教育铁道规划教材

铁路信息技术标准化及应用

张　宁　主　编
叶年发　马建军　副主编
刘卫国　主　审

中国铁道出版社

2017年·北　京

内 容 简 介

本书是普通高等教育铁道规划教材。全书共分八章，内容包括：概述、标准及标准化的基本概念、铁路技术标准制定程序和质量要求、铁路技术标准编写方法、铁路信息编码技术、标准与铁路信息化建设，以及国内、外铁路信息技术标准的发展情况和实例分析。

本书为高等学校铁路相关专业的本科生与研究生教学用书，也可以作为铁路相关专业高等职业院校的教材，并可供相关企事业单位业务与管理人员的学习和参考。

图书在版编目(CIP)数据

铁路信息技术标准化及应用/张宁主编．—北京：中国铁道出版社，2017.3

普通高等教育铁道规划教材

ISBN 978-7-113-22870-5

Ⅰ.①铁… Ⅱ.①张… Ⅲ.①铁路运输—信息化—标准化—教材 Ⅳ.①U29-39

中国版本图书馆 CIP 数据核字(2017)第 035663 号

书　　名：普通高等教育铁道规划教材
铁路信息技术标准化及应用

作　　者：张　宁　主编

责任编辑：朱敏洁　　**编辑部电话**：010-51873134　　**电子信箱**：zhuminjie_0@163.com

封面设计：崔丽芳

责任校对：焦桂荣

责任印制：陆　宁　高春晓

出版发行：中国铁道出版社(100054，北京市西城区右安门西街 8 号)

网　　址：http://www.tdpress.com

印　　刷：三河市宏盛印务有限公司

版　　次：2017 年 3 月第 1 版　2017 年 3 月第 1 次印刷

开　　本：787 mm×960 mm　1/16　印张：14.5　字数：308 千

书　　号：ISBN 978-7-113-22870-5

定　　价：36.00 元

前　言

本书是普通高等教育铁道规划教材，由原铁道部教材开发领导小组组织编写，并经相关业务部门审定，适用于高等院校铁路特色专业教学以及铁路专业技术人员使用。本书为铁路信息技术系列教材之一。

铁路信息化是现代化铁路的重要标志之一，信息技术在保障行车安全、提高铁路运输效率和提升客货运输服务质量等方面起着越来越重要的作用。由于铁路系统自身特点决定了铁路信息化系统必须能够支持多专业、多部门、跨地区（国家）协调运行，实现铁路的安全和高效运输。此外信息技术的发展日新月异，新兴技术层出不穷，如何规范铁路信息技术发展，保证可靠、先进的技术能够尽快在铁路运输中发挥作用，保证铁路信息化大系统合理建设、良性运行，并降低建设、使用和维护成本，标准化起到了不可替代的作用。欧、美、日等发达国家都具有自己较为完善的铁路标准体系，并且国际社会也在为铁路标准的全球化做着努力，其目的是为了更好、更快、更经济地建设、运行和管理本国、本地区的铁路运输系统，并且在铁路技术的国际市场上占据有利地位。

目前，我国铁路正迈进高速的时代，信息化建设也全面展开。因此，完善我国铁路信息化的标准化体系，根据我国国情和需求，合理地借鉴国际先进的技术标准，制定我国急需的信息技术标准，为我国铁路信息化服务，已成为非常迫切的工作。这些工作不仅需要各类信息技术人才，还需要对标准敏感和具备标准制定能力的人才。

为适应我国铁路快速发展带来的对信息技术标准化人才的迫切需求，在原铁道部人事司组织下，成立了“铁路信息技术”教材编写组，从事系列丛书的编写工作，本书为其中一本。

本书共分八章。

第一章和第二章对标准的发展史及基本知识进行了介绍。其中第一章从历史和发展的角度，论述了国内外标准、信息技术标准以及铁路信息技术标准的演进过程、目前发展的现状和将来的发展趋势。第二章主要介绍标准的基础知识，重点对标准、标准化以及标准体系进行了系统地阐述。

第三章至第五章对铁路信息技术标准制定流程和方法以及铁路信息编码方法进行了论述。其中第三章重点对铁路信息技术标准的制定程序以及如何保证标准质量进行了介绍。第四章则介绍了标准的结构、组成部分以及每一部分的具体编写方法。第五章重点介绍了铁路信息编码技术。

第六章探讨了标准在信息技术的发展、知识产权的保护、技术引进以及我国铁路信息化建设中的作用。

第七章和第八章则对国内外先进的铁路信息技术标准体系进行了介绍。其中第七章对了欧、美、日铁路相关组织和标准体系进行了描述，并重点以ERTMS为例，介绍了欧洲铁路运输管理系统的系列标准。第八章对我国铁路标准管理规定及标准体系进行了介绍，并以我国CTCS的相关标准为例，对我国铁路信息技术标准进行了讲解。

本书以铁路信息技术标准为主线，通过理论与实际相结合、国内和国外相结合、抽象知识和具体方法相结合的方式组织丰富的教学内容，其中既有标准本身的相关知识的介绍，也有标准与知识产权以及与信息化建设关系的分析。

本书由张宁主编，叶年发、马建军副主编，刘卫国担任主审。参编人员有北京交通大学宋晓虹、侯亚欣、张宏勋、张宝鹏、杨芳南、张春。其中张宁编写了第一章、第三章和第四章；宋晓虹编写了第二章；侯亚欣、张春编写了第五章，以上三人还合编了第六章；张宝鹏编写了第七章；张宏勋、杨芳南编写了第八章。在本书的编写过程中还得到了中国铁路总公司人事部、运输局信息化部等多位领导的指导和帮助，在此表示由衷的感谢！

书中若有不足之处，敬请读者批评指正！

编者

2016年8月

目　　录

第一章

概　　述

随着人类社会的进步和科学的发展，各种标准在我们的生活和工作中几乎无所不在。无论你是否意识到，无论你是否愿意，标准都存在，一直被用来组织和控制我们的许多活动。我们身上穿的衣服，大部分都有标准的规格；我们购买的食品都有标准的计量方法；我们居住的房屋必须按规定的标准和规范建造；我们出行乘坐的车辆、行走的道路必须遵守交通规则等等。可以说很难想象没有这些标准和规范，人类社会还会像现在这样有序和顺利的发展。

各种标准的制定与完善一直与人类科学技术的发展有着密切的、相辅相成的关系：科学技术的发展为新标准的产生提供了需求和前提，而相关技术标准的制定又为科学技术的有序和正常发展提供了保障。

标准的制定、生效和废止与人类社会的发展过程有着密切的关系。

与人类社会任何事物的发展规律一样，标准化的发展也有一个渐变到突变的趋同过程。货币体制的建立过程就是一个很好的例证。市场经济遵循等价交换原则。古代集贸市场采用的是以物易物的交换方式，由交易双方根据自己的需要，以及市场上普遍认同的物品价值定位来进行交换物品，实现等价交换。随着物品种类的增加，以物易物的交易方式变得越来越不方便，难以满足经济贸易发展的要求。于是逐渐出现了以贝壳、琥珀、金银等稀有物质为第三方抽象价值的代表，市场上的物品可以通过与这些"代表"进行价值比较，实现与其的"等价交换"。这样就出现了"货币"。通过这种方式，交易活动可以更方便和顺利地进行。随着交易活动范围的扩大，货币的代表物逐级趋于一些稀有金属，如金、银。古代一些国家为了本国经济的发展，推出了更便于流通的钱币，如：我国古代的青铜币、吕底亚金、银币等。实现了在较大地域内统一货币的飞跃。随着科学文化的发展，不同材质的硬币、纸币相继出现，逐渐取代金、银等稀有金属，成为市场交易活动的主要媒介。人类社会经济的不断发展使得国家间经济贸易活动的需求增加，为保证经贸活动的正常进行，需要一个统一的货币价值计算标准，使不同地区的货币之间可以进行换算。目前，常采用所谓"有保证的国家货币"（如美元），作为交换标准。但经济发展有其自身的规律，所谓"有保证的国家货币"也很难保证自身的长期稳定。人类世界需要在更大范围内统一货币体系，欧元的出现就是一个很好的例证。

铁路的发展同样与标准密切相关。铁路是一个大型、分布式和综合性的工业生产系统，它的出现不仅标志着人类在技术上所取得的重大成果,也是一座人类社会和文化的重要里程碑。铁路将原本分散的市场距离“缩短”,带给人类极大的便利。铁路是现代运输业标准化的先驱。铁路运输具有运力大、成本低、有利于环保等特点。在铁路行业发展历程中,标准化起到了非常关键的作用。如:铁道轨距的标准化、铁路信号制式和通信技术的标准化等使得跨区(公司)、跨国等远距离运输更加快捷和安全;铁路特殊的机加工零件的标准化使得异地加工和复制成为可能,保障了产品具备互换性,从而使得铁路运营部门可以方便地得到标准产品和服务,提高了可用性,降低了养护、维修成本;铁路严格统一的标准时间是铁路运输系统有序、高效和安全运转的基础。

铁路对标准化以及其他领域的影响十分巨大。19 世纪 50 年代的铁路首次提出需要复杂的行业制度,以组织起各种活动。在《The Visible Hand : The Managerial Revolution in American Business》一书中,Alfred Chandler 提出,需要对铁路这一“开放系统”进行分散管理和控制,产生了最现代的管理组织、财会方式、信息处理和管理,也产生了新型的专业管理人员。他为美国铁路是现代化公司的发源地的理论提供了有力的证据。

随着铁路带来了越来越多的工业化,在越来越多的事情上推行了标准化。反过来,工业化也要求更多的标准,这样可以保证工业化自身的发展。如冶金工业标准、信息表达标准、“工作单元”中的标准、安全带标准、专业术语标准、教育方面的标准等,几乎在生活的方方面面都需要标准。

第一节 标准化发展历史沿革

一、人类无意识的标准化行为

在远古时代,人类的祖先就已经会生产一些简单的工具。如石斧、石刀等。从世界各地的博物馆中,我们可以发现无论是旧石器时代还是新石器时代,这些石器的制作方法不一样,但外形都是惊人的相似,比例大小也相差无几。古代的许多兵器,如剑、刀、矛、弓箭等,虽然产于不同的地域,采用不同的材料和工艺生产,但同样具有相似的形状、相近的尺寸和同样的使用方法。从世界各地出土的古代陶器上也可发现,尽管文明发展程度有较大差异,但各地陶器的形状、功能制作手法等等都有惊人的相似之处。在交通、通信手段极为落后的古代,人们是如何形成这些相同的概念和方法的呢?是实践,是人们在求生存、求发展的长期斗争中,逐渐形成某些约定俗成的东西。例如石斧的形状利于砍,石刀的形状利于切削;剑、刀属短兵器,其形状便于单手使用,而矛是便于双手使用的长兵器;而圆形的陶罐更便于提高制作效率,三足陶罐更易于平稳站立。这些工具、兵器和用具不仅要满足人们使用的要求,还必须符合人类自身的自然条件(如:身高、力量、四肢的活动范围等)和习惯。因此,在不断地摸索、总结和模仿,以及不断地去劣存优的发展过程中,趋于相近,形成我们现在所见的各种文物。这一发展过程完全基于古代人类原始的、朴素的思维和行为方法，其实就是那时期人类无意识标准化行为。

二、古代人类有意识的标准化实践

随着人类社会的发展，逐渐出现了社会分工，出现了农业、畜牧业和手工业的分离。社会分工极大地促进了生产力的发展，同时也带来产品交换的需求。逐渐产生了以交换为目的的产品——商品。在商品的交换过程中，在等价交换原则的作用下，逐渐出现了用于衡量商品的计量方法和器具。人类有意识的标准化的行为就是从计量开始的。从用手指计数到结绳、刻记，直到发明文字以及各种度量衡器具。在所有这些过程中，都需要不断地总结和统一人们的认识，逐渐形成统一规范的概念和规矩。这些概念、规矩就是人类根据自身生产和生活实践的需要，有意识地建立标准和规范。

进入有文字记载的历史后，早期标准是统一货币，随着商品交换的出现，这种货币在更多的地区都得到认同。中国3000多年前的铜合金铸成的钱币就是那时标准化的典型产物。大约从公元700年开始，出现了吕底亚硬币，由于该硬币的价值得到政府的担保，所以吕底亚硬币流通地区很广，成为整个地中海沿岸国家公认的交换标准单位。从整体交易来说，标准货币可以将无法直接对比其价值的两种东西同第三种东西进行对比，从而就有了一个能为对比和交换提供依据的可量化的共同标准，这就使得商业交易活动更加容易进行。

从标准和标准化的方向上研究中国，历史上我们并不落后。中国是有文字可考的世界四大文明古国之一。秦始皇统一中国后，规定“车同轨，书同文”，颁布了《工律》、《金布律》、《田律》等，统一了度、量、衡。涉及的范围之广，内容之多，堪称古代世界史中推行标准化方面的典范。到了宋代，由官方编写的110卷《军器法式》中更有47卷是军器制造规范技术标准。北宋时代的毕昇于1041年—1048年发明了活字印刷术，成功地利用了标准件、互换性、分解组合、重复性原理，比欧洲类似的发明早了400多年。明朝李时珍所著《本草纲目》，不仅记述了药物的种类、特性，还记述了药物的制备方法、方剂等等，是药剂方面典型的标准化文献。

所有这些在历史上有重大贡献的记载，都表明当时中国的科学技术水平在世界上是遥遥领先的，而标准正是科学技术的基础。对此，西方科学史学家也承认：“在公元3世纪到12世纪之间(中国)保持一个西方所望尘莫及的科学知识水平……中国的这些发明和发现往往超过同时代的欧洲，特别是15世纪之前更是如此。”可见，那时中国的标准化事业在世界上具有相当水平，并不落后。

三、近代标准化

从17、18世纪开始，人类从手工业生产逐渐走向大机器工业生产，蒸汽机的应用和各种机械的出现极大地提高了劳动生产率，对近代标准化的发展起到了确定性的推动作用。随着生产力的提高，许多产品具备了大批量生产的能力。为了提高生产效率，标准化应用就成了人们一个有效的手段。各个部件的外形尺寸、原材料选取、质量要求、管理要求等都需要标准化，以保证这些部件可以组装成满足客户要求的产品。

18 世纪末美国的惠特尼·E 在短期内为美国总统杰斐逊生产 10 000 支来复枪就是一个很好的例子。那时美国刚刚建立不久，出于保卫独立的战争需要，急需制造 10 000 支，惠特尼·E 签下了这份生产合同。但靠当时传统的手工造枪方式是来不及的。于是他选择了一支标准的来复枪作为模型，将所有的部件分解下来，并逐个成批仿造，再用这些可以互换的部件进行组合，结果大大地提高了劳动生产率，顺利地完成了任务。由于他应用标准化与互换性原理在大工业生产中的成功实践，他也赢得了“美国现代工业标准化之父”的美称。

英国机械工程师惠特沃思·J，1833 年独创了精密的量具量规，使自己开办的机床厂制造出高质量的机床部件，提高了劳动生产率。1841 年他又建议在全国采用统一的螺纹尺寸制度，取代当时种类繁杂的螺纹尺寸，并很快被英国和欧洲各国所采用，这就是有名的惠氏螺纹。

泰勒是在现代标准化发展史上另一位有重大贡献的人。他把一生精力倾注于管理革新，获专利 100 多项。他认为：“每项工作都只会有一种最好的方法、一种最好的工具和一段最合理的完成时间。该项工作完成得好与坏，在所有的设备、工具都达到标准化的情况下，取决于劳动者的每一个动作是否标准”。为此他创造了一套测定劳动时间和研究劳动动作相互关系的工作方法。他的这套理论被称之为“科学管理”，他本人也被誉为“现代管理之父”。

现代大工业生产的发展，标准化的需求越来越强烈，并逐渐呼唤出标准化组织。其中，英国的斯开尔顿在此起到了非常重要的作用。1895 年 1 月，他在著名的《泰晤士报》上发表公开信，强烈呼吁设计师们采用科学的作法，用统一的尺寸和重量标准设计桥梁。他的信在英国引起广泛反响。1900 年，他又把一份主张实行标准化的报告提交给英国铁业联合会，引起各方面的进一步重视。他的公开信和报告终于催生了世界上第一个国家标准化机构——英国工程标准委员会。1906 年英国颁布了国家公差标准。之后，在不长的时间内，先后有美国、瑞士、德国、法国、日本等 25 个国家成立了国家标准化组织。

1865 年法、德、俄等 20 个国家在巴黎发起成立了“国际电报联盟”(ITU)，1932 年 70 多个国家的代表在马德里决议将其改名为“国际电信联盟”，1947 年联合国同意 ITU 成为其专门机构，总部设在日内瓦。

1906 年成立了国际电工委员会(IEC)，成员国有 61 个。1946 年 10 月，中、英、美、法等 25 个国家在伦敦发起成立国际标准化组织(ISO)。目前全世界近 200 个国家和地区中已经有 146 个建立了国家标准化组织。

四、现代标准化

进入 20 世纪以后，标准化工作不仅在许多国家得到普及，在世界上也出现了各种国际性的标准化组织。目前世界上最大、最有权威的国际标准化专门机构有三个：ISO（International Standard Organization，国际标准化组织），IEC（International Electrotechnical Committee，国际电工委员会）和 ITU（International Telecommunication Union，国际电信联盟）。ISO 制定综合类的国际标准；IEC 专门制定电工方面的国际标准；ITU 专门制定电信方面的国际标准。

现有国际标准中由 ISO 制定的标准占 68%，IEC 占 18.5%，包括 ITU 在内的其他 22 个国际标准化组织制定的标准占 13.5%。此外还有多个专门化的国际组织。

我国在第二次世界大战，特别是新中国成立以后，标准和标准化事业开始复苏和发展，并逐渐登上世界舞台。

1946 年当国际标准化组织（ISO）成立时，我国成为创始国之一。

1957 年，我国参加了国际电工委员会（IEC）。

1972 年，国际电信联盟恢复了我国的合法权利和席位。

现在中国国家标准化管理局（对内称国家标准化管理委员会，简称国家标准委，英文缩写 SAC），代表我国在 ISO 和 IEC 两个国际标准化组织中开展工作，信息产业部代表我国参加 ITU。

第二节　国际信息技术标准化发展

第二次世界大战结束以后，信息技术得到了前所未有的发展，并逐渐由军用市场向民用市场拓展，世界范围内的市场竞争日趋激烈。为满足市场需求并寻求利益最大化，世界上代表不同利益关系的集团不得不坐下来，就各种问题进行协商，以期建立一个良好的国际环境。各种产品和技术的标准也是这些利益集团关注的重点。应运而生的国际性、区域性和国家标准化组织不断出现，并在国际标准化事业的舞台上扮演着越来越重要的角色。

目前，除最具权威性的三大国际标准化组织 ISO、IEC 和 ITU 外，被这三大组织承认的行业性国际标准化组织还有几十个。当前，人类世界的经济全球化发展使标准化环境发生了重大变化，传统的标准体系受到严峻挑战，同时也迎来了标准化发展的重要机遇。抓住发展机遇，积极迎接挑战已成为当今世界、区域和国家标准化发展的战略主题。为此，各级标准化组织纷纷研究制定标准化战略。

一、国际标准化组织的发展

（一）国际标准化组织（ISO）

1. 国际标准化组织（ISO）概况

国际标准化组织（ISO），是世界上最大的非政府性标准化专门机构，是国际标准化领域中一个十分重要的组织。ISO 是由中、美、英、法等 25 国 64 家代表于 1946 年 10 月 14 日在伦敦会议上创立的非官方国际标准化团体组织，总部设在瑞士日内瓦。目前，ISO 已有 162 个成员（包括正式成员、通讯成员、联络成员），是世界上最大的和最具权威的标准化机构。

ISO 的任务是承担国际标准的规划、计划制订与修订及参与国际有关标准化活动。它的宗旨是在全世界范围内促进标准化工作的开展，以利于国际物资交流和相互服务，并推动知识、科学、技术和经济方面的国际合作。1969 年，ISO 理事会决议，将 10 月 14 日定为“世界标准日”。ISO 的工作领域很宽，除电工电子以外涉及其他所有学科，其主要任务是制定、出版 ISO 国际标准以及协调世界范围内的各项标准化工作，ISO 的工作语言是英文、法文和俄文。

ISO 的组织结构如图 1-1 所示。

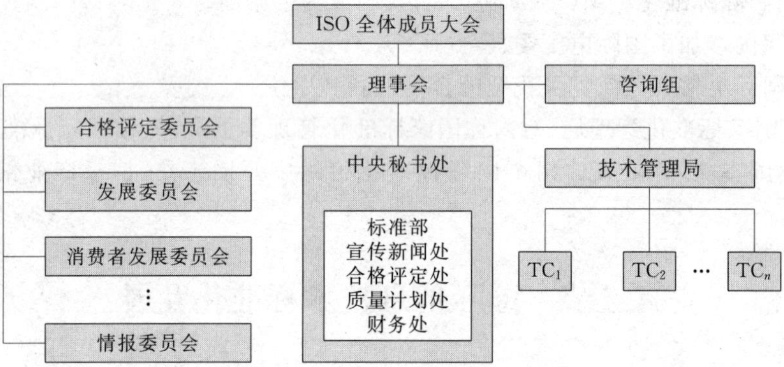

图 1-1　ISO 的组织结构示意图

ISO 的最高权力机关是 ISO 全体成员大会，ISO 全体成员大会由各成员团体决定的代表组成。每年召开一次。

理事会由主席、副主席、秘书长、司库及 18 个理事成员国代表组成，负责 ISO 全体成员大会休会期间的全部工作。

ISO 的日常行政事务由中央秘书处担任。在秘书长的领导下，中央秘书处负责 ISO 日常具体工作的计划、组织、协调、处理，并负责与各成员团体及有关国际组织保持联系。

技术管理局由 12 名成员国代表组成。主要负责技术工作的组织协调、规划技术工作、审查并就建立或解散技术委员会等向理事会提出建议，审查技术工作新领域并修改 ISO 技术工作导则。

合格评定委员会（CASCO）于 1970 年设立。主要负责研究关于产品质量认证方法，制定有关认证的国际指南，促进双边、多边的合格评定体系和相互认可。

消费者政策委员会（COPOLCO）成立于 1978 年，主要负责研究协助消费者获得标准化效益，从而促进其参加标准化活动，为消费者提供标准化信息和培训，同时反映消费者需要，保护消费者利益等。

发展委员会(DEVCO)成立于1961年,主要负责为发展中国家在开展标准化活动及其相关活动中的要求提供协助。

情报委员会(INFCO)于1969年成立,主要负责推动ISO情报网(ISONET)的建设和活动,组织并负责标准、技术法规的分类、收存、检索、应用、传播,并向理事会提出建议。

标准物质委员会(REMCO)成立于1975年,主要任务是就ISO使用的标准物质的定义、分类、形式、结构等作出规定或制定导则。

标准化原理委员会(STACO)成立于1952年,主要任务是开展对标准化理论、方法、概念的研究和交流。

咨询组视工作需要设立,主要针对一些基础性工作、专业协调或跨专业协调及工作领域等问题提供咨询服务。

ISO的技术工作由技术委员会(TC)、技术委员分会(SC)、工作组(WG)承担。

首先按专业性质设立技术委员会(TC),各TC又可根据需要设立若干技术委员分会(SC),各技术组织按任务设立若干工作组(WG)。国际标准化组织的成员国,有权申请参加任何感兴趣的TC、SC的工作,成员分为参加成员(P成员)和观察成员(O成员)。

TC、SC由主席、秘书长和委员组成,均设秘书处。TC主席由该TC的秘书处提名,技术管理局任命,任期不超过6年,经技术管理局批准可连选连任,每次最长3年;SC主席由该SC的秘书处提名,TC任命,任期不超过6年,经TC批准可连选连任,每次最长3年。TC主席主要负责TC的全面工作,包括各SC和WG的工作。

到目前为止,ISO共成立有TC 208个。ISO的主要工作文件有:ISO章程、ISO议事规则、与国际电工委员会(IEC)联合发布的ISO技术工作导则以及ISO指南(即ISO/IEC Guide)。

ISO的主要出版物有:ISO标准(ISO International Standards)、ISO标准手册(ISO Standards Hand-books)、ISO标准目录(ISO Catalogue)、ISO活动报告(Report of ISO activities)、ISO通报(ISO Bulletin)、ISO新闻(ISO Press Service)、ISO年鉴(ISO Annual Review)等。

2. ISO标准化发展策略

进入20世纪后半叶以后,特别近十几年来,随着经济的全球化及保护环境和天然资源的紧迫性增大,标准化的国际环境发生了重大变化。在消除国际贸易壁垒,支持国际贸易可持续发展中,国际标准具有不可替代的作用。这为ISO成为世界上有力的国际标准化机构提供了机遇。为此,ISO确立了其运作理念,即:价值(value)、合作(partnership)、优化(optimization)。强调对市场需求的了解、应对和预测;在ISO标准化的各个阶段,确保所有相关方都能最大限度地参与和协作;有效利用资源,充分利用信息和通信技术。ISO采取各种措施,努力提高ISO的市场适应性;提高ISO的国际影响力和公共组织的认知度;完善ISO标准体系;优化利用各种资源。并制定了以在标准化中进一步完善协商一致和透明度原则、提高组织机构和办事程序的效率、加强与利益各方的交流和与其他标准制定组织建立更加密切的合作关系为主要内容的远景目标。在具体工作中，ISO 致力于制定国际标准并积极鼓励其成员自愿采用，帮助全球化工业和贸易最大限度地提高效率，帮助协调技术法规和减少可能产生的贸易技术壁垒；采用民主化的管理方式，协调其成员国因价值观不同而产生的不同见解和愿望，并根据一致性意见做出决策；努力地减少发展中国家和其他国家之间日益扩大的差距；鼓励各成员国尽可能实施 ISO 标准，以推动全球贸易的发展；积极促进全球三大标准化组织——ISO、IEC 和 ITU 的密切合作，以使这三大组织在标准化、合格评定及相关活动方面成为全球关注的焦点。ISO 成为一个能够快速应对变化和需求的机构，满足它所服务的国际社会的各项需求；进一步加强与世界各区域的合作，使区域性标准化活动成为国际标准化的一部分；ISO 提供一套不论是国际性组织还是区域性组织都可采用的制定国际标准的文件处理机制；除了为传统意义上的利益各方提供服务外，ISO 还将努力满足跨国公司的特殊需求。

ISO 对发展中国家的国家标准机构也给予了特别支持。发展中国家和经济转型国家成员在 ISO 中占有非常大的比例。ISO 希望通过实施支持发展中国家标准机构的战略措施，提高发展中国家和经济转型国家参与国际标准化的能力，帮助他们获得信息，参与标准化工作。具体的工作包括：加强发展中国家的标准化基础设施。援助性项目的重点是标准化基础设施（计量、校准、标准信息、测试和认证），处于市场经济转型期的 ISO 成员有相似的需求；通过利用信息技术，促进参与国际标准化，帮助发展中国家和经济转型国家的国家标准机构利用新的工作方法以及标准化和合格评定领域信息交流的途径；利用联合国开发计划署、国家和区域性政府机构等许多组织的赞助，向具备提升自身能力的成员国提供援助项目。

这些措施取得了明显的效果。到目前为止，ISO 已成为一个名副其实的全球性国际标准化组织；与 WTO 合作越来越紧密，进一步发挥了国际标准支持国际贸易发展的基础作用；与众多标准化制定机构进行了有效合作，使得 ISO 标准反映市场需求能力增强；加强了对发展中国家的标准化需求的关注，实施了较多的发展中国家援助项目；标准化运行机制有了大幅度的改善，制定标准的效率有了明显的提高，制定标准的周期由进一步缩短。

（二）国际电工委员会（IEC）

1. 国际电工委员会（IEC）概况

国际电工委员会（IEC）是由澳大利亚、法国、意大利、英国、美国等 13 个国家的代表于 1906 年 6 月在伦敦会议上成立的电工方面的非官方国际标准化团体组织。

IEC 的工作领域包括电力、电子、电信和原子能方面的电工技术等，其宗旨是促进电气、电子工程领域中标准化及有关方面问题的国际合作，增进国际工作与贸易。

IEC 现有 76（56＋20）个成员国，这些国家生产和消费的电能占全世界的 95％以上，制造和使用的电气、电子产品占世界总产量的 90％以上。IEC 为联合国经社理事会（ECOSOC）的甲级咨询机构。

IEC 组织机构如图 1-2 所示。

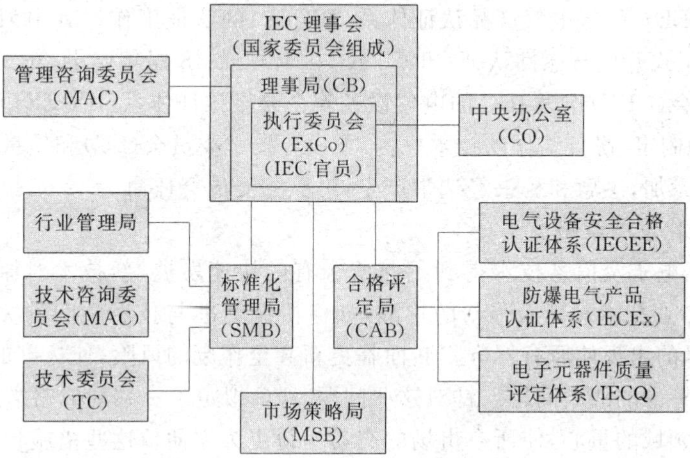

图 1-2 IEC 组织机构示意图

IEC 的最高权力机构是理事会。目前有 67 个成员国，称为 IEC 国家委员会，每个国家只能有一个机构作为其成员。每个成员国都是理事会成员，理事会会议一年一次，称为 IEC 年会，轮流在各个成员国召开。理事会主要官员由现任主席和前任主席、现任副主席、司库、秘书长及各国家委员会代表组成。理事会负责制定 IEC 政策和长期战略目标及财政目标；选举理事局、标准管理局及合格评定局成员和主席；修改 IEC 章程及程序规则等。闭会期间，将所有管理工作委托给理事局，而标准化和合格评定领域的具体管理工作，分别由标准化管理局(SMB)和合格评定委员会(CAB)负责。理事局(CB)是主持 IEC 工作的最高决策机构，负责提出并落实理事会制定的政策，由 IEC 官员和 15 名由理事会选出的投票成员组成。通常情况下，每年至少召开 2 次会议。CB 负责为理事会会议批准日程和准备文件，接收并审议标准化管理局(SMB)和合格评定局(CAB)的报告。根据需要，可设立咨询机构，并指定咨询机构的主要主席及其成员。合格评定局(CAB)是一个决策机构，由理事会选举产生的主席、12 名投票成员、1 名来自 IEC 合格评定计划的代表、IEC 司库和秘书长组成，每年至少召开 1 次会议。CAB 全面管理 IEC 的合格评定活动，包括批准预算，与其他国际组织就合格评定事项保持联系。执行委员会(ExCo)执行理事会和理事局的决定，支持中央办公室的运作；监督 IEC 官员的活动，并负责与 IEC 国家委员会保持联系；为理事局制定工作日程和起草文件。通常每年召开 4 次会议。中央办公室(CO)负责监督 IEC 章程、技术规范、技术工作导则及理事会和理事局决议的贯彻实施。执行理事会、执行委员会决议，协调各 TC 的技术工作，是 IEC 的日常办事机构。CO 与 ISO 中央秘书处使用同一个技术工作导则，共同拥有 1 个信息中心，为各国及各国际组织提供标准化信息服务。技术咨询委员会下设安全顾问委员会(ACOS)、电子和电信顾问委员会(ACET)、电磁兼容性顾问委员会(ACEC)，以及各级技术组织，协助执行委员会进行技术管理。合格评定局负责电子元器件质量评定体系(IECQ)、电气设备安全合格认证体系(IECEE)、防爆电气产品认证体系(IECEx)的认证工作。其中IECQ建立于1972年,1982年1月正式开展自愿性认证。1983年,在IEC第48届年会上,正式接受国际电气设备合格认证委员会(CEE)作为IEC的电气设备安全合格认证体系(IECEE)并入IEC。技术委员会(TC)是承担制定、修订工作的技术机构,下设分技术委员会(SC)和项目组(PT)。TC、SC由各成员国自愿参加,主席和秘书经选举产生,由执行委员会任命。

2. IEC标准化发展策略

二战结束后,电子及信息技术得到了前所未有的快速发展,新技术对原有标准的不断突破,使IEC在本专业技术领域面临新的挑战,如何协调标准与技术之间的关系是一个重要的战略问题;新技术的出现使原有标准不断面临更新甚至作废的风险,使标准的制定成本和推广也成为一个需要考虑的战略问题。针对这些问题,IEC拟定了一系列战略措施,努力使其在世界范围内成为本领域的重心,使所有市场的交易变得更为方便。这些措施包括:

(1)积极向企业及国际上有影响的组织机构宣传使用IEC标准和合格评定方面的好处,提高IEC的市场认知度。

(2)采取更为开放的态度,在标准的制定、执行以及合格评定等多个方面,积极吸取工业部门的介入和参与。

(3)建立全球统一的合格评定和认证机制和方法,在提高IEC普遍性和影响力的同时,积极与其他国际、政府和民间组织的评价体系协调,努力提高接受程度。

(4)通过加强与其他标准制定机构的合作,更好地满足工业部门的市场需求,使IEC成为全球所有重要的电工技术标准化文件的发布机构和传播机构,支持国际贸易的发展,成为最有成本效益的合格评定工作的提供机构。

(5)努力提高IEC的工作效率,如把制定协商一致的国际标准所需的平均时间至少减少50%。

IEC通过改善现有管理体制和工作程序,加强同商业、政府、有关国际组织及区域组织中重要机构的合作,公开组织机构和工作过程,不断提高各部门、各层面的代表性以及对电工技术的实际兴趣,进一步强化了IEC的作用,确保电工技术产品的安全性和性能,减少它们对环境的潜在影响。经过多年努力,IEC标准的市场适应性大大提高,很好地反映了市场的需求。IEC标准和服务在世界范围内的适用程度也得到前所未有的提高,并为制定新标准提供新的制定方法(补充方法),包括产品技术适应性和通用性等。上述努力使得IEC成为目前世界上最具影响力的三大标准化组织之一。

(三)国际电信联盟(ITU)

1. 国际电信联盟(ITU)概况

国际电信联盟(ITU, International Telecommunication Union)是世界各国政府的电信主管部门之间协调电信事务方面的国际组织,主要负责确立国际无线电和电信的管理制度和标准。它的前身是1865年5月17日在巴黎创立的国际电报联盟,是世界上最悠久的国际组织。

它的主要任务是制定标准，分配无线电资源，组织各个国家之间的国际长途互连方案（这里ITU对电信业务的功能类似于万国邮政联盟执行邮政服务的功能）。它也是联合国的一个专门机构，1948年总部设在瑞士的日内瓦。

ITU制定的国际标准一直被称作“××建议”(Recommendations，这个词一般要全部大写以区分普通意义上的“建议”)，由于ITU作为国际组织的长期性和作为联合国特别机构的特殊地位，ITU发布的标准比大多数其他同一级别的技术规范制定组织拥有更高的国际认同度。

ITU的工作由它的“成员”管理。作为联合国的机构，所有联合国的成员国都可以是ITU成员，他们也被叫做“成员国”。公司和其他组织可以按照“部门成员”或者“联盟者”身份加入。这两种成员资格都可以直接参与标准的制定(ISO不允许这样)。ITU不同的下属部门还与其他组织保持“联络关系”。

全权代表大会是国际电信联盟的最高机构，通常每五年召开一次会议。

行政大会分世界性行政大会和区域性行政大会两种。

行政理事会，每年召开一次会议，负责执行全权代表大会的决议。

电信联盟的常设机构有总秘书处、国际频率登记委员会、国际无线电咨询委员会、国际电报电话咨询委员会。

多数标准(建议)一般由ITU的内部分支ITU-T制定。ITU-T的下属机构这样划分：

A——ITU-T各部分工作的组织协调；

B——表达式定义方法，符号和分类；

C——通用电信统计学(General telecommunication statistics)；

D——通用资费原则(General tariff principles)；

E——全网络业务，电话业务，维护操作和人为因素；

F——非电话电信服务(Non-telephone telecommunication services)；

G——传输系统和媒体，数据系统和网络(Transmission systems and media, digital systems and networks)；

H——可视音频和多媒体系统(Audiovisual and multimedia systems)；

I——ISDN综合业务数字网(Integrated services digital network)；

J——电缆网络电视传输，声音节目和其他多媒体信号(Cable networks and transmission of television, sound programme and other multimedia signals)；

K——抗干扰保护(Protection against interference)；

L——线缆和建筑物外元器件的设置、安装和保护(Construction, installation and protection of cables and other elements of outside plant)；

M——TMN，网络维护，国际传输系统电话电路电报传真和租用电路；

O——计量设备规范(Specifications of measuring equipment)；

P——电话传输质量,安装和本地网;

Q——交换和信令(Switching and signalling);

R——电报传输(Telegraph transmission);

S——电报业务终端设备(Telegraph services terminal equipment);

T——远程信息处理业务终端(Terminals for telematic services);

U——电报交换(Telegraph switching);

V——电话网上的数据通信(Data communication over the telephone network);

X——数据网和开放系统通信(Data networks and open system communications);

Y——全球信息基础架构和网络协议特征(Global information infrastructure and Internet protocol aspects);

Z——电信系统语言和通用软件特征(Languages and general software aspects for telecommunication systems)。

标准的名字由分支字母加上一个点“.”再加一个数字组成。例如著名的 ITU-T 标准 V. 24 (串行),H. 264 (视频压缩) 或者 E. 164 (国际电话号码)。

ITU 通过广泛的工作伙伴、研究小组、区域会议和国际会议选择国家或者个人组织参加会议。例如:世界无线电通信会议 (WRC)、世界后勤无线电会议(WARC)。

联合国成员国都能成为国际电信联盟成员国。

2. ITU 标准化发展策略

ITU 的宗旨是:维持和扩大国际合作,以改进和合理地使用电信资源;促进技术设施的发展及其有效地运用,提高电信业务的效率,扩大技术设施的用途,并尽量使公众普遍利用;协调各国行动,以达到上述的目的。ITU 的原组织有全权代表会、行政大会、行政理事会和四个常设机构:总秘书处、国际电报电话咨询委员会(CCITT)、国际无线电咨询委员会(CCIR)、国际频率登记委员会(IFRB)。CCITT 和 CCIR 在 ITU 常设机构中占有很重要的地位,随着技术的进步,各种新技术、新业务不断涌现,它们相互渗透,相互交叉,已不再有明显的界限。

电信技术近几十年发展非常迅速,在很大程度上突破了 ITU 的原业务划分范围。为了准确地反映电信技术的发展现状和客观要求,ITU 认为有必要对其机构设置进行改组。1993 年 3 月 1 日 ITU 第一次世界电信标准大会(WTSC-93)在芬兰首都赫尔辛基隆重召开。这是继 1992 年 12 月 ITU 全权代表大会之后的又一次重要大会。ITU 的改革首先从机构上进行,对原有的三个机构 CCITT、CCIR、IFRB 进行了改组,取而代之的是电信标准部门(TSS,即 ITU-T)、无线电通信部门(RS,即 ITU-R)和电信发展部门(TDS,即 ITU-D)。这在 ITU 历史上具有重要意义,它标志着 ITU 新机构的诞生。

(四)其他国际标准化组织

目前被 ISO 认可并公布的国际标准化组织有 40 个,如表 1-1 所示。

表 1-1　国际标准化组织

序号	机构名称	机构代号	序号	机构名称	机构代号
1	国际计量局	BIPM	21	国际人造纤维标准化局	BISFA
2	食品法典委员会	CAC	22	国际牙科联合会	FDI
3	国际照明委员会	CIE	23	国际信息与文献联合会	FID
4	空间数据系统咨询委员会	CCSDS	24	国际航空运输协会	IATA
5	国际原子能结构	IAEA	25	世界卫生组织	WHO
6	国际民航组织	ICAD	26	世界知识产权组织	WIPO
7	国际辐射单位与量值委员会	ICRU	27	国际焊接学会	IIW
8	国际乳品业联合会	IDF	28	国际种子试验协会	ISTA
9	国际图书馆协会和联合会	IFLA	29	国际谷类科学技术协会	ICC
10	国际制冷学会	IIR	30	国际排灌研究委员会	ICID
11	国际劳工组织	ILO	31	互联网工程特别工作组	IETF
12	国际海事组织	IMO	32	国际有机农业联盟	IFOAM
13	国际建筑研究试验与创新委员会	CIB	33	国际天然气联合会	IGU
14	国际辐射防护委员会	ICRP	34	国际理论与应用化学联合会	IUPAC
15	国际动物流行病学局	OIE	35	国际毛纺组织	IWTO
16	国际法制计量组织	OIMI	36	国际材料与结构测试研究实验室联合会	RILEM
17	国际葡萄与葡萄酒局	OIV	37	贸易信息交流促进委员会	TRAFIX
18	国际气象组织	WMO	38	联合国贸易促进和电子商务中心	UN/CEFACT
19	国际铁路联盟	UIC	39	国际海关组织	WCO
20	联合国教科文组织	UNESCO			

二、主要发达国家的标准化发展

(一)美国标准化发展战略

多年来,美国一直采用传统的自愿性标准来满足市场的要求和企业的需要。但随着世界经济的格局发生了重大变化,经济全球化的发展,国际经济竞争日趋激烈,以及各国对健康、安全、环保问题的更加关注,美国传统的自愿性标准体系面临严峻挑战。1998 年 9 月 23 日,美国国家标准学会(ANSI)和国家标准技术研究院(NIST)共同召开了关于制定美国标准化战略的研讨会,会上做出了制定美国国家标准化战略的决议,同时成立了领导小组。经过两年的努力,《美国国家标准战略》(NSS)于 2000 年 8 月 31 日由 ANSI 董事会一致通过。

制定《美国国家标准化战略》目的是为了加大美国参加国际标准化活动的力度,推进与科学技术发展相适应的标准化,提高美国的竞争力,给美国带来安全、健康及优美的环境。其策略是加强国际标准化活动，承担更多的ISO，IEC秘书处工作，使国际标准更多地反映美国的技术。在美国标准化战略规定了研发和制定新标准需遵循的11项原则。

(1)协商一致性原则：做出的决定应是有关利益方协商一致同意的。

(2)公开性原则：所有有关的利益方均可参与标准的制定。

(3)平衡性原则：在利益竞争各方之间保持平衡。

(4)透明性原则：制定标准的过程是透明的，可直接获得标准制定过程及进展的信息。

(5)全面性原则：制定标准的过程确保所有的观点均被考虑，且可以提出申诉。

(6)柔性原则：制定标准的过程是灵活的、柔性的，允许使用不同的方法来满足不同技术和产品的需求。

(7)及时性原则：制定标准的过程是及时的，不得因纯行政事务而减缓工作的进程。

(8)一致性原则：标准化活动应是一致的，要避免重叠或矛盾。

(9)相关性原则：标准应是相关的，符合商定的准则，并通过提供附加值来满足实际需求。

(10)适应性原则：标准应对现实世界作出反应，既要有效地利用可获得的最新技术，又不必不适当地抛弃现有的产品或技术。

(11)基础性原则：标准应以性能为基础，它规定的是基本特性而不是详细的设计。

在战略上，美国要在几个主要技术领域重点开展ISO、IEC的工作，同时也要在所有国际标准化活动中，发挥重要作用，努力改进国际标准工作程序，以更有效地反映美国的原则和见解，展示美国技术、标准和过程的价值，力图制定出反映美国技术的国际标准；对于一个产品、过程和服务的特性，推行最多有一个全球适应的标准、一个全球接受的测试及对适应各方需要的合格评定程序；美国政府部门在制定法规和进行采购时，使用自愿性标准；对美国产品和服务提供公平待遇，给予柔性的标准化解决方案；标准的制定和传播过程应全面使用电子工具，以提高工作效率、减少支出，使标准的获取更加便捷。

在美国国内，通过政府部门和民间组织合作，不断促进政府使用自愿性标准，加强美国标准体系中的各部门、各机构之间的交流，扩大和改进美国标准工作的体系，使所有相关方均可参与美国自愿性标准的制定，充分体现消费者利益和需求，同时进一步加强ANSI的协调功能，尽量减少国家标准的重复和交叉，颁布的标准是政府、企业及消费者在合作过程中，经充分协调后而达成一致的结果，对政府部门和民间组织的决策者宣传标准应用的价值，使国家标准和国际标准的价值得到广泛地认可，当采用国际标准能够带来利益时，则使用国际标准，并予以适当资助。

(二)日本标准化发展战略

日本作为经济大国一直希望谋求在国际竞争中处于优势地位，经济的全球化也使得日本在发展本国标准的同时，必须更多地参与国际标准制定的活动。21世纪以来，日本为了加强国际标准化活动，加强产业界参加国际标准化活动的力度，以及建立适应国际标准化活动的技术标准体系，开始制定新的标准化战略。把信息技术标准化、环境保护标准化、反映消费者和特殊人群需求的标准化，以及制造技术和产业基础技术的标准化作为其主要发展领域。并制定了日本标准化战略的主要内容，具体如下：

1. 确保标准的市场适应性和效率

满足标准化的需求。按照各个行业标准化战略要求，根据标准化各个技术领域的实际状况，开展相应的标准化活动。

扩大参加标准化活动的利益相关方。鼓励和积极吸收产业界参与标准的制定工作，充分发挥其在标准化活动中的核心作用。扩大消费者、老年人、残疾人代表参加标准化活动。让强制性法规主管部门参与，因为强制性法规主管部门是标准化审查中不可缺少的利益相关方。

提高制定标准的效率和透明度。实现工业标准化过程的电子化。从草案受理到调查会的审查、发布的工业标准化活动全过程，以及ISO、IEC的国际提案，国际标准草案的国内审议及国际答复的标准化过程，均实现电子化、网络化。并使民间标准化的最新信息尽早流通，在市场上迅速形成适宜的标准。

创造良好环境。充分利用电子媒介等手段广泛进行标准化的宣传活动，提高对标准重要性及其作用的认识。进一步加强标准化人才的培养。

2. 加强国际标准化活动

创造良好的参加国际标准化活动的环境。积极争取承担更多的ISO/IEC各委员会(TC/SC/WG)主席、召集人和干事的职务，在ISO/IEC中发挥重要作用，积极参加ISO/IEC国际标准的审议，充分反映日本的意见。根据日本的需要，与具有国际影响力的美国标准制定机构(ASME，ASTM，API)积极配合。同时保证同一专家能够长期持续参与，一揽子推进国际标准和国内标准的对策，实现ISO/IEC国内审议团体和JIS标准草案制定团体一体化。相关领域的日本国内审议委员会之间建立密切的合作关系，形成确保国家利益的体制。

以产业界为主提出战略性的国际标准提案。培养一批熟悉ISO/IEC国际标准审议规则并具有专业知识的人才和国际标准化专家。在企业内外创造良好的环境，建立起企业和跨行业国际标准推进体制。充分利用国际标准化活动基金等制度，积极支持产业界提出的可能获得世界市场的、技术领先的、具有战略性的国际标准提案。提出具有战略性国际标准草案，扩大产业界参与国际标准化活动，保证日本产业的竞争力。

通过加强亚太地区国家的合作，推进国际标准化战略。通过亚太区域标准会议(PASC)等加强亚太区域各国标准化机构间的合作关系，促进技术合作，联合制定国际标准草案。

3. 技术标准制定和科技研发的协调发展

从满足制定国际标准草案需求的角度，扩大国际标准创新方面的国际共同研究开发项目。特别是要为推进日本科学计划中确定的重点领域，例如生命科学、信息技术、环境及纳米技术材料的国际标准化而进行的开发研究。

在技术标准制定工作中，强调以下几个方面：注重在高新技术领域的标准化，在研究开发阶段就要确定是形成公共标准，还是形成事实上的标准；发挥技术基础研究机构在标准化活动中的作用，他们积累的大量测量方法、评价方法的数据、成果都可以在标准化活动中有效利用；充分发挥国立研究所的作用，如目前的尖端领域的研究开发方面具有先导作用的日本产业技术综合研究所，在标准化活动和研究开发的合作中，要加强与其他试验研究机构的联合，发挥主导机构的作用。日本工业标准调查会提出具体的标准化课题时，国立研究机构要向所属的研究人员提出标准化研究要求，同时在工作上给予必要支持。

（三）欧洲的标准化战略

在世界经济和技术发展舞台上，欧洲各国同样希望扮演重要的角色。标准化建设很早即受到极大的重视，在欧洲的标准化及相关组织中，欧洲联盟（简称欧盟）、欧洲标准化组织（CEN）和欧洲电工标准化委员会（CENELEC）等最具影响力。

在20世纪末，欧盟通过了欧洲理事会“欧洲标准化战略”决议。其核心内容是：建立强大的欧洲标准化体系，进一步扩大欧洲标准化体系的参加国；继续为欧洲标准化活动提供财政支持；欧盟各国在国际标准化组织中的标准化提案要协调一致。

欧洲标准化委员会和欧洲电工标准化委员会发布了CEN 2010年标准化战略和CENELEC 2010年标准化战略。其核心内容是：充分利用“维也纳协定”和“德累斯顿协定”制定国际标准，支持欧洲单一市场的形成；加强欧洲产业在世界市场上的竞争力；在国际标准化活动中形成欧洲统一地位；重申“维也纳协定”和“德累斯顿协定”的重要性。

（四）主要发达国家和区域组织标准化发展趋势

国外标准化的发展趋势，体现在以下几个方面：

1. 突出国际标准战略

各国均把争夺国际标准，提高标准的国际竞争力放在重中之重的位置。加强国际标准化活动可以为本国带来很大的经济效益。20世纪末的15年中，德国标准化活动带来的经济效益占国民生产总值的1%，德国经济年增长率为3.3%左右，其中技术标准的贡献率占三分之一。日本如果能将本国一项新技术产品标准形成国际标准，或者通过提出修改国际标准建议，将本国的技术条件反映到国际标准中去，一般能带来300亿日圆（折合人民币20亿元）的经济效益。

2. 将信息、环保、制造技术等领域的标准化作为标准化战略的重点

信息技术是实现国民经济增长、推动信息化社会进步的重要基础领域，是当今技术标准争夺最为激烈的领域，也是最有希望实现跨越发展的领域。把这一领域作为标准化战略的重点领域具有重要意义。一是应对网络技术、移动通信技术等的快速发展和应用并实现标准化的需要。二是快速应对事实上的标准的需要。三是应对社会影响很大的信息应用系统建设的需要。

环境保护和资源循环领域是社会受益的、公益性的重要领域，关系到社会的可持续发展。这一领域的标准化活动应按照“ISO标准化战略”、“IEC标准化战略”要求，摆在重要位置，由国家主导进行，满足社会标准化需要。

制造技术和产业基础技术是产业的支柱，是促进国民经济增长的重要领域，也是技术标准争夺较为激烈的领域。如果忽视了这一领域的标准与国际标准化的一致性，就有可能丧失产业的国际竞争力。因此，从产业技术体系化的角度出发，实现制造技术、产业基础技术和评价方法的标准化是很有意义的。

3. 强调标准研制和科技开发的协调发展

欧美各国对以标准化为目的研究开发项目给予财政支持，利用国际标准将本国产业技术推向全世界，美国标准技术研究院（NIST）为美国标准化事业的发展发挥了重要作用。

日本对以标准化为目的研究开发和试验评价方法研究的重要性有充分的认识。强调要加强以标准化为目的的研究开发工作，把研究开发政策和标准化政策作为车之两轮，建立一体化推进“标准化政策和产业技术政策”及“支援标准化研究开发的体系”，将一些科研成果更好地形成标准。

4. 四个重大突破

（1）传统的标准化概念的重大突破。发达国家认为标准化是保证国家政治稳定、经济发展和社会进步的基础。

（2）标准化体系改革的重大突破。发达国家认为建立完善的标准化体制，可以将分散的标准化体系有机地联系在一起，建立应对国际标准化活动快速反应体系和预警机制，进一步加强国际标准的竞争力，保障标准化战略目的的实现。

（3）对标准化法律法规有关规定的重大突破。发达国家认为面对快速发展科学技术及竞争越来越激烈的世界市场经济，有必要及时对技术法规进行重大改革，缩短标准制订修订的周期，对于环境保护、安全等新的社会需求领域，应及时制订相关标准，特别是国际标准。

（4）区域、国家行政对标准化经费支持力度的突破。世界上发达国家和地区均加强了对标准化工作的投入，建立完善的筹集资金的机制，通过增加政府预算、民间集资等多种渠道，建立标准化活动基金，支持产业界参加国际标准化活动。

第三节　我国标准化的现状

一、基本情况

标准化事业的发展是一个历史性过程，并与生产力发展水平密切相关。我国标准化事业的诞生和发展也是如此。在1000多年以前，我国的农业、手工业发展处于当时世界领先地位。同样，标准和标准化思想具有厚实的基础，标准化成果非常丰富。在经历了历史上较长时期的辉煌之后，由于长期的封建统治，中国的标准化事业衰落了。特别是大机器工业生产出现之后，随着我国与世界先进生产力水平差距的增大，标准化的差距也越来越大。直到20世纪中叶，二战结束后，中国的标准化才开始逐渐恢复，并在1946年作为发起国之一，组织和参与了国际标准化组织(ISO)。

新中国成立以后,标准和标准化管理的工作一直得到相当程度的重视。建国初期,在中央政府政务院财政经济委员会的中央技术管理局中,就设立了标准规格处,专门负责工业生产和工程建设标准化工作。标准及标准化的许多历史遗产得到了很好的吸收和继承。1949 年 10 月,新中国的第一项标准,当时被称为"中华人民标准"的《工程制图》标准由当时的中央人民政府政务院财政经济委员会批准颁布,新中国的标准化和共和国同时诞生。当时,我国的标准化工作被纳入以政府一元化领导和政府集中管理为特征的前苏联模式的计划经济中。由于抗美援朝等战争需要,标准和标准化在规范战时生产秩序和军需产品质量时,也只是以贯彻上级命令的方式来实施。而且那时候,我国的生产力水平和经济管理能力还远远达不到独立自主的程度,产品标准和工艺标准也只能采用前苏联的标准。

到了 20 世纪 60 年代初期,我国面对中苏关系破裂、三年自然灾害和帝国主义对我国进行经济封锁,确立了科技事业和经济建设走自力更生发展的道路。1962 年国务院颁布了《工农业产品和工程建设技术标准管理办法》,1963 年 4 月又召开了全国标准计量工作会议,制定了标准化十年发展规划,确立了国家标准、部标准和企业标准三级标准体系。到"文化大革命"前,基本上形成了以中央政府统一领导、各部门和地方相配合的标准化管理体制。这种体制和当时的标准水平,基本上满足了那时国家计划经济发展的实际需要。在此之后,由于 1966 年至 1976 年的十年动乱,不仅我国的生产力遭受严重破坏,标准和标准化事业同样也难逃厄运,几乎陷于完全停顿的状态。

1979 年,国务院为了尽快将标准化工作纳入正常发展的轨道,适时颁布了《中华人民共和国标准化管理条例》,规定我国标准分为国家标准、部(专业)标准和企业标准三级。同时规定国家标准、部(专业)标准必须由政府确定的标准化核心机构负责起草。三级标准必须由政府主管部门批准发布,包括企业产品标准也必须由企业主管部门批准。并且明确规定,标准一经发布,就是技术法规,必须严格执行。

十一届三中全会后近 10 年间,我国标准增长速度加快,标准化领域不断拓宽,标准化在企业挖潜、革新、改造方面,在技术引进与产品出口贸易方面,在节约能源方面,在产品质量管理和科学管理方面都发挥了重要作用。

1988 年 7 月,国务院批准成立国家技术监督局,统一管理全国的标准化工作。同年 12 月,《中华人民共和国标准化法》颁布,1990 年 4 月《中华人民共和国标准化法实施条例》发布。2001 年 4 月,国务院批准成立国家质量监督检验检疫总局,同时批准成立国家标准化管理委员会统一管理全国标准化工作。

国家标准委成立以后,标准化事业进入了一个新阶段。国家标准委会同各行业部门对国家标准进行全面清理,共废止国家标准数千项,修订国家标准近万项。2009 年至今,新颁布的国家标准制订修订计划项目就有 13 093 项,基本覆盖第一、二、三产业,标准的老化、缺失、水平低等问题得到初步解决,国家标准的标龄缩短到 5 年以内。截至 2016 年 12 月 1 日,国家标准总数为 52 133 项。

改革开放以后，尤其是我国加入 WTO 以来，标准化工作在促进国民经济又好又快发展中的作用更加凸显。国家标准委围绕中央提出的产业结构调整和优化升级的要求，持续开展了循环经济、高新技术、服务业等标准化示范、试点工作，并取得显著成效，服务经济社会发展的辐射和带动作用进一步显现，促进了产业的稳定增长和经济又好又快发展。先后有 20 多个省（市）政府还出台了实施标准战略的意见和措施，调动了企业和社会各方面参与标准化活动的积极性，全社会标准化意识普遍提高。国家标准委正在着力抓好几个方面的工作：

1. 健全国家标准化体系，加大农业、消费品安全、公共安全、生产安全、节能减排、生态环保、高新技术、服务业和十大重点产业领域的标准制订和修订，服务经济平稳较快发展。

2. 全面加强标准化宏观管理和综合协调，健全国家标准制订修订全过程的管理和监督机制，加强行业、地方和企业标准化工作，加大标准化科研工作力度，抓好标准化政策法规研究，不断提高标准化工作的有效性。

3. 不断加大国际标准化工作力度，巩固和提高我国在国际标准化领域的地位，制定我国参与国际标准化活动发展战略，推动具有中国特色和技术优势的领域进入国际标准化工作领域。

4. 重点抓好《标准化法》、《国家技术标准战略发展纲要》、国家标准化体系建设工程、国家技术标准资源服务平台四件大事，夯实标准化工作科学发展的基础。同时加大标准化人才培养力度，造就一支保障标准化事业可持续发展的中坚力量。

在国际标准化领域内，我国所起的作用越来越大。1973 年我国被选为 ITU 的理事国。1978 年，我国加入国际标准化组织（ISO），成为国际标准化大家庭中的一员。1991 年，我国首次承担了 ISO“微束分析—电子探针”技术委员会秘书处工作和主席职务。随着我国经济建设的迅速发展，我国实质性参与国际标准化活动的水平不断提高，我国在国际标准化领域的影响力和话语权进一步增强。20 世纪 90 年代中后期，尤其是在加入 WTO 以后，我国担任国际性标准化组织技术委员会主席和秘书长职务的专家越来越多，承担制修订的国际标准也越来越多。2008 年 10 月，我国正式成为国际标准化组织常任理事国，标志着我国在国际标准化组织核心议事层获得了充分的话语权，实现了我国标准化工作的历史性突破。

2011 年，我国成为 IEC 常任理事国及其标准化管理局常任成员；2013 年，接连成为 ISO 技术管理局常任成员，担任了 IEC 副主席即市场战略局主席，更具里程碑意义的是，我国成功当选 ISO 主席，这是自 ISO 成立以来，我国首次担任最有影响的国际标准组织的最高领导职务。

到 2013 年 9 月底，我国提出和主导制定的 ISO、IEC 国际标准，从 2001 年的 36 项增长到 298 项，增长了近 10 倍。已经正式发布的国际标准达到 141 项。我国还初步形成了一支参加国际标准化活动的复合型专家队伍。目前在 ISO 和 IEC，我国有能力直接参加国际标准制修订工作的工作组注册专家已超过 2 000 多人。

此外，我国已与20多个国家及国际标准化组织签订了合作协议，加强了标准化领域的国际交流与合作。开通了中美、中英、中澳新、中韩标准信息平台，中欧、中德平台也即将开通，为促进双边贸易和企业发展提供标准信息服务。

经过60年的发展，标准已深入到人民群众生活和工作的方方面面。从百姓的“衣食住行购乐游”到飞向太空的神舟飞船，从繁华的城市到偏远的乡村，从新农村的建设到工业化发展，任何一位消费者，任何一个建设项目，都离不开标准，标准化已深入国民经济的各个领域，深入到百姓生活的每一个细节中。从发展趋势上看，我国的标准化工作正在逐步实现四大转变：

1. 在发展方向上，从单一性发展向追求国家标准的结构、质量、速度和效益统一发展的目标转变。

2. 在发展重点上，从系统性不强的发散型发展向集中支撑国民经济又好又快发展的重点领域的技术标准转变。

3. 在发展模式上，从以跟踪模仿为主向制定具有自主核心技术的技术标准转变。

4. 在发展思路上，从积极采用国际标准向中国标准的国际化转变。

这些转变将为促进经济社会又好又快发展提供强有力的技术支撑。

二、现行标准化管理与相关机构

我国现行的国家级标准化管理机构是2001年10月设立的国家标准化管理委员会（简称国家标准委），隶属于国家质量监督检验检疫总局，由国务院授权统一管理全国的标准化工作。

另外，国务院各行业主管部、委分设标准化管理部门，负责各行业的标准化工作。

在省、直辖市、自治区的质量技术监督局都设有标准化处，地市级的质量技术监督局设有标准化科，分别承担省、地两级的标准化工作。

此外，中央和地方还设有标准化技术机构和标准化协会组织以及由各类专家组成的国家和行业标准化技术委员会，如专业标准化技术委员会（TC）。

我国标准化组织机构如图1-3所示，见表1-2。

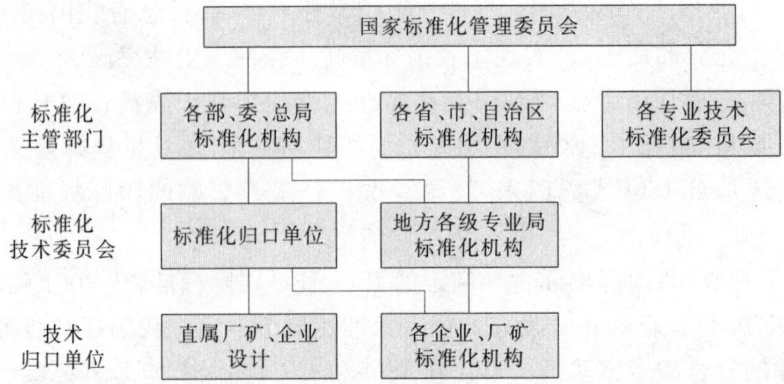

图1-3 我国标准化组织机构图

表 1-2 我国标准化机构

名称	数量	备注(截至 2016 年 12 月)
部门标准化机构	87	以农业部、林业部、国土资源部等部门类型划分
地方标准化机构	31	分布于全国各省市
中国标准化协会	1	
中国标准出版社	1	
中国标准化研究院	1	
全国组织机构代码管理中心	1	
中国物品编码中心	1	
注:此表资料来源于中国国家标准化管理委员会官方网站。		

第四节 铁路信息技术标准化的发展

一、国外铁路信息技术标准的现状

铁路信息技术与普通信息技术的发展有着密不可分的关系,很多技术可以直接应用于铁路,或是在这些技术的基础上针对铁路的特殊需要研究和开发产生的。因此,铁路信息技术标准与普通信息技术的标准也有千丝万缕的联系。铁路的相关标准是国际标准的重要组成部分,被纳入国际、地区或国家的标准体系中。一些权威国际标准化组织中均设有铁路标准技术委员会。因此,可以通过分析铁路信息技术标准在这些标准化组织中的情况,了解国际铁路信息技术标准的发展和现状。

目前国外从事铁路信息化相关标准研究的机构包括国际铁路联盟 UIC、IEC、IEEE、欧洲铁道研究所、欧洲标准化组织 CEN、日本工业标准调查会 JIS、美国国家标准学会 ANSI、DIN(德)、NF(法)、BS(英)等。这里对其中有代表性的国际铁路联盟 UIC、IEEE、IEC 和 CEN 作简单介绍。

(一)国际铁路联盟(UIC)

国际铁路联盟是世界铁路最大的国际性标准化机构,目前共有 200 多个成员,成员遍及五大洲。主要制定以下几个方面的标准:旅客和行李运输、货物运输、财务、会计、成本、统计、运营、车辆、牵引、工务工程、技术条件、信息技术及其他。近年来随着 IT 技术的发展,一批与铁路信息化相关的标准迅速出台。其中包括通用基础标准、业务应用系统标准和数据交换标准 3 大类。通用基础标准主要涉及铁路营业里程、车辆、货车货物及其损坏信息,列车位置、运输经路、地域、包装等方面的编码标准,业务应用系统标准主要涉及计算机订票系统的服务、信息交换标准、列车时刻表编制标准、铁路无线通信、传输网络及维护标准,数据交换标准主要涉及行车控制中心、危险品数据库间的数据交换标准等。

(二)国际电气和电子工程师协会(IEEE)

IEEE 是一个由来自 150 多个国家的 38 万余名成员组成的、以促进美国及世界电气电子工程研究为目的的非营利性团体。下设 36 个委员会,其中与铁路相关的领域是 VT-06。近年来 IEEE 标准化委员会在铁路信息及控制等领域的标准化研究方面相当活跃,相继推出了一系列这方面的标准。主要涉及软件文档、事件记录、无线传输等方面的通用标准,以及面向乘客信息系统、CBTC、ATC 等应用系统的标准,还包括轨道和公路子系统、能源系统、系统间的接口标准。

(三)欧洲标准化组织(CEN)

欧洲标准化委员会(European Committee for Standardization CEN)是目前最活跃、在国际上影响度最大的区域标准化组织。CEN 成立于 1961 年,宗旨在于促进成员国之间的标准化协作,制定本地区需要的欧洲标准(EN,除电工行业以外)和协调文件(HD)。主要由国家成员构成,成员国有:奥地利、比利时、丹麦、芬兰、法国、德国和英国等 30 个国家。CEN 由其成员国组织的全体大会负责管理。CEN 的组织机构包括:全体大会、行政理事会、主席、秘书长、各专家委员、技术理事会、技术委员会、分技术委员会和工作组等。该组织不以营利为目的,不以任何方式参与制造商和经销商的竞争活动。CEN 的经费主要来自欧盟的资助。在欧洲,CEN 与欧洲电子技术标准化委员会(CENELEC)及欧洲通信标准研究所(ETSI)保持合作伙伴关系,并一起组成信息技术指导委员会(ITSTC),在信息领域的互联开放系统(OSI),制定功能标准。而且 CEN 尽一切可能与欧洲其他组织(航天、钢铁、开放系统及电子数据交换)、国际性组织及 ISO 进行合作,并与 ISO 在技术合作方面达成了一致。目前,CEN 共设有 291 个技术委员会,62 个附属委员会,1 399 个工作组。其中 TC256 技术委员会负责铁路应用相关的标准管理,其下有 44 个工作组。

二、我国铁路信息技术标准发展

多年来,铁路标准化工作在国家标准化工作方针政策的指导下,进行了卓有成效的工作,取得了很大的成绩。到 2016 年 6 月,共有铁路行业标准 5 096 项、铁路行业制定归口国家标准 204 项,JJS 规程 53 项。按铁路主要专业在全路设立了 12 个标准化技术归口单位进行标准制定和修订的技术管理工作,参与铁道标准(包括铁路行业标准和铁道国家标准)制定和修订工作的科研、设计、教学、生产和运输等单位 200 余家,科研技术人员 2 000 多人。标准覆盖了铁路机车、车辆、工务工程、通信信号、电气化铁道、运输管理等专业范围内主要产品、基础和管理内容,为提高我国铁路工业产品质量、保证运输安全起到了重要的作用。铁路行业标准的发展大致可分为以下几个阶段。

1. 从 1957 年原铁道部第 1 项标准发布到 1980 年的 23 年间,累计发布铁路行业标准

1 173 项、国家标准(铁道)27 项,平均每年新增标准约 52 项。由于这一时期的大部分时间国家的政治经济形势不稳定,铁路行业标准的制定和修订工作也受到了影响,发展较慢。这一时期制定的标准主要是机车车辆基础和通用零部件标准、蒸汽机车产品标准和工务工程产品标准。

2. 1981—1990 年间,铁路行业标准发布到 2 177 号、国家标准(铁道)累计达到 101 项,与 1980 年相比,铁路行业标准数量增加了 1 004 项、国家标准(铁道)数量增加了 49 项,平均每年新增标准约 105 项。这一时期是我国实行改革开放、国民经济快速发展的时期,也是铁道标准发展较快的时期。原铁道部在国家标准化技术政策的指导下,于 1983 年召开了全路标准化工作会议,讨论和布置铁路标准化工作,进行标准化工作经验交流及对标准化科技成果进行奖励,对铁路标准化工作的开展起到了很大的推动作用。

在采用国际和国外先进标准工作方面,原铁道部按照国家的要求,在 1982 年、1984 年、1986 年的全国采标工作会议后均召开了专门会议,布置铁路行业的采标工作。1982 年提出了采标项目计划,组织翻译了国际铁路联盟(UIC)规程及试验研究所(ORE)报告,为铁路行业的采标工作提供了条件。

经过这 10 年工作,我国铁路基本上构筑了行业标准体系的主体框架,制定了"铁路行业标准体系表",并根据体系表制定了一批标准。采用了一批重要的国际和国外先进标准。

3. 1991—2000 年间,铁路行业标准发布到 3 024 号、铁道国家标准数量累计达到 156 项,与 1990 年相比,铁路行业标准数量增加了 847 项、铁道国家标准数量增加了 55 项,平均每年新增标准 82 项。在这 11 年中,铁道标准制定和修订工作得到了稳定的发展,采标工作也得到了较快的发展。

当时,随着我国加入 WTO 进程的加快和 1993 年全国第四次采标工作会议的召开,国家和原铁道部均加大了采标工作的力度,提出了"除非具有中国特色,所制定和修订的标准均要采用国际和国外先进标准"的标准制定和修订原则。采取"拿来主义"的做法,即先将国际和国外先进标准转化成我国标准,然后再创造条件组织实施。因此,20 世纪 90 年代标准化工作的重点就是全面采标,这一时期的平均采标率达到了 30%,其中"九五"期间达到了 54%。

在 20 世纪 80 年代的"铁道行业标准体系表"基础上研究制定的 TB/T 2458—1993《铁道行业标准体系表》是铁路行业制定的重要标准之一,为铁道标准的制定和修订工作提供了基本的依据。

4. 2001—2009 年间,这一段时间是铁路快速发展的时期。随着铁路电气化的建设,出台了一批与之相应的电气化铁路建设标准。我国铁路的六次大提速使铁路的面貌焕然一新,特别是客运专线的建设,进一步加快了铁路的发展。我国铁路部门制定了相应的通信、信号及安全检测等方面的标准,如:在铁路数字通信方面、调度指挥系统(TDCS)、调度集中系统(CTC)、微机联锁、微机监测、视频监控(CCTV)等等,较好地满足了铁路现代化建设的需要。

5. 2010 年至今,高速铁路动车组已成为我国对外交流的名片。深入开展铁路发展规划研究，科学编制铁路“十三五”规划方案。加强标准体系建设，促进铁路科技创新。组织研究铁路行业标准发展战略，提出铁路行业标准体系框架和标准明细，组织编制工程建设标准修编五年规划，完善铁道行业产品技术标准体系、铁路工程建设标准体系和造价标准体系。服务国家“一带一路”战略，推进铁路对外交流合作。继续发挥中美等双边工作交流机制作用，实现合作共赢。完善派驻铁路合作组织委员会工作组的工作机制，加大对铁路合作组织工作的参与力度，积极推动“丝绸之路经济带”建设。更广泛地参与相关国际铁路标准制修订工作，扩大在国际标准制定中的话语权，推进中国铁路标准国际化。

随着我国高速铁路的快速发展，相关标准逐渐完善。尤其在信息技术方面，以 CTCS、GSM-R 为代表的列车控制和无线通信系列标准、车载电子设备相关标准、铁路数据通信网和铁路车辆运行安全监控系统设计规范等的研究和发布，使得我国铁路信息化标准日趋完善，有效地提升了我国铁路信息化建设的水平。此外，对高速铁路及动车组的测试、维修及车地通信等相关技术标准，也正在进行研究。

回顾我国铁路行业标准制定和修订工作的开展历程，所取得的成绩可归纳为以下两个方面。

1. 建立了铁路行业标准体系基本框架，为我国铁路的技术发展奠定了技术基础。经过 40 多年的努力，原来以机车车辆基础通用标准为主的铁路行业标准，逐步发展成为拥有现行铁路行业标准 2 098 项、铁道国家标准 204 项，包括机车、车辆、工务工程、通信信号、电气化铁道、运输管理等各铁路专业标准，形成了比较完整且相对独立的铁路行业标准体系。组织制定的一批综合、重大的铁路行业标准和铁道国家标准，已在铁路运输生产中发挥了重要作用。

目前，在铁路行业范围内，从研究、设计、生产到采购、运用、检修以及试验、检验部门等，均是以铁道标准为基本技术依据，表明铁道标准对整个行业的发展所起的作用越来越重要。

2. 积极采用国际和国外先进标准，推动了铁路行业的技术进步。从 1979 年我国开始实行采标工作以来，特别是近 10 年来，随着高速和重载技术的引进和发展，铁路有关部门列专项科研课题对铁路行业采用国际和国外先进标准进行研究。收集整理了国际标准化组织标准(ISO)、国际电工委员会标准(IEC)、国际铁路联盟规程(UIC)、欧洲标准化组织标准(CEN)、德国工业标准(DIN)、英国标准(BS)、法国标准(NF)、日本工业标准(JIS)、美国铁路协会标准(AAR)及苏联国家标准(AREA)中与铁路有关的标准。铁路行业的采标工作取得了一定的成绩。

三、铁路信息技术标准化发展趋势

铁路信息技术标准化是一项基础性工作，不仅涉及技术、管理和建设的规范化，还涉及铁路各个业务部门、生产部门以及国内外产品供货厂家。因此，必须统一领导、统筹规划、多方参与、分工合作，以保证其协调发展和顺利执行。我国铁路信息技术标准的发展，是以我国铁路信息化建设的需要为目的，以我国现有的信息技术标准及体系为基础，在引进或借鉴国际上先进的相关技术标准和体系，并根据我国国情和需要进行改造，是一个不断地健全和完善的过程。

1. 走国际化的合作发展之路

目前，铁路行业信息技术的国际标准大多由铁路现代化水平较高的国家和地区的相关标准为基础转化而产生的，如：日本、欧洲、美国和加拿大等。基本上代表了当今世界现代铁路信息技术的发展水平。虽然我国铁路的信息化工作发展的速度非常迅速，特别是近年来动车组及其相关的技术引进之后，我国铁路的现代化水平得到了明显的提高。但相对于世界上发达国家和地区，仍然存在较大的差距，所以借鉴国外的成熟的先进的经验发展我国的铁路信息化建设事业是十分必要的。以我国铁路信息化建设的发展需要为出发点，积极采用国际标准的原则，根据我国国情，适时地转化了一些国际信息基础技术标准为铁路信息化建设服务。同时，积极参与国际标准的起草和制定工作，会对提高我国铁路的信息化水平、提高国际竞争力，起到一个很好的促进作用。

2. 完善我国铁路行业的测试标准和认证体系

虽然我国铁路已建立了基本的产品认证标准和测试机构，但随着信息技术的迅速发展，特别是高速铁路信息技术的引进和发展，有必要进一步完善自己的标准体系，逐步建全自己的产品测试和认证机构，对铁路信息化有关产品（或系统）进行硬件、接口和软件等的测试和认证。一方面使上线使用的产品质量有所保障，另一方面使得国外产品进入前通过我国的认证。根据对等认证原则，争取与国外认证机构达成对等信任关系，为中国产品进入国际市场打下基础。

3. 科学技术研究与技术标准同步进行

目前，信息技术正以前所未有的速度发展，涌现出大量的科研成果。要让这些成果尽快地转化为生产力，相关标准的制定就必须同步地进行。在科研上一有突破就迅速制定出技术标准，并转化为产品，形成产业化，进而占领市场，使我国企业在国内外市场竞争中处于有利地位。

4. 强化企业的参与

铁路行业及其相关企业（包括：铁路局，铁路设备的研发单位、制造单位，以及铁路的主要客户等）是科研成果产业化的主要力量，一项技术产品标准的颁布，如果没有多数主要企业的支持，没有一定量的遵循相应标准产品的上市，标准极有可能成为空中楼阁。因此，激发企业在制定标准中的积极性和主动性，充分发挥企业在制定标准中的作用，是更加充分的发挥标准在引导和规范技术发展中作用的保证之一。企业的积极参与也有利于更好地保护我国自主的知识产权，避免或降低因引用涉及国外知识产权的标准条款，而使我国企业蒙受损失。

铁路信息技术是一门非常活跃的新技术，具有涉及面广、发展快、更新快等特点。这就使得信息技术相关标准的制定和执行上，既要遵从标准的一般发展要求，又要根据实际工程建设的需要，采用更为灵活和迅速的工作策略和方式，使其能够适应我国铁路现代化快速发展的需要。

本章小结

在人类发展的历史长河中，标准在相当长的时期内伴随着人类的进步，并将继续的伴随下去。在人类社会中，标准几乎无处不在。标准的发展从人类无意识行为到有意识的实践，从局部的实行到向全球的统一的努力；从被动地遵循到主动地利用，在我们的生活中扮演了越来越重要的角色。以国际性标准化组织为代表，国际社会正在在信息、安全、环境、卫生等诸多方面为建立统一的国际性标准，为人类社会的协调发展而努力。我国也成为国际大家庭的重要一员，并为此做出了越来越重大的贡献。在铁路信息技术标准方面，我国也做出了长期的努力，取得很大的成就，在我国铁路现代化建设，特别是高速和重载技术方面接近甚至超过世界先进水平起到了非常重要的作用。因此，了解标准的基本知识，学会在我国铁路信息化建设中合理和主动的利用标准，对于有序和高效的实现我国铁路运输的现代化，满足我国国民经济发展的需要有着重要的意义。

复习思考题

1. 简述国际铁路技术标准发展趋势。
2. 简述我国铁路信息技术发展趋势。

第二章

标准及标准化的基本概念

随着科学技术的不断进步，标准从来没有像今天这样与我们的生活息息相关，承担着如此多的社会责任。标准代表着社会进步，保障着社会安全，体现着社会公平。标准化是人类在长期生产实践、社会管理活动中逐渐摸索和发展起来的一门应用技术，同时也是一门科学，当今时代已经进入知识经济时代，标准和标准化已远远超出了原来指导和促进工业化生产的狭隘领域，而发展成为一种调节贸易的手段，成为当今世界各国综合国力竞争的非常重要的手段。

第一节　标准的基本概念

一、标准的定义及特征

在国家标准 GB 3935. L—1983《标准化基本术语　第一部分》中，“标准”被定义为：是对重复性事物和概念所做的统一规定。它以科学、技术和实践经验的综合成果为基础，经有关方面协商一致，由主管机构批准，以特定形式发布，作为共同遵守的准则和依据。

为适应科学技术的迅速发展，在国家标准 GB/T 20000. 1—2002《标准化工作指南　第一部分：标准化和相关活动的通用词汇》中，“标准”被重新定义为：“为了在一定的范围内获得最佳秩序，经协商一致制定并经一个公认机构批准，共同使用的和重复使用的一种规范性文件”。该定义有附注：“标准宜以科学、技术和经验的综合成果为基础，以促进最加的共同效益为目的。”这一定义同时也是国际标准化组织（ISO）和国际电工委员会（IEC）在 ISO/IEC 指南 2：2004《标准化和相关活动—通用词汇》中为“标准”给出的定义。

综合上述两个定义，它们集中体现了以下几个特征：

1. 标准的本质是一种“统一规定”。这种统一规定是作为有关各方“共同遵守的准则和依据”。有这样一种统一的规定才能在“一定的范围内获得最佳秩序”。

2. 标准制定的对象是重复性事物和概念。这里讲的“重复性”指的是同一事物或概念反复多次出现的性质。

3. 标准的产生既是科学技术的成果，又是实践经验的总结。它是在对成果和经验的分析、比较、综合及验证的基础上，不断规范化制定出来的。

4. 标准必须经过一定的程序产生，在这些程序中要充分体现所涉及的相关方充分协商的一致性，使制定出来的标准既具有权威性，又具有科学性和适用性。

5. 标准文件有其特定的格式，须经权威部门审批发布。标准从制定到批准发布的一整套工作程序和审批制度，使标准本身具有一定的法规特性。

在人们的现实生活中，小到螺丝钉，大到飞机、轮船，"标准"无处不在，它与我们息息相关，以至有时不曾意识到它的存在。

二、标准的级别和种类

(一)标准的级别

标准的级别规定了标准的适用范围，也反映了制定和发布标准的机构和级别。可以分为国际标准、区域标准、国家标准、行业标准、地方标准和企业标准，如图 2-1 所示。

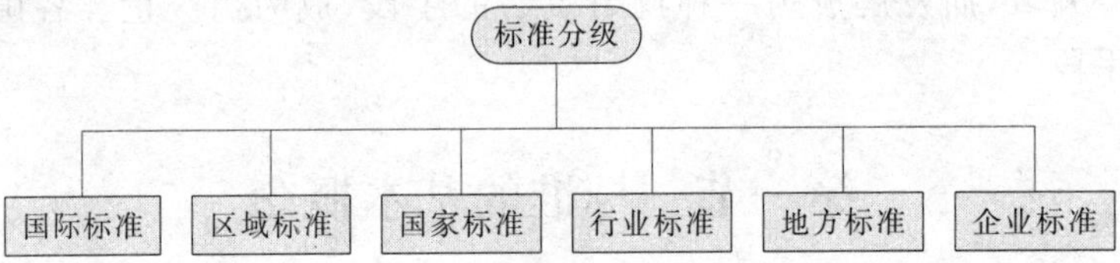

图 2-1　标准分级示意图

1. 国际标准

国际标准化组织(ISO)、国际电工委员会(IEC)和国际电信联盟(ITU)制定和发布的标准，我们称之为国际标准，除此之外，国际标准化组织确认并公布的其他国际组织制定的标准也是国际标准。国际标准在世界范围内统一使用。

ISO、IEC、ITU 国际标准代号及国际标准化组织认可作为国际标准的国际行业组织制定的标准代号见表 2-1。

表 2-1　国际行业组织制定的标准代号

序号	代号	含　义	负责机构
1	BISFA	国际人造纤维标准化局标准	国际人造纤维标准化局(BISFA)
2	CAC	食品法典委员会标准	食品法典委员会(CAC)
3	CCC	关税合作理事会标准	关税合作理事会(CCC)
4	CIE	国际照明委员会标准	国际照明委员会(CIE)
5	CISPR	国际无线电干扰特别委员会标准	国际无线电干扰特别委员会(CISPR)
6	IAEA	国际原子能机构标准	国际原子能机构(IAEA)

续上表

序号	代号	含　义	负责机构
7	IATA	国际航空运输协会标准	国际航空运输协会(IATA)
8	ICAO	国际民航组织标准	国际民航组织(ICAO)
9	ICRU	国际辐射单位和测量委员会标准	国际辐射单位和测量委员会(ICRU)
10	ICRU	国际辐射单位和测量委员会标准	国际辐射单位和测量委员会(ICRU)
11	IDF	国际乳制品联合会标准	国际乳制品联合会(IDF)
12	IEC	国际电工委员会标准	国际电工委员会(IEC)
13	IFLA	国际签书馆协会和学会联合会标准	国际签书馆协会和学会联合会(IFLA)
14	IIR	国际制冷学会标准	国际制冷学会(IIR)
15	ILO	国际劳工组织标准	国际劳工组织(ILO)
16	IMO	国际海事组织标准	国际海事组织(IMO)
17	IOOC	国际橄榄油理事会标准	国际橄榄油理事会(IOOC)
18	ISO	国际标准化组织标准	国际标准化组织(ISO)
19	ITU	国际电信联盟标准	国际电信联盟(ITU)
20	OIE	国际兽疾局标准	国际兽疾局(OIE)
21	OIML	国际法制计量组织标准	国际法制计量组织(OIML)
22	OIV	国际葡萄与葡萄酒局标准	国际葡萄与葡萄酒局(OIV)
23	UIC	国际铁路联盟标准	国际铁路联盟(UIC)
24	UNESCO	联合国教科文组织标准	联合国教科文组织(UNESCO)
25	WHO	世界卫生组织标准	世界卫生组织(WHO)
26	WIPO	世界知识产权组织标准	世界知识产权组织(WIPO)

2. 区域标准

区域标准是指由某一区域标准化或标准组织通过并公开发布的标准。这里的区域组织是指仅向世界特定地理、政治或经济范围内的有关国家标准化机构开放的标准化组织。如欧洲标准化委员会(CEN)、欧洲电工标准化委员会(cENELEC)、欧洲电信标准学会(ETSI)、太平洋地区标准大会(PASC)、泛美技术标准委员会(COPANT)、非洲地区标准化组织(ARSO)等。

3. 国家标准

国家标准是指由国家标准化主管机构批准发布，对全国经济、技术发展有重大意义，且在全国范围内统一的标准。一些国家标准代号见表2-2。

表 2-2　一些国家标准代号

国家	标准代号	国家	标准代号	国家	标准代号	国家	标准代号
中国	GB	法国	NF	澳大利亚	AS	印度	IS
美国	ANSI	英国	BS	意大利	UNI	韩国	KS
德国	DIN	瑞典	SIS	加拿大	CAN	日本	JIS(工业) JAS(农业)

我国的国家标准是由国务院标准化行政主管部门编制计划，组织草拟，统一审批、编号、发布的。对仍处于技术发展过程中(如变化快的技术领域)的标准化提供指南或信息，供科研、设计、生产、使用和管理等有关人员参考使用而制定的文件，称为国家标准化指导性技术文件。

4. 行业标准

在国家的某个行业通过并公开发布的标准是行业标准。对没有国家标准而又需要在全国某个行业范围内统一的技术要求，可以制定行业标准。行业标准由国务院有关行政主管部门或受国家标准委员会委托的行业协会、学会，负责组织制定和发布。

5. 地方标准

对没有国家标准和行业标准而又需要在省、自治区、直辖市范围内统一的工业产品的安全、卫生要求，可以制定地方标准。在国家的某个地区通过并公开发布的标准，称为地方标准。地方标准由各省、市、自治区标准化行政主管部门组织制定和发布。在公布相应的国家标准或行业标准后，该项地方标准即时废止。

6. 企业标准

企业生产的产品没有国家标准、行业标准和地方标准的，应当制定相应的企业标准。对已有国家标准、行业标准或地方标准的，鼓励企业制定严于国家标准、行业标准或地方标准要求的企业标准。企业标准是为在企业范围内需要协调、统一的技术要求、管理要求和工作要求所制定的规范性文件。

(二)标准的分类

标准的级别规定了标准的适用范围，也反映了制定和发布标准的机构和级别。可以分为国际标准、区域标准、国家标准、行业标准、地方标准和企业标准。标准分类如图 2-2 所示。

1. 按照法律约束力划分标准

《标准化法》中规定：国家标准、行业标准分为强制性标准和推荐性标准。

(1)强制性标准

强制性标准是指政府部门制定的并强制执行的标准。

强制性标准通过法律的形式明确要求对于一些标准所规定的技术内容和要求必须执行，不允许以任何理由或方式加以违反、变更，这样的标准称之为强制性标准。对违反强制性标准的，国家将依法追究当事人法律责任。主要包括：保障人体健康，人身、财产安全的标准和法律、行政法规规定强制执行的标准。

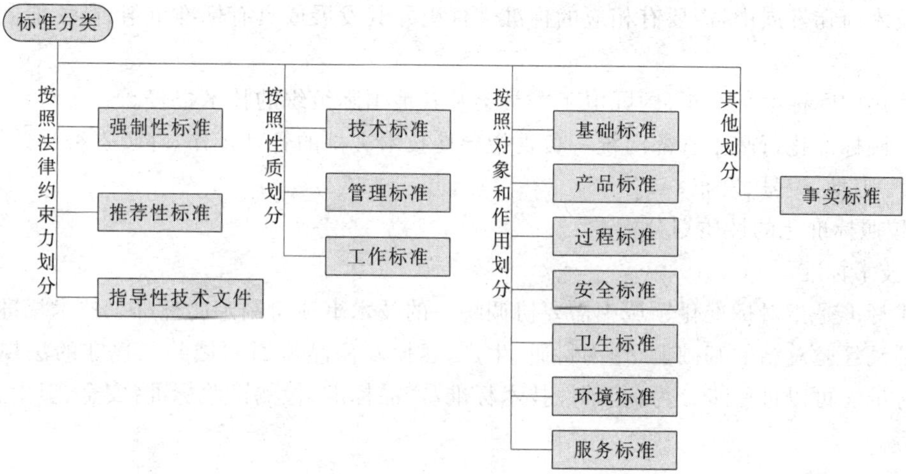

图 2-2　标准分类示意图

需要制定为强制性标准的，包括以下范围的内容：

①有关国家安全的技术要求。

②保护人体健康和人身财产安全的要求。

③产品及产品生产、储运和使用中的安全、卫生、环境保护等技术要求。

④工程建设的质量、安全、卫生、环境保护要求及国家需要控制的工程建设的其他要求。

⑤污染物排放标准和环境质量要求。

⑥保护动植物生命安全和健康的要求。

⑦防止欺骗、保护消费者利益的要求。

⑧维护国家经济秩序的重要产品的技术要求。

(2)推荐性标准

推荐性标准又称非强制性标准或自愿性标准，是指国家鼓励自愿采用的具有指导作用而又不宜强制执行的标准。标准规定的技术内容和要求具有普遍的指导作用，允许使用单位在生产、交换、使用等方面，通过经济手段或市场调节而自愿采用。这类标准不具有强制性。任何单位均有权决定是否采用，违犯这类标准，不构成经济或法律方面的责任。应当指出的是，推荐性标准一经接受并采用，或各方商定同意纳入经济合同中，就成为各方必须共同遵守的技术依据，具有法律上的约束性。

(3)标准化指导性技术文件

标准化指导性技术文件是为仍处于技术发展过程中(为变化快的技术领域)的标准化工作提供指南或信息，供科研、设计、生产、使用和管理等有关人员参考使用而制定的标准文件。

符合下列情况可判定为指导性技术文件：

①技术尚在发展中,需要有相应的标准文件引导其发展或具有标准价值,尚不能制定为标准的。

②采用国际标准化组织、国际电工委员会及其他国际组织的技术报告。

国务院标准化行政主管部门统一负责指导性技术文件的管理工作,并负责编制计划、组织草拟、统一审批、编号、发布。

2. 按照标准化的性质划分标准

(1)技术标准

技术标准是指对标准化领域中需要协调统一的技术事项所制定的标准。技术标准是在生产技术活动经验总结的基础上,作为科研、生产、建设及商品流通领域共同遵守的法规而制定的各种标准。可以进一步分为:基础性技术标准;产品标准;检测试验标准;安全、卫生、环境保护标准等。

(2)管理标准

管理标准是指对标准化领域中需要协调统一的管理事项所制定的标准。管理标准是针对管理目标、管理项目、管理程序、管理方法和管理组织方面,对人们在生产活动和社会生活中的组织结构、职责权限、过程方法、程序文件以及资源分配等事宜所做的规定。

(3)工作标准

工作标准是指对标准化领域中需要协调统一的工作事项所制定的标准。工作标准是针对生产经营管理活动中工作岗位的工作范围、职责、权限、方法、质量、考核等以及与工作程序有关的事项所做的规定。

3. 按照标准化的对象和作用划分标准

(1)基础标准

在一定的范围内作为其他标准的基础并普遍使用,具有广泛指导意义的标准。如:名词、术语、符号、计量单位制等。

(2)产品标准

为保证产品的适用性,对产品必须达到的某些或全部特性要求所制定的标准。产品标准是产品设计、生产、检验、使用维护和贸易合约的技术依据。包括:品种、规格、技术要求、试验方法、检验规则、包装、标志、运输和储存要求等。

(3)过程标准(也称方法标准)

过程标准是规定过程应该满足的要求,以确保过程适用性的标准。过程标准主要是规定怎么做的标准,如指导产品设计人员进行设计的设计规范,如 DL/T 5352—2006《高压配电装置设计技术规程》(电力行业推荐性标准);指导工人加工产品的工艺规程,如 DL/T 5342—2006《750 kV 架空送电线路铁塔组立施工工艺导则》(电力行业推荐性标准);指导试验人员做试验的试验标准,如 GB/T 5750.13—2006《生活饮用水标准检验方法放射性指标》;指导安装人员安装设备的安装规程,如 DL/T 603—2006《气体绝缘金属封闭开关设备运行及维护规程》(电力行业推荐性标准)等。

过程标准中的推荐性条款比产品标准中的要多,产品标准以规定要求条款为主,而过程标准既有规定要求的条款,也有推荐惯例的条款。

(4)安全标准

为保护人和物安全制定的标准,称为安全标准。

(5)卫生标准

为保护人的健康,对食品医药及其他方面的卫生要求而制定的标准。

(6)环境标准

为保护环境和有利于生态平衡对大气、水体、土壤、噪声、振动、电磁波等环境质量、污染管理、监测方法及事项而制定的标准。

(7)服务标准

对某项服务工作应达到的要求所制定的标准,称为服务标准。服务作为产品除了具有与其他产品相同的商品特性外,由于它的生产和交付通常是同时进行的、不可分离的,因此还具有以下特点:

①服务大多具有无形性。

②服务的生产和消费通常是同时的,基本是一次性的。

③服务不能储存,也不易运输。

④服务一般具有不可逆性。

服务标准按其性质和作用划分,可分为服务基础标准、服务质量标准、服务资质标准、服务设施标准、服务信息标准、服务安全和卫生标准、服务环境保护标准、保护消费权益标准。如GB/T 27917.1—2011、GB/T 27917.2—2011 和 GB/T 27917.3—2011 快递服务系列国家标准。

4. 其他划分

事实标准是在市场驱动下,并且已被市场广泛接受的由一个公司或一组具有共同利益的公司制定的标准,它没有经过传统的标准机构的批准和特别发布。为了及时地适应市场和技术的快速变化,满足市场的急需,事实标准的制定往往表现出制定周期短、制定程序灵活的特点。

但由于较多的事实标准仅代表了主要生产商或服务商的意见,制定过程缺少与其他相关方的沟通和协商,并且事实标准常常涉及其内部技术或专利许可,所以事实标准的开放性受到制约,这不利于标准的广泛应用,为某些公司垄断市场,破坏市场竞争秩序提供了机会。随着经济全球化,事实标准的应用也有扩大化的需要,如微软 IBM 的标准、SONY 和 PHILIPS 公司倡导的 DVD 标准。

(三)标准的表示及标准代号

1. 标准的表示方法

强制性国家标准表示方法:

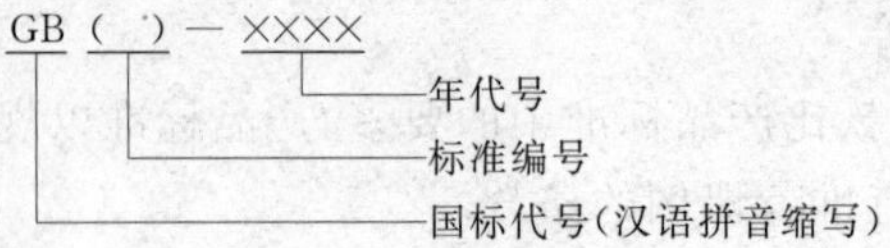

推荐性国家标准表示方法：

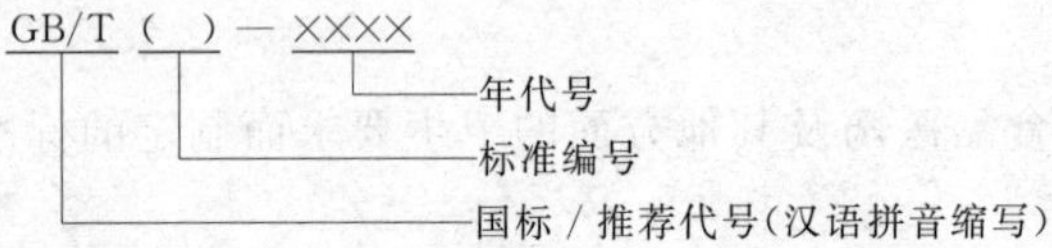

指导性技术文件表示方法：

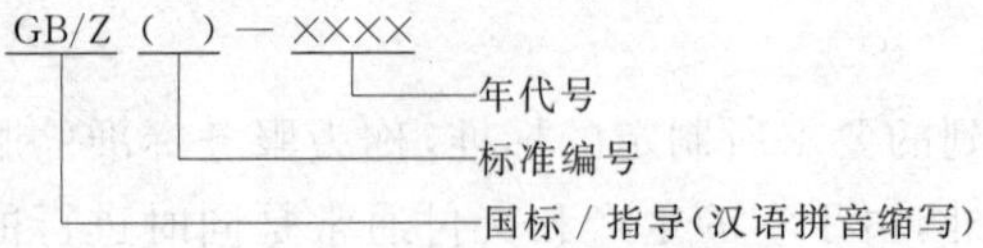

行业标准表示方法：

例如铁路运输标准表示方法：

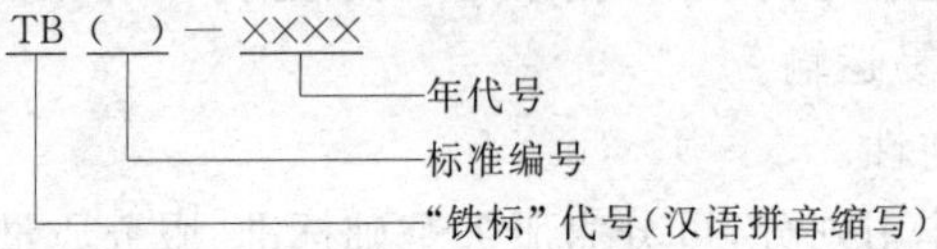

一个系列标准，在顺序号中使用小数点，如 GB 1234.1—2000、GB 1234.2—2000 等。

2. 我国标准的代号(见表 2-3)

表 2-3　我国标准代号

国家标准代号			
序号	代号	含　义	管理部门
1	GB	中华人民共和国强制性国家标准	国家标准化管理委员会
2	GB/T	中华人民共和国推荐性国家标准	国家标准化管理委员会
3	GB/Z	中华人民共和国国家标准化指导性技术文件	国家标准化管理委员会
行业标准代号			
1	AQ	安全生产	国家安全生产监督管理总局
2	BB	包装	中国包装工业总公司包改办

续上表

行业标准代号			
序号	代号	含　　义	主管部门
3	CB	船舶	国防科学技术工业委员会、中国船舶工业集团公司、中国船舶重工集团公司(船舶)
4	CH	测绘	国家测绘局
5	CJ	城镇建设	住房和城乡建设部标准定额司(城镇建设)
6	CY	新闻出版	国家新闻出版广电总局印刷业管理司
7	DA	档案	国家档案局政法司
8	DB	地震	国家地震局震害防预司
9	DL	电力	中国电力企业联合会标准化中心
10	DZ	地质矿产	国土资源部国际合作与科技司(地质)
11	EJ	核工业	国防科技工业局中国核工业总公司(核工业)
12	FZ	纺织	中国纺织工业协会科技发展中心
13	GA	公共安全	公安部科技司
14	GH	供销	中华全国供销合作总社
15	GY	广播电影电视	国家广播电影电视总局科技司
16	HB	航空	国防科技工业局中国航空工业总公司(航空)
17	HG	化工	中国石油和化学工业协会质量部(化工、石油化工、石油天然气)
18	HJ	环境保护	国家环境保护部科技标准司
19	HS	海关	海关总署政法司
20	HY	海洋	国家海洋局海洋环境保护司
21	JB	机械	中国机械工业联合会
22	JC	建材	中国建筑材料工业协会质量部
23	JG	建筑工业	住房和城乡建设部(建筑工业)
24	JR	金融	中国人民银行科技与支付司
25	JT	交通	交通运输部科教司
26	JY	教育	教育部基础教育司(教育)
27	LB	旅游	国家旅游局质量规范与管理司
28	LD	劳动和劳动安全	人力资源和社会保障部劳动工资司(工资定额)
29	LY	林业	国家林业局科技司

续上表

行业标准代号			
序号	代号	含　义	主管部门
30	LS	粮食	国家粮食局
31	MH	民用航空	中国民用航空局规划科技司
32	MT	煤炭	中国煤炭工业协会
33	MZ	民政	民政部人事教育司
34	NY	农业	农业部市场与经济信息司(农业)
35	QB	轻工	中国轻工业联合会
36	QC	汽车	中国汽车工业协会
37	QJ	航天	国防科技工业局中国航天工业总公司(航天)
38	QX	气象	中国气象局检测网络司
39	SB	商业	中国商业联合会
40	SC	水产	农业部(水产)
41	SH	石油化工	中国石油和化学工业协会质量部(化工、石油化工、石油天然气)
42	SJ	电子	信息产业部科技司(电子)
43	SL	水利	水利部科教司
44	SN	商检	国家质量监督检验检疫总局
45	SY	石油天然气	中国石油和化学工业协会质量部(化工、石油化工、石油天然气)
46	SY(10000)	海洋石油天然气	中国海洋石油总公司
47	TB	铁路运输	国家铁路局科技与法制司
48	TD	土地管理	国土资源部(土地)
49	TY	体育	国家体育总局体育经济司
50	WB	物资管理	中国物资流通协会行业部
51	WH	文化	文化部科教司
52	WJ	兵工民品	国防科技工业局中国兵器工业总公司(兵器)
53	WM	外经贸	商务部科技司
54	WS	卫生	卫生部卫生法制与监督司
55	XB	稀土	国家发改委稀土办公室
56	YB	黑色冶金	中国钢铁工业协会科技环保部
57	YC	烟草	国家烟草专卖局科教司
58	YD	通信	信息产业部科技司(邮电)
59	YS	有色冶金	中国有色金属工业协会规划发展司

续上表

行业标准代号			
序号	代号	含　　义	主管部门
60	YY	医药	国家食品药品监督管理局医药司
61	YZ	邮政	国家邮政局政策法规司
62	ZY	中医药	国家中医药管理局
地方标准代号			
1	DB+ *	中华人民共和国强制性地方标准代号	省级质量技术监督局
2	DB+ */T	中华人民共和国企业推荐性标准代号	省级质量技术监督局
注：* 表示省级行政区划代码前 2 位			
企业标准代号			
1	Q+ *	中华人民共和国企业产品标准	企业

第二节　标准化的基本概念

一、标准化的定义及特征

"标准化"在 GB 3935.1—1983《标准化基础术语　第一部分》中被定义为："经济、技术、科学和管理等社会实践中，对重复性事物和概念，通过制定、发布和实施标准，达到统一，以获得最佳秩序和社会效益。"

随着科学技术的迅速发展，对标准化的定义需要更加科学合理。根据国际标准组织 ISO/IEC 第 2 号指南(1996 版)，我国在 2002 年制定的 GB/T 20000.1—2002《标准化工作指南　第一部分：标准化和相关活动的通用词汇》中，"标准化"被重新定义为："为了在一定范围内获得最佳秩序，对现实问题或潜在问题制定共同使用和重复使用的条款的活动"。

上述两个定义表述一致，其含义如下：

1. 标准化是一项活动，是制定、发布和实施标准的系统过程，标准是标准化活动过程中的核心要素。标准化就是使标准在社会一定范围内得以推广，使不够标准状态转变成标准状态的一项科学活动。

2. 标准化过程在深度上是一个永无止境的循环上升过程。任何已经标准化的事物和概念，都可能随着科学的进步和社会的发展，突破已有的共同规定而成为非标准化。只有通过总结、修订、再实施,才能使原有的标准重新上升到一个新的水平。这种事物和概念的标准化—非标准化—再标准化的交替进化,推动标准化不断向纵深发展。

3. 标准化过程在广度上是一个不断扩展的过程。以往标准化工作主要在工农业生产领域,现在已拓展到商业、服务业、金融业、医疗卫生乃至行政管理系统等领域。标准化的具体内容也由过去制定的生产领域操作规程,延伸到服务领域的《标准化良好行为规范》(ISO/IEC)。标准化随着社会科学技术进步而不断地扩展和深化自己的工作领域。

4. 标准化的目的是"获得最佳秩序和社会效益"。所谓"最佳"就是追求效益的最大化,通过建立最佳秩序来实现效益最大。要实现效益最大就需要最佳秩序的广泛实施。所以标准化活动不能局限于一时一地的需求,而要追求其成果最大化。定义中的"最佳"是从整个国家和整个社会利益来衡量,而不是从一个部门、一个地区、一个单位、一个企业来考虑的。

标准化的基本特性主要体现在抽象性、技术性、经济性、连续性、约束性、政策性几个方面。

二、标准化的地位和作用

1. 标准化是现代化大生产的必要条件

现代化大生产的显著特点是生产的高度社会化。随着科学技术的发展,生产规模越来越大,技术要求越来越复杂,劳动分工越来越细,生产协作越来越广泛,这就需要通过制定和执行标准,使生产活动的各部门保持协调一致,使生产技术保持高度的统一,只有这样才能保证生产的正常进行。

2. 标准化为科学管理奠定了基础

以往大多数企业的管理是一靠管理制度,二靠领导者的经验和意志,这是造成企业落后的根本原因。所谓科学管理,就是依据生产技术的发展规律和客观经济规律对企业进行管理,而各种科学管理制度的形成,都是以标准化为基础的。

3. 标准化是提高产品质量的重要保证

标准是衡量产品质量特性的主要依据。严格按标准组织生产,检验和包装,产品质量就能得到可靠的保证。不断的根据市场变化和用户需求及时修订产品标准,就能够在市场竞争中保持产品的地位不被取代。

4. 标准化是简化品种、组织专业化生产的前提

合理简化掉多余的、功能低的产品品种,提高零部件"通用化"程度,有利于实现互换组合,有利于产品结构调整,有利于采用先进技术装备组织专业化生产,实现优质、高产、低耗、低成本、高效率的目标。

5. 标准化有利于合理利用国家资源、节约能源、节约原材料

在生产实践活动中,标准规定得合理,可以节约资源,做到物尽其用;规定得不合理,就会造成浪费。如我国制定的水泥国家标准,由于合理地规定了氧化镁的含量,可使一些石灰石矿山资源延长开采期10年以上;锅炉用煤的粒度如超过标准要求,煤炭就不能完全燃烧,如粒度

过小，有可能还未燃烧完全即从烟筒喷出，造成浪费。所以标准化工作对合理利用和保护国家资源有着重要的意义和作用。

6. 标准化可以有效地保障人体健康和人身、财产安全，保护环境

我国标准化法第七条规定："国家标准、行业标准分为强制性标准和推荐性标准。保障人体健康，人身、财产安全的标准和法律，行政法规规定强制执行的标准是强制性标准，其他标准是推荐性标准。"大量的环保标准、卫生标准和安全标准制定发布后，用法律形式强制执行，对保障人民的身体健康和生命财产安全具有重大作用。

7. 标准化可以加快科研成果向生产力转化的进程

任何科学研究的成果在未投入正式使用之前，都是潜在的生产力，只有当科研成果被纳入到标准中，才可能使新产品、新工艺、新材料和新技术从科研领域过渡到生产领域，转化为现实生产力，产生经济效益和社会效益。

8. 标准化有助于消除贸易壁垒、形成统一市场

标准通过对贸易对象的形式、功能和其他技术特性所作的一致性规定，为贸易双方提供了共同背景、共同语言和共同的客观依据。这对于兼顾发达国家、发展中国家的利益，保护弱势群体，体现社会公平有着重要的意义。因此，只要严格采用国际标准和国外先进标准实现产品标准化，就能够打破贸易壁垒，建立统一市场。在一定意义上说没有国际标准就没有世界贸易。

三、标准化的对象

孤立的产品或孤立的需求不需要标准，只有对同一需求的重复和无限延伸才需要标准。比如：人们在进行社会交往时，需要语言、文字和符号，在进行交换时需要计算、计时和度量，这些恰恰体现了人类社会对同一需求的不断重复和无限延伸。

国家标准 GB/T 20000.1—2002 把标准化对象概括为"产品、过程或服务"。我们也可以把它们概括为"物"、"事"、"人"三个方面，由于这些"物"、"事"、"人"的多次重复活动，产生了统一标准的客观需要。因而也就分别形成了所谓技术标准、管理标准和工作标准。

技术标准是对技术活动中需要统一协调的"物"所制定的技术准则。它的对象既可以是有形的"物"（如产品、材料、工具），也可以是无形的"物"（如程序、方法、术语、图形符号）。

管理标准是对需要协调统一的管理事项所制订的标准。管理标准合理地组织、利用和发展生产，正确处理生产、交换、分配和消费中的相互关系，是管理机构行使计划、监督、指挥、控制等管理职能的准则。

工作标准是对需要统一协调的工作事项所制定的标准。工作标准是人们从事各项工作的行为准则，它包括管理、操作和服务岗位的岗位职责、工作程序、工作内容与要求、工作质量考核等方面的标准。

从工业化时代起步时期到当今的信息时代，标准化发展的历史经历了从工具标准、产品标

准、系统标准、工程标准、管理标准、服务标准的发展过程，这个发展过程是标准化工作重要性日益凸现的过程，是人类对标准的认识不断深化的过程，也是标准更多地融入人类社会生活的过程。从标准化事业的发展过程不难看出，标准化的对象是随着社会的进步而不断扩展的，标准化工作也始终是与人类的进步相一致的。

四、标准化的本质和目的

标准化的本质就是使人类社会的活动统一化、有序化。这是人类社会生存与发展的必要条件，如果不是这样，人类社会将成为一盘散沙，失去生命力。实施标准化是实现统一化和有序化的最重要而又是最基本的手段。

标准化的目的是为了“获得最佳秩序和社会效益”。这里所说的最佳效益，就是要发挥出标准的最佳系统效应，产生理想的效果；这里所说的最佳秩序，则是指通过实施标准使标准化对象的有序化程度提高，发挥出最好的功能。

五、标准化的原理和方法

标准化活动是众人的一种社会实践，是有组织、有目的的实践。要使这种实践活动取得成功并且上升到高级阶段，就一定要有相应的理论作为指导。标准化作为一门学科，毫无疑问应该有它自己的理论。目前已有的标准化原理和方法的论述，多数局限在标准化工作者自身的经验总结和理论研究方面。主要有：

（一）桑德斯的标准化理论

桑德斯，英国人。1963 年—1972 年担任国际标准化组织（ISO）标准化原理委员会主席。他在 1972 年出版的《标准化的目的与原理》一书中提出了：

（1）标准化从本质上看，是社会有意识地努力达到简化的行为。

（2）标准化活动不仅是经济活动，也是社会活动。

（3）标准的出版是为了实施，不实施就没有任何价值。

（4）制定标准时要慎重地选择对象和时机，并保持相对稳定，不能朝令夕改。

（5）标准在规定的时间内要进行复审和必要的修订。

（6）在标准中规定产品性能和其他特性时，必须规定测试方法和必要的试验装置。

（7）国家标准以法律形式实施应根据标准的性质、社会工业化程度、现行法律情况等慎重考虑。

（二）松浦四郎的标准化理论

松浦四郎日本政法大学教授。1961 年起为 ISO 标准化原理委员会成员，1972 年出版《工业标准化原理》。松浦四郎提出的理论观点主要有：

1. 标准化本质上是一种简化，其含义包括：从复杂到简单，从多样化到统一，从多到少，从无序到有序等，认为简化是社会自觉努力的结果。简化不但要减少某些事物的数量，简化目前的复杂性，也能预防未来可能产生的不必要的复杂性。

2. 标准化是一项社会活动，不但需要社会各方面相互协作共同推动，还需要克服过去形成的社会习惯，而社会习惯势力是一种不可低估的阻力。

3. 标准化的目的是为了实现最佳的“全面经济”，必须从长远的观点和全球的高度来对待“全面经济”，这就需要制定和实施统一的国际标准。

4. 简化决定于互换，互换不仅适用于物质的东西，也适用于抽象的概念和思维。

5. 制定标准要慎重选择并保持稳定。标准要定期评审和及时修订。制定标准的方法应以全体一致同意为基础。对于有关人身安全和健康的标准，依法实施是必要的。其他以法律形式实施的标准要考虑标准的性质和社会工业化水平等。

松浦四郎对标准化理论的一个重要贡献是他把熵的概念引入了标准化，他认为在我们的生活中，知识和事物增加的趋势，同宇宙中熵的增加的趋势极为相似。人类为了获得效率更高的生活，就不得不有意识地限制不必要甚至是有害的增长。标准化活动就是这种限制性措施，从而使事物从无序状态转化到有序化。他认为标准化实际上是人们为创造负熵所做的努力。

（三）我国对标准化理论的研究

我国标准化工作者在研究工作中着力将实践经验的总结提炼上升为原则性指导理论。1974 年，以李春田为代表的中国标准化工作者首次提出“优化、统一、简化是标准化的基本方法”，“在优化的基础上统一和简化是标准化最基本的特点”。1980 年前后，又进一步概括为：“统一”、“简化”、“选优”和“协调”，形成了较为系统的理论。

1. 简化原理

所谓简化，就是通过标准化活动，对具有同种功能的标准化对象的结构、形式、规格或其他性能进行筛选提炼、剔除其多余的、可替换的、低功能的环节，保持其构成的精练、合理、使达到经济有效的满足需要的目的。确定必要的范围界限，确定必要的合理性界限。通过必要且合理的简化达到“总体功能最佳”。

2. 统一原理

所谓统一，就是把同类事物两种以上的表现形态归并为一种（或限定在某一范围内的）标准化形式，以保证事物发展所必需的秩序和效率。对事物的形成、功能或其他特性，确定适合于一定时期、一定条件的一致规范，并使这种一致规范与被取代的对象在功能上达到等效。比如：数字手机取代模拟手机（大哥大），数字手机必须具有模拟手机所具有的必要功能。树脂眼镜片取代玻璃眼镜片，前者也必须具有后者的必要功能。这样实现统一化，才能消除由于不必要的多样化而造成的混乱。

3. 协调原理

所谓协调，就是指通过有效的方式协调好某一标准活动中所涉及的利益相关方之间的关系，确定为建立和保持相互一致，适应或平衡所必须具备的条件，使标准的整体功能达到最佳并产生实际效果。

4. 优化原理

所谓最优，是指按照特定的目标，在一定的限制条件下，对标准系统的构成因素及其关系进行选择、设计或调整，使之达到最理想的效果。

标准化的最终目的是取得最佳效益，因此在标准制定和实施过程中，一定要贯彻最优化原则。没有最优，就没有标准化。

第三节　标准的价值

一、标准是一种产品

谈论标准有没有价值，首先要了解标准是什么？标准是一种产品。标准是什么和什么是标准是两个完全不同的概念。关于什么是标准，我们已经知道得很多。关于标准是什么却知之不多，这因为人们从思维习惯上常常不去那样想。其实，这是一个既简单又复杂的问题。

尽管标准的种类很多，数量庞大，体系各异，但是从它们的基本属性上看，它们都是一种产品—技术性产品。同人类创造出来的其他无以数计的技术产品不同，标准是一种具有特殊形态、有着特殊用途的特殊技术产品。

首先从标准的产生过程来看，标准是由专家依据一定的程序和规则生产出来的。也就是说标准的制定过程就是这种特殊技术产品的生产过程。其次从标准的载体来看，无论哪一种标准，最终都表现为由其核心内容加上物质载体所构成的实物形体——一本书、一份公告或者一张软盘、一张光碟等。这些实物形态独立存在，可被多人重复使用，也可被有偿或无偿转让。以上分析可以使我们清楚地看出：标准的核心内容加上物质载体所构成的独立存在的实物形体不是别的，是一种实实在在的产品。

二、标准的使用价值和价值

既然是一种产品，就有必要研究其使用价值和价值。

按照经济学原理，任何产品，首先要具有能够满足人们某种需要的效用，这种效用就是产品的有用性，即产品的使用价值。标准的使用价值是标准的自然属性，就是说，要制定一项标准首先是因为它有用，人们在生产生活过程中要用到它。标准的使用价值是通过它的适用性表现出来的，如果一项标准的适用性广，可以在多个领域和长时期内被广泛使用，这一类标准就属于基础性标准，反之就属于专业性标准。专业性标准的适用性随其所规范的事或物的重要程度和生命周期的变化而变化。从这个意义上说，标准的适用性如何，可以作为衡量一项标准的使用价值大小的客观尺度。一项标准应用得越广泛，或者解决的问题越关键，其使用价值也就越大。

标准的价值则不同，它反映的并不是一项标准是否有用或者有用性的大小，它是指凝结在商品中的人类一般劳动。按照马克思的政治经济学原理，在创造商品过程中不可避免地要耗费人类的各种具体劳动，撇开具体劳动形式，人们就会看到所有的商品生产都离不开人类一般性脑力和体力的支出。标准的价值是标准的社会属性。尽管标准作为一种特殊产品，其价值在商品市场上并不像其他商品的价值那样可以直接转化为商品价格，并通过交换完全实现它，但投入到这项特殊产品中的人类一般劳动是真实存在，不能被抹杀的。

衡量一项标准是否有价值，也要看在标准生产过程中有没有人类一般性劳动支出。标准的价值产生在标准的生产过程中，具体表现在三个方面：其一，标准是对标准对象的抽象。标准对象可以是一种产品，一种工艺过程，一种检测方法，也可以是一种管理。通过对这些标准对象的反复比较、分析、研究、测试和试验，从中抽象出一些可供重复使用的共性原则和特征，并将其用统一的格式规定下来，形成可供大家共同遵守的规定性文件。对标准对象的抽象过程是一种复杂劳动，需要人类的脑力支出。有必要强调的是，由标准的技术基础性质所决定，制定标准所耗费的人类脑力从质上说不是一般意义上的人类脑力，而是高智商的，从而在量上体现为一般人类脑力的叠加。其二，在对标准对象的抽象过程中，还需要有物质的投入。比如，一项产品标准的制定，需要首先生产出若干数量的该种产品进行对比、测试，由此就会发生所需原材料、工时和费用的投入；一项检验方法标准的制定，需要有检测设备、化学试剂和人工、费用的投入；一项高科技产品标准的制定，需要有更高水准的检测装置、科技人才、检测手段和研究时间、研究经费的投入等。所有这些物质的投入最终都体现为固化了的人类一般劳动的平行转移。这就是为什么有的标准制定时需要大量经费和很长时间的投入的客观原因。其三，前面已经提到标准的物质载体，无论是出版印刷还是刻录光盘，都需要相应的物质和人工投入。上述三个方面的投入构成标准的生产成本。无论这些投入来自何方都是必不可少的，没有这些投入就不能产生标准，这也是把标准定位于技术性产品的客观依据。

第四节　信息技术标准体系

信息化建设是一项庞大的系统工程，涉及多种业务、多种专业。因此也必将涉及大量的相关标准和规范，因为这些标准、规范的制定和实施能够在一定程度上有效的保证信息系统的各组成部分之间协调一致的工作，所以对这些标准和规范按照内在联系进行有序地整理，最终形成一套完整的信息化标准体系，是非常重要的。标准体系的建立是实现信息化建设健康、有序、协调地发展的重要保障。

一、标准体系的概念

一定范围内的标准按其内在联系形成的科学的有机整体称为标准体系。它具有目的性、协调性、配套性、相关性、层次性等特性。标准体系能够综合反映一定时期内整个国家经济体制、经济结构、科技水平、资源条件以及生产社会化程度。按照不同的范围，标准体系可分为国家、行业、专业、企业等四个层次。按照不同的对象，也可划分为不同产品的标准体系。

二、信息技术标准体系研究的主要内容

围绕信息技术的开发、应用等各个环节，信息技术标准体系研究的内容主要包括以下几个方面：

1. 结合我国信息技术发展的战略目标，通过对市场要求的全面调查了解，系统地研究整个标准的结构并进行技术分析，建立与完善一个系统完整、水平先进、适合国情、结构协调、操作性强的信息技术标准体系表，含体系表框图和明细表。

2. 跟踪信息技术标准的发展趋势和动向，以市场为导向，进行市场调研、需求分析，提出把信息技术标准转化为我国各级适用标准的原则、方法和有效途径。

3. 结合我国信息技术的发展方向和信息港建设等重点示范工程，向有关部门提出需要组织攻关的信息技术标准化工作的技术建议。

4. 结合我国信息技术的发展，积极向国际有关组织提出有利于我国信息技术发展的标准提案。

5. 建立信息技术标准数据库，及时收集国内外信息技术有关的最新标准，对数据库进行不断地更新与维护，并向国内用户提供服务。

6. 翻译出版最新颁布的重要标准。其中，信息技术标准体系的研制是整个研制的基础，也是当前研究工作的重中之重。

三、信息技术标准体系研究的目的及意义

标准体系的研究是一项具有指导性意义的研究，可以为政府宏观指导信息化建设提供可靠的技术依据和原则，使信息化的建设者、开发者和使用者清楚地了解、掌握和运用所需的标准，为信息化建设工程提供有利的技术支撑，最终实现各应用系统之间的互联、互通、互操作和资源共享。因此建立健全的、国际接轨的信息技术标准体系是进一步推动我国信息技术发展的一项具体措施，对充分发挥“标准”在推进信息化建设与发展中的引导与规范作用具有非常重要的意义。

四、信息技术标准体系的研究方法

标准体系的基本表达形式是标准体系表。标准体系表是将一定范围内的标准按照一定的形式排列起来的图表。它以图表的方式形象、具体地反映某一领域、某一行业、某一专业范围内整体标准体系的构成、各组成标准之间的相互关系，以及标准体系的结构全貌。

标准体系表由结构图和明细表两大部分构成。为了便于分析和理解信息化标准体系框架中各类标准之间的相互关系，国内外有关研究人员提出了许多基于不同视角的参考模型。下面介绍其中两种：

(一)信息化标准体系的三维空间模型

该模型以信息化建设所涉及的关键技术、项目管理及应用领域为对象，建立了信息化标准的三维空间，更为直观地反映信息化标准所涉及的各个方面，如图 2-3 所示。

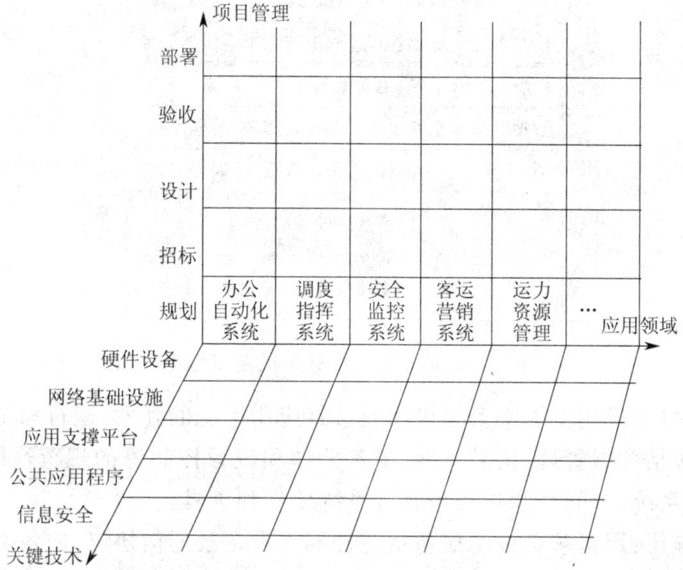

图 2-3　信息化标准体系三维空间模型

在这个信息化标准的三维空间，应用领域是信息化建设的核心内容，信息化建设是通过应用领域的延伸和拓展来实现，体现为具体信息化应用系统；关键技术为信息化建设提供了主要技术手段并直接反映了信息化的发展水平，项目管理为信息化建设提供了科学的管理模式。从该模型可以看出，每一个具体的信息化应用系统(或工程)的标准均会涉及关键技术和项目管理等诸多方面的标准。从而反映了标准之间的内在关系，为我们理解和制定信息化标准体系有所帮助。

(二)信息化标准体系的逻辑模型

信息化标准体系的逻辑模型是将信息化系统建设涉及的各个方面进行抽象和归纳，参考信息化系统建设的特点及层次结构，提出的描述信息化标准之间有机联系的一种方法，如图 2-4 所示。该模型结构将信息技术标准涉及的方面分为七个部分：业务应用层、信息资源服务层、应用支撑平台层、网络基础设施层、物理环境层、信息安全支撑环境及项目管理。这种逻辑结构便于对具体的信息化建设任务进行分解，也有助于信息系统建设的统筹规划和分步实施。

业务应用层：面向各类信息化业务系统，针对不同的信息化工程建设项目，建立规范化的业务模型、信息模型以及标准化的数据结构和信息表示等。

信息资源服务层：为支持信息资源共享等服务，建立规范化的信息描述(包括信息编码等)、信息资源管理和调度、信息资源查询和利用以及多媒体信息服务。

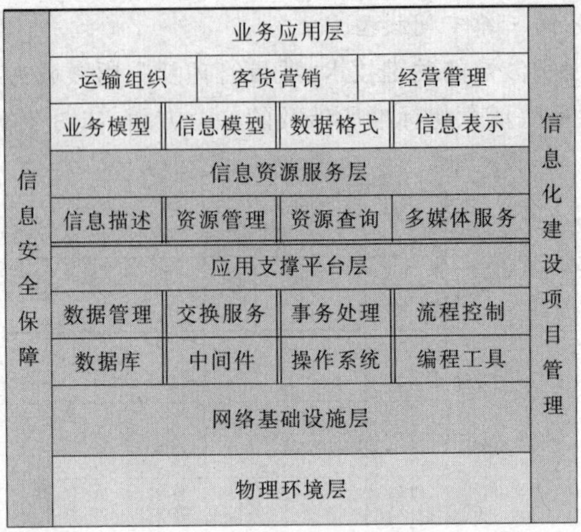

图 2-4　信息化标准体系的逻辑模型

应用支撑平台层：应用支撑平台提供承载最终应用系统的开发、运行和维护等各种功能服务和基本支持。包括数据管理、信息交换、事务处理和流程控制等的规范性服务和工具软件，以及数据库、操作系统、中间件和编程语言等系统软件和工具。

网络基础设施层：网络基础设施层包括各种网络设备及通信协议，向各类信息化应用系统提供必要的网络基础环境，为各类信息化应用提供可靠、有效的信息传输服务通道，是各类信息的最终承载者。

物理环境层：物理环境层主要涉及各类信息化应用系统中各种信息处理终端设备、信息存储介质及各类外设资源等。

项目管理：涉及信息化建设项目的物理环境、网络基础设施、应用支撑平台、信息资源服务、信息化应用等各个层面的技术和运营管理。

安全支撑环境：安全支撑环境包括物理安全技术和信息安全技术。前者涉及信息系统各种物理设备的安全，后者包括网络安全、数据安全等。如隔离、加密、病毒防护、访问控制、身份验证、数字签名和数据灾备等。为信息化建设的各个层面提供安全保障，并最终为应用系统提供各种安全服务。安全支撑环境是建立一个通用的、高性能的安全信息系统的必要条件。

本 章 小 结

本章重点介绍了标准和标准化的基本概念，对标准化的目的和作用以及标准化的原理和方法进行了详细说明，并在此基础上就标准的价值进行了充分论述；最后进一步阐述了信息技术标准体系的概念以及信息技术标准体系的主要研究内容和研究意义。学习本章内容可了解和掌握标准化的基础知识，为今后在标准化领域进一步深入研究打下基础。

复习思考题

1. 标准和标准化的定义是什么？

2. 标准化的实质是什么？

3. 标准化有哪些作用？为什么说“标准化活动可以提高资源的利用效率，减少资源的耗费”，请举例说明。

4. 为什么要建立信息技术标准体系？标准体系研究的主要内容是什么？

5. 标准与标准体系之间的关系是什么？以铁路行业为例举例说明。

第三章

铁路技术标准制定程序和质量要求

标准的制定工作是实现标准化的重要任务，与其他技术标准一样，信息技术标准需要社会的广泛参与。因此，制定标准影响面大、政策性强，不仅需要大量的技术工作，而且还需综合和平衡各方面的意见和利益，需要大量的组织和协调工作。在市场经济条件下，严格按照统一规定的程序开展标准制定工作，是保障标准编制质量，提高标准技术水平，缩短标准制定周期，实现标准制定过程公平、公正、协调、有序的基础和前提。我国铁路行业技术标准包含了信息技术标准，因此本章重点介绍铁路技术标准的制定程序及质量要求。

第一节　铁路技术标准制定程序

一、标准制定程序的阶段划分

根据我国《中华人民共和国标准化法》《中华人民共和国标准化实施条例》《国家标准管理办法》对国家标准的计划、编制、审批发布和复审等程序的具体要求，以及1997年颁布的《国家标准制定程序的阶段划分及代码》(GB/T 16733—1997)和《铁道行业技术标准管理办法》(国铁科法〔2014〕23号)，在借鉴世界贸易组织(WTO)、国际标准化组织(ISO)和国际电工委员会(IEC)关于标准制定阶段划分规定的基础上，我国技术标准制定程序共划分为9个阶段。即初始阶段、立项阶段、起草阶段、征求意见阶段、审查阶段、批准阶段、出版阶段、复审阶段、废止阶段。在《铁道行业技术标准管理办法》中，上述9个阶段分布于该文件的第三章标准计划、第四章标准制定、第五章标准发布和第六章标准实施与监督中，本书从这些章节中挑出有关内容，按国家标准制定流程的阶段逐一论述，以便一一对应。

(一)*初始阶段*(preliminary stage)

初始阶段(也即计划阶段)是标准计划项目建议的前期研究、酝酿和形成阶段。这一阶段从基于铁路信息技术发展和运营管理需要，以及科研成果，形成标准建议需求起，到国家铁路局科技与法制司形成标准项目计划止。在这一阶段中，铁路业务部门根据我国铁路信息技术发展的需要，以铁路行业技术标准体系为指导，对将要立项的新工作项目进行可行性和必要性论证,并在此提出新工作项目制、修订计划。包括编制的原则、要求等。对于重要、复杂标准的制、修订,其前期的相关研究应纳入科研项目计划予以支持,这一阶段的任务为提出新工作项目计划。

(二)立项阶段(proposal stage)

立项阶段自国家铁路局下达标准制、修订要求起,至批准并下达新工作项目立项建议止。在这一阶段,各标准化技术归口单位和标准化技术委员会根据本年度标准项目编制要求,组织申报标准项目建议,并填写《制修订铁道行业标准项目计划汇总表》和《制修订铁道行业标准项目任务书》。国家铁路局科技与法制司对上报的铁路技术标准新项目建议及项目承接候选单位进行统一的汇总、审查、讨论、征求意见、协调、确认后批准下达。这一阶段的任务为提出新工作项目。

(三)起草阶段(preparatory stage)

起草阶段自项目承接单位收到新工作项目计划起,至标准起草工作组完成标准征求意见稿止。这一阶段,标准起草单位联合各参与单位,在国家铁路局科技与法制司及有关标准化技术归口单位的指导下,落实计划,组织项目的实施,由标准起草小组负责完成。起草阶段的时间周期一般不超过 10 个月,这一阶段的任务为完成标准征求意见稿。

(四)征求意见阶段(committee stage)

征求意见阶段自标准化技术归口单位(或标准化技术委员会)将标准征求意见稿发往有关单位、专家征求意见起,经过收集、整理回函意见,提出征求意见汇总处理表,至完成标准送审稿止。征求意见阶段的时间周期一般不超过 30 天,相关单位和专家应在规定期限内回复意见,逾期不回复按无异议处理,标准起草单位对征集的意见进行研究分析和处理后,形成标准送审稿。必要时可再次征求意见,这一阶段的任务为完成标准送审稿。

(五)审查阶段(voting stage)

审查阶段自标准化技术委员会或标准化技术归口单位收到起草工作组完成的标准送审稿起,经过会审或函审,至工作组最终完成标准报批稿止。技术标准的审查原则上应该采取会议审查形式,标准起草单位应准备好评审材料,包括:标准送审稿、编制说明及意见汇总处理表等附件,供标准评审用。

采用会议方式审查时,评审材料至少提前 15 天发送到参加评审的单位和个人,其中用户方不应少于四分之一,参加会议的人数一般不少于 15 人(不包含标准起草人),标准起草单位的代表不应超过四分之一。需要表决时,必须有不少于出席会议代表人数的四分之三的代表同意才为通过,标准起草人不能参与表决。会议结果应写出《会议纪要》,经与会代表通过,并附参加审查会议的代表名单。

采用函审方式审查时,评审材料应在函审表决前至少提前 1 个月发送到参加评审的单位和委员,参加函审的单位和委员一般不少于 15 个(人),其中标准起草单位不能超过四分之一。函审必须有四分之三的回函同意为通过。函审应由标准化技术委员会或标准化技术归口单位写出《函审结论》并附《函审单》。

《会议纪要》、《函审结论》应由标准化技术归口单位或标准化技术委员会发送至参加会议或参加函审的单位。

标准化技术委员会或标准化技术归口单位组织标准起草单位应根据会审或函审意见完成标准报批稿及其附件。

若标准送审稿没有被通过，则应责成标准起草单位进行修改，并再次进行审查。

出席会议的代表或函审回函率不足三分之二时，应重新组织审查。

标准化技术归口单位或标准化技术委员会及其标准起草单位对报批稿的技术内容和便携质量负责。

（六）批准阶段（approval stage）

批准阶段自国家铁路局科技与法制司收到标准报批稿起，至新的标准批准发布止。标准报批稿及报批材料进行审核由铁路行业标准化专业技术机构负责，对不符合报批要求的，一般应返回起草单位，限时解决问题后再行审核。

部门审核后，由国家铁路局对通过审查后的报批稿复核，在国家铁路局政府网站上向社会公布。

这一阶段的任务为批准发布行业技术标准、提供标准出版稿。

（七）出版阶段（publication stage）

标准出版阶段自国家或铁路行业标准出版单位收到标准出版稿起，至标准正式出版止。铁路行业标准批准发布后，其名称、编号和实施日期等由国家铁路局在网站上向社会公布，并由国家铁路局授权的正式出版社发行，出版阶段的时间周期一般不超过 90 天。铁路行业标准出版后，按国家行业标准管理有关规定，相关标准资料报国务院标准化行政管理部门备案。这一阶段的任务为提供标准出版物。

（八）复审阶段（review stage）

标准实施后，应根据铁路科学技术的发展和运输生产的需要适时进行复审，复审周期一般不超过 5 年。标准的复审结果主要有：继续有效；修订（需作较大修改）和废止。标准复审后，由承担标准复审的标准化技术归口单位和标准化技术委员会提出复审报告。复审结果经国家铁路局审核后，以公告形式发布。对需作修改的标准可作为修订项目申报，列入铁路行业标准修订计划，并按上述程序立项、修改、审批和发布。

（九）废止阶段（withdrawal stage）

已无存在必要的标准，由国家铁路局科技与法制司审核后，按铁路行业文件发布程序报部批准发布，予以废止。

上述 9 个阶段为正常情况下铁路行业标准制定程序的阶段划分。标准快速制定程序的内容可见本节第九部分。

国家标准制定程序的阶段划分与 WTO、ISO/IEC 的阶段划分相对应，具体见表 3-1。

表 3-1　国家标准制定程序的阶段划分

阶段代码	阶段名称	阶段任务	阶段成果	完成周期(月)	WTO 对应阶段	ISO/IEC 对应阶段
0	初始阶段	提出新工作项目建议	PW1			0
10	立项阶段	提出新工作项目	NP	3	Ⅰ	10
20	起草阶段	提出标准草案征求意见稿	WD	10	Ⅰ	20
30	征求意见阶段	提出标准草案送审稿	CD	5	Ⅱ	30
40	审查阶段	提供标准草案报批稿	DS	5	Ⅲ	40
50	批准阶段	提供标准出版稿	FDS	8	Ⅳ	50
60	出版阶段	提供标准出版物	GB,GB/T,GB/Z	3	Ⅳ	60
90	复审阶段	定期复审	确认有效,修订	60	Ⅴ	90
95	废止阶段		废止			95

二、标准初始阶段与立项阶段的要求

(一)拟定标准新工作项

1. 制定标准的对象

依据我国的标准化法,在工农业生产、建设和管理中,对于技术要求需要统一的部分,应当制定标准:

(1)工业产品的品种、规格、质量、等级或者安全、卫生要求。

(2)工业产品的设计、生产、试验、检验、包装、储存、运输、使用的方法或生产、储存、运输过程中的安全、卫生要求。

(3)有关环境保护的各项技术要求和检验方法。

(4)建设工程的勘察、设计、施工、验收的技术要求和方法。

(5)有关工业生产、工程建设和环境保护的技术术语、符号、代号、制图方法、互换配合要求。

(6)农业(含林业、牧业、渔业)产品(含种子、种苗、种畜)的种量、等级、检验、包装、储存、运输以及生产技术、管理技术的要求。

(7)信息、能源、资源、交通运输的技术要求。

其中,对需要在全国范围内统一的技术要求,应当制定国家标准:

(1)互换配合、通用技术语言要求。

(2)保障人体健康和人身、财产安全的技术要求。

(3)基本原料、燃料、材料的技术要求。

(4)通用基础件的技术要求。

(5)通用的试验、检验方法。

(6)通用的管理技术要求。

(7)工程建设的重要技术要求。

(8)国家需要控制的其他重要产品的技术要求。

在铁路信息化建设中，涉及通信、信号、管理信息系统、安全监测系统等，应当制定全路统一的标准。

2. 强制性标准的范围

在铁路信息技术标准中，对强制性国家标准的新工作项目，应依照国家有关方针政策、法律、法规要求及 WTO/TBT 规则，主要以保障国家安全、防止欺骗、保护消费者利益、保护人体健康和人身财产安全、保护动植物的生命和健康、保护环境为正当目标。强制性标准(含全文强制及条文强制)的内容应严格限制在以下范围：

(1)有关国家安全的技术要求。

(2)保护人体健康和人身财产安全的要求。

(3)产品及产品生产、储运和使用中的安全、卫生、环境保护等技术要求。

(4)工程建设的质量、安全、卫生、环境保护要求及国家需要控制的工程建设的其他要求。

(5)污染物排放限值和环境质量要求。

(6)保护动植物生命安全和健康的要求。

(7)防止欺骗、保护消费者利益的要求。

(8)维护国家经济秩序的重要产品的技术要求。

对于铁路行业的强制性标准，应在国家的有关法律、法规和政策的基础上，根据我国铁路信息化建设的特殊需要，以保障铁路建设、运营和管理的安全和正常运转为目的。凡涉及铁路行车安全、旅客安全、运输货物安全和应用系统安全的新工作项目，应为强制性标准。

3. 优先考虑的项目

在具体拟定铁路信息技术标准新工作项目时，应根据我国铁路信息化建设的需要，综合分析，合理安排，优先考虑下列标准项目：

(1)技术先进、对铁路信息化建设的发展有重大带动作用的项目。

(2)标准实施后，对提高我国铁路的社会和经济效益显著的项目。

(3)有利于规范市场、促进国际合作、提高国际竞争力的项目。

(4)采用国际标准或国外先进标准的项目。

(5)铁路信息化建设急需的项目。

(二)标准新工作项目的准备工作

1. 工作内容

在确立标准新工作项目之前，必须首先完成下列工作：

(1) 拟定标准内容提要(范围、主要技术内容)。

(2)确定制定标准的原则和依据。

(3)必要性论证。

(4)可行性论证。

(5)编制标准草案及工作大纲。

通过上述工作,可以明确标准新工作项目的工作内容、必要性和可行性,可以较全面的了解制定标准的工作量、工作难度、解决方案以及工作的安排,有利于下一步标准制定工作的开展。

2. 必要性论证应明确的内容

进行标准新工作项目必要性论证的目的,在于说明制定标准的目的和意义、制定的标准实施后在铁路信息化建设中所能发挥的作用,可能取得的效益等。论证的方法主要是对铁路信息化建设的需求进行广泛调查研究,收集国内外相关标准资料、生产经验总结、有关的科研成果、生产和使用中存在的问题及解决办法等,通过对上述资料的综合研究,对比分析,明确下列几个问题:

(1)是否应制定标准

在铁路信息化建设过程中,会遇到许多问题,但不是所有问题都一定就是制定标准的对象。标准作为技术规范中的一种,是反映客观对象发展规律的事物,而且还是普遍出现和重复使用的、比较稳定的事物。一些偶然性的、一次性的、个别性的技术事物,不宜制定为标准。

(2)明确制定标准的目的和意义

要明确为什么要制定标准,要解决的是什么样的问题,能解决到什么程度,对铁路信息化建设的意义,实施标准后能取得多大的经济效益和社会效益,不制定标准造成的影响有多大,国内外发展的现状等。

(3)明确标准的适用范围

标准的适用范围是与它的影响和涉及面相适应的,适用的范围有多大,影响和涉及的面就有多大。如仅在铁路行业内适用的标准,不宜制定为国家标准。

3. 可行性论证应明确的内容

论证的目的在于弄清制定标准的时机是否已成熟,制定的条件是否已具备,制定后实施有何困难,如何解决等。论证的主要内容包括:

(1)制定标准的时机

①技术的成熟程度

铁路信息技术标准是用来指导铁路信息化建设,并使之产生经济效益和社会效益的,标准内容必须反映客观事物发展规律。所以制定的标准所涉及的内容应是被试验验证在技术上可行的。制定标准的时机应是在技术上已趋于成熟,并能产生规模效益的时期。如果不是这种情况,就不宜制定标准。

②是否符合经济发展需要

制定标准的时机应是我国铁路信息化建设最需要的时期,即能带来最大的经济和社会效益的时期。错过这个时机,经济效益、社会效益就会相应降低或受到损害。

论证制定标准的适时性，应将标准中技术内容的成熟程度和是否适应我国铁路信息化建设的需要结合起来，只有这样，才能对制定标准的最佳时机作出准确的判断。

(2)制定标准的条件

①有合适的起草标准的单位

制定标准是一项技术性、综合性很强的科研工作。因此，起草标准单位的业务范围应与标准涉及的内容相适应，在标准涉及的专业性理论研究和试验技术都有一定的基础，对标准中技术发展趋势，国内外的生产水平和使用要求，当前存在问题和解决办法，都比较了解，有一定的权威，并具备进行有关试验的能力。这些单位可以是科研单位、生产企业，也可以是大专院校或使用单位。要结合标准内容，选定适当的单位为主要起草单位、参加协作单位、试验验证单位，以确保能胜任所承担或安排的任务。

②有充足的资料

标准内容是否完整、全面、准确、合理，很大程度上取决于收集的资料是否充分，以及对收集来的资料的整理、归纳、分析、对比。因此，要尽量收集有关的国内外标准资料，包括国际标准、地区标准、国家标准、企业标准以及可供参考的产品说明书等，要收集有关科研成果报告、论文，收集有关生产、使用的现状经验，总结存在问题的解决办法等文件；对收集来的国外资料，必须吃透原文，弄清来龙去脉，才能恰当取舍。

③有协调配套的措施

铁路信息化建设涉及多个科学技术领域和专业。当前，科学技术在各专业领域间广泛交叉渗透，使得一个标准同其他有关标准有着密切的联系。因此，在制定标准时，除要求与有关标准统一、协调外，还要求相互配套使用的标准同时制定、同时颁布、同时实施。否则，这项标准便无从贯彻实施。所以，在编制国家和铁路行业标准项目建议书时，应考虑配套使用的标准是否同时列入计划。

4. 铁路信息技术标准新工作项目的立项条件

对铁路信息技术标准的新工作项目，应审核是否具备以下几个方面条件：

(1)符合国家现行的法律法规和标准化工作的有关规定。

(2)符合国家和铁路总公司标准的立项范围和指导原则，如《铁道行业标准体系》。

(3)属于铁路信息化建设急需，符合国家产业发展政策，对规范铁路现代化建设市场秩序有推动作用，对提高铁路经济效益和社会效益有推动作用。

(4)符合国家采用国际标准或国外先进标准的政策。

(5)同现行国家或铁路行业标准没有交叉。

(6)属于申报单位的业务范围。

(7)项目预完成周期不超过 3 年。

(三)我国铁路标准立项过程

国家铁路局科技与法制司在每年以《铁道行业标准体系表》为主要依据，并充分考虑铁道行业科技发展和铁路运输的需要，提出编制下一年度铁路行业标准项目计划的原则、要求，下达给技术委员会及各有关单位。各有关单位根据编制铁路行业标准项目计划的原则、要求，提出标准项目建议，报相应的技术委员会秘书处。经技术委员会审查、协调后，提出“制修订铁道行业标准项目计划汇总表”和“制修订铁道行业标准项目任务书”，报国家铁路局科技与法制司审查。对于采用国际标准和国外先进标准的项目，应附有采标原文和译文各一份，各技术委员会和归口单位对提出的标准项目进行汇总、初审后，提出年度铁路行业标准计划项目建议报国家铁路局科技与法制司。国家铁路局科技与法制司组织对铁路行业标准计划项目建议进行审查、协调后，经国家铁路局批准，于次年下达“国家铁路局年度标准项目计划”。技术委员会、标准起草单位要严格执行“国家铁路局年度标准项目计划”。计划下达后，技术委员会应组织标准起草单位制定工作计划，督促并创造条件按计划完成任务。

国家铁路局科技与法制司每年对标准项目计划进度情况进行一次检查。技术委员会于每年 12 月底前，将本年度“国家铁路局年度标准项目计划进度/完成情况报表”及“标准项目计划完成情况总结报告”报国家铁路局科技与法制司。执行国家铁路局年度标准项目计划过程中，必要时可以对计划项目进行调整，调整的内容和要求是：

1. 凡需增补的标准项目，应按本细则第七条的要求上报；

2. 凡需对标准计划项目的名称、归口单位、起草单位、起止年限、技术要求、采标程度变化等内容进行调整的，应由起草单位填写“国家铁路局年度标准计划项目调整申请表”，经技术委员会秘书处审查同意后，报国家铁路局科技与法制司审批。其中“起止年限”变更的项目数量，不应多于该技术委员会当年归口管理项目的 20%。对标准的内容进行调整后，标准起草单位应在“编制说明”中予以说明。

3. 申请撤销的标准计划项目，应按计划项目调整的程序上报。铁路行业标准的补助费由国家铁路局科技与法制司每年按各项标准工作量和工作质量核定并拨付。对正常情况下不能按计划完成任务和工作质量差的技术委员会，扣除相应费用。技术委员会于每年 2 月底前，将上年度“铁道行业标准补助费使用情况报告”报国家铁路局科技与法制司。

对于宣贯的铁路行业标准、国家标准及需开展的其他标准化工作，技术委员会在上报铁路行业标准项目计划时，同时上报“国家铁路局标准宣贯/工作计划项目建议书”。

三、标准起草阶段要求

标准起草阶段的主要工作过程及具体要求如下。

（一）成立标准起草工作组

标准计划项目下达后，负责标准起草单位应及时会同有关单位组成标准起草工作组。工作组的组成应体现权威性、代表性，应包括生产、使用、科研、院校等各有关方面的代表。工作组的成员应具有较丰富的专业知识和实践经验，熟悉业务，了解标准化工作的相关规定并具有较强的文字表达能力。

(二)拟定工作计划

起草标准工作组成立后,应首先制订工作计划,内容包括:标准名称和范围的确定;制定标准的主要工作内容;工作安排及计划进度;工作组内部分工;调研计划及试验验证初步安排;与外单位协作项目和经费预算等。

(三)开展调查研究

工作组应首先广泛收集与起草标准有关的资料并加以研究、分析。如国内外标准资料;国内外的生产概况、达到的水平;生产企业的生产经验、存在问题及解决方法;相关的科研成果、专利;国内外产品样品、样机的有关数据对比及说明书等。

对标准中存在的关键问题或难点问题,可选择具有代表性、典型性的调查对象进行有针对性的调查研究。如深入生产实际,摸清现实生产情况;或走访相关单位(科研、院校、铁路局和有关厂商等),广泛征求意见等。其目的是准确把握问题产生的根源、影响,找出解决问题的方法。

(四)安排试验验证项目

对需要进行试验验证才能确定的技术内容或指标。应选择有条件的单位进行试验验证,并提出试验验证报告和结论。试验验证前,应先拟定试验大纲,确定试验目的、要求、试验对象、试样制备、试验方法,试验中使用的仪器、设备、工具以及应注意的事项等,以确保试验、验证的可靠性和准确性。

(五)完成标准征求意见稿

上述工作完成后,便可进行标准征求意见稿的起草工作,起草工作可由一个人起草,也可分成若干部分分别由几个人起草,最后由一个人整理合成,并经标准起草工作组整体讨论后定稿。

标准起草单位应对铁路行业标准的技术内容负责,应按 GB/T 1《标准化工作导则》的要求起草铁路行业标准,同时编写“编制说明”及有关附件,其内容一般包括:

(1)工作简况,包括任务来源(应注明标准的项目编号:××T×××或××G×××)、协作单位、主要工作过程。

(2)标准编制原则和标准主要内容(如技术指标和性能要求、参数、公式、试验方法、检验规则等)的确定依据,主要试验(验证)的分析及预期达到的经济效果,与有关国家标准、行业标准的关系。修订标准应列出新旧标准水平对比。

(3)采用国际标准和国外先进标准的程度及与国内外同类标准水平对比情况,采标程度变化的原因。

(4)废止或代替现行有关标准的建议。

(5)重大分歧意见的处理经过和依据。

(6)标准作为强制性标准或推荐性标准的建议及贯彻标准的要求和措施建议(包括组织措施、技术措施、过渡办法等内容)。

(7)其他应予以说明的事项。

技术委员会秘书处应指导标准起草单位按 GB/T 1《标准化工作导则》、GB/T 20000《标准化工作指南》和 GB/T 20001《标准化编写规则》等系列国家标准的要求编写标准征求意见稿。并对标准征求意见稿、送审稿和报批稿的技术内容负审查责任，并对标准文本质量等负责。技术委员会秘书处在发送标准征求意见稿、送审稿和报批稿时应抄送铁标审查部和全国铁路标准档案资料中心。

《标准编制说明》的编写应符合《国家标准管理办法》及《关于加强强制性标准管理的若干规定》(国标委计划〔2002〕15 号)的相关规定。

四、标准征求意见阶段要求

标准征求意见阶段是制定标准的重要环节，应尽量做到周密、细致、完备。征求意见阶段中的主要工作过程及具体要求如下：

(一)发往有关单位征求意见

标准征求意见稿和“编制说明”及有关附件，经标准起草单位的技术负责人审查和技术委员会秘书处审核后，由技术委员会秘书处发送至各位委员及有关单位征求意见。对有些技术内容复杂的标准，可先编写标准建议稿，在一定范围内讨论修改后，再形成标准征求意见稿。发往征求意见的单位应是对本标准有密切关系或比较熟悉的有代表性的设计、生产、使用、科研、监督检验单位，如：铁路局、设计院、科研单位及大专院校；如是产品标准，还应征求主要厂商的意见。特别要征求可能有分歧意见单位的意见。标准征求意见稿征求意见的期限一般不少于一个月，征求意见稿应附有“铁道行业标准征求意见表”。被征求意见的委员和单位应在规定的期限内回复意见，逾期不回复按无异议处理。对比较重大的意见，应说明论据或提出技术经济论证。

在征求意见过程中，标准起草单位应随时掌握主要分歧意见，对于难以取得一致意见的问题，要及时进行调查、分析和研究，加强联系和协商；提出解决方案，作为进一步协调统一的基础。

(二)处理意见，提出标准送审稿

标准起草单位对征集的意见进行归纳、研究分析和处理后，提出标准的送审稿、“编制说明”及有关附件、“铁道行业标准意见汇总处理表”，送技术委员会秘书处，由技术委员会秘书处审阅并确定是否提交审查。必要时可再次征求意见。对意见的处理，大致有下列五种情况：

1. 采纳；

2. 部分采纳；

3. 不采纳，对此应说明理由或根据；

4. 待试验后确定，对此应安排试验项目和试验要求以及工作计划；

5. 由标准审查会决定。

对意见的处理应依《意见汇总处理表》(《国家标准管理办法》的附件 4)格式列出,作为审查会的讨论依据和报批标准的附件。

依处理意见修改标准征求意见稿。条文、图表有增删时,应注意条文、图表顺序号的更改;条文中有引用这些条文、图表的,其顺序号也要相应修改。同时,对标准的编写说明也要作修改。

五、标准审查阶段要求

标准审查阶段是对标准的技术内容和技术经济依据及其指标与要求是否适应铁路信息化建设的技术水平和发展需求等方面,进行全面的讨论和审查,以确保标准的先进性和合理性,并使该标准与其他相关标准协调一致,不得与有关国家法令相抵触。

标准送审稿的审查,由国家铁路局科技与法制司或委托的技术委员会组织进行。审查阶段的主要工作过程有:组织会审或函审,编制铁路行业标准报批稿。

(一)会审要求

标准审查会是对标准内容的全面审核及确认。标准中的原则性、政策性问题和重大技术问题,以及所有的分歧,都应在会上通过讨论、协商取得一致。对铁路信息化建设意义重大、涉及面广、分歧较多、内容较复杂的标准送审稿宜采用会议审查程序。

参加审查的,应有各有关部门(如业务司局、设计院、科研院、大专院校以及生产厂商代表等)。其中,使用方面的代表不应少于 1/4。会议审查如需表决,必须有不少于出席会议代表人数的 3/4 同意为通过;标准的起草人不能参加表决,其所在单位的代表不能超过参加表决者的 1/4。

会议审查结果应写出“会议纪要”。“会议纪要”应如实反映各方面的意见,明确对标准送审稿的修改内容,并附参加审查的单位和人员名单及未参加审查会的单位名单。“会议纪要”应经与会代表通过。

这里需要强调的是:强制性国家或铁路行业标准的审查必须采用会议审查程序。

要开好标准审查会,一般应注意下列事项:

1. 做好会前准备工作

标准起草工作组应在会前二十天将要审查的标准送审稿,连同标准“编制说明”、“意见处理汇总表”、试验验证报告和结果寄给参加审查会的单位和人员;必要时,还可将重大分歧和需在会上着重讨论的问题附上,以利于充分准备意见,认真讨论。

2. 参加审查会的人员应具有代表性、权威性

由技术归口单位组织审查的,除包括国家铁路局相关业务司局、主管部门、设计院、铁路生产部门、科研机构、生产厂商的代表外,必要时也可邀请一些著名的专家、学者参与。审查会代表的构成应合理、均衡,并应邀请持不同意见单位的代表参加,使审查会可从不同的角度对标

准中的问题进行讨论，确保标准技术内容的全面、完整、准确、严密。

参加会议的代表，应是标准所属领域内的专家或长期从事与标准有关的科研、生产、使用、检验工作，具有丰富的实践经验的人员。在审查会中，应成立由代表们组成的审查委员会（或审查组）对标准文本进行全面、严格的审定，以确保标准的编制质量，维护标准的权威性和严肃性。

3. 协商一致

标准审查会应充分发扬民主，尽量听取各方不同意见，对代表提出的合理意见，应积极采纳，对有分歧的内容可通过民主协商的方式达成一致意见。如需投票表决，应严格按相关规定执行。对审查会上难以达成一致的重大政策性分歧，可反映在会议纪要中提请上级主管部门协助解决。

对在审查会上作出的主要修改意见，应在会议纪要中体现（如果修改内容较多，可作附件处理）。对需要起草组会后落实的，起草组应及时将落实结果通知与会代表。

（二）函审要求

需函审的标准，由技术委员会提出建议，经国家铁路局科技与法制司同意后可进行函审。对于采用函审方式的标准，应按以下步骤和要求组织函审：

1. 参加函审的单位、人员的选定办法应与会审相同。

2. 技术委员会应在函审表决前两个月，将函审通知、“函审单”提交给参加函审的委员和单位。发给函审人员的文件与发给参加会审的相同，即：标准送审稿文本、编写说明、意见处理表，如是等同、修改采用国际标准的，应尽量附上标准原文一份。

3. 函审时间一般为两个月。

4. 函审结束后，主编人员应对函审意见进行综合、整理，并填写函审结论。凡回函不足2/3者，应重新组织函审。

函审时，必须有3/4回函同意，方为通过。会议代表出席率及函审回函率不足2/3时，应重新组织审查。函审结果应写出“函审结论”，并附“函审单”。“会议纪要”、“函审结论”均应由技术委员会秘书处发送参加会议或参加函审单位。标准起草单位应根据审查意见提出标准报批稿。

六、标准批准阶段要求

批准阶段主要包括3个工作过程：部门上报标准、审查机构审查和标准主管部门批准、发布。

（一）部门上报标准

标准报批稿由标准起草单位完成，经技术委员会审查后报国家铁路局科技与法制司并送铁标审查部。报批稿内容应与标准审查时所审定的内容一致。如对技术内容有改动，应附有说明，并经国家铁路局科技与法制司同意。铁标审查部对标准报批稿做批准公布前的技术审查后，提出审查意见报国家铁路局科技与法制司。标准报批时，随标准报批稿应附报批稿软盘一张（如软盘内未录入标准中的插图，还应附符合制板要求的插图一份）。在组织标准报批过程中应注意以下事项：

(1)应对铁路行业标准报批稿认真审核，标准文本应前后连贯、语句通顺、概念清楚、无文字错误并符合编写规定。条文序号有改动的，应顺序改正。

(2)随同标准报批稿报批的文件(如编制说明、意见汇总处理表、会议纪要、函审单和函审结论、采标标准的原文、译文)齐全，并与标准报批稿最新版本相一致。

(3)办理报批手续时，应认真填写相关文件，并与主管部门下达的计划项目核对，无计划的标准项目不能报批。

(4)正式上报的标准文本应打印清晰，如附墨线图、制版图或电子版文本(如软盘、光盘)应在报批材料清单中注明。

(5)经会审或函审通过而形成的铁路行业标准报批稿，其技术内容在报批过程中不应随意改动，如果确需改动，在报国家铁路局主管部门时，需由技术归口单位备文，说明改动的原因和理由。如对技术内容作较大或原则性改动，需重新组织会审或函审。

标准化主管部门报送审批国家铁路局标准时，应依据《国家标准管理办法》要求，报送如下材料：

(1)报批标准公文一份。

(2)标准报批稿四份。

(3)标准申报单、编制说明及有关附件、征求意见汇总处理表、标准审查会议纪要(含代表名单)或函审结论各两份，送审稿及函审单各一份。

(4)等同、修改采用国际标准的，要附标准原文(原本或复印件)和译文各一份。

(5)标准报批材料清单一份。

(二)标准审查

铁标审查部审查的主要内容：

(1)应符合国家铁路局年度标准项目计划中规定的要求；

(2)应符合国家及国家铁路局现行的政策、法律和法规；

(3)技术内容正确，与相关标准协调配套；

(4)应符合《采用国际和国外先进标准管理办法》的规定；

(5)编写格式应符合 GB/T 1 的要求及相应标准编写的具体规定；

(6)报批的文件、资料应齐全，内容符合规定的要求。

凡符合《采用快速程序制定国家标准的管理规定》条件的铁路行业标准，可按此规定进行标准的制定工作。确定标准的强制性或推荐性，由标准审查会审议，国家铁路局科技与法制司审定。

(三)标准批准、发布

1. 批准、发布

铁路行业标准应统一审批、编号、发布。对不符合要求的标准将予以退回。铁路行业标准应在发布后三十日内，将已发布的标准、编制说明及发布文件各一份，由全国铁路标准档案资料中心送国务院标准化行政主管部门备案。

2. 强制性标准通报

自2002年4月我国发出遵守《制定、采用和实施标准的良好行为规范》的承诺以来，拟发布的我国强制性国家标准已陆续通过WTO向各成员国通报。强制性国家标准的通报机制已正式建立起来。铁路行业强制性标准也应遵循国家的有关规定。

(1)通报范围

指不采用国际标准(无论是否存在相应的国际标准)或与有关国际标准存在实质上的偏差，并且对其他成员的贸易有明显影响的所有强制性标准。包括：信息化工程建设、环境保护、安全卫生等强制性标准。

(2)通报工作过程

国家铁路局标准行政主管部门将报送来的强制性行业标准报批稿按相关程序对国内外实施通报，对列入通报范围的强制性标准，自通报之日起60天后，方可办理批准发布手续。

注意：强制性国家标准批准发布与实施时间的间隔一般不得少于6个月。

七、标准出版阶段要求

标准报批稿经过批准发布后，送交标准出版单位。标准的出版单位对出版的标准文本质量负责，一般经过编辑加工、编辑复终审，激光排版，校对一、二、三校，编辑看清样解决问题，排版退改，校对核红，排版改后出胶片，制版、印刷、装订等工序后，即可完成标准正式文本的出版。

从标准稿件交稿到正式出书，出版周期一般不超过3个月。但随着铁路现代化建设和信息化发展的需求，有时要求一个月甚至更短的时间出书；有时因某种原因稿件到出版单位的时间已接近实施日期。这就对出版单位提出了更高的要求，既要保证质量又要保证在实施日期前出版。因此，标准的编写的格式、规则，所采用的术语、单位等必须严格按照国家有关标准的要求。否则，会严重影响了标准的出版周期。以下几个方面在编写标准时应特别注意。

(一)标准的编写的要求

1. 编写规则必须符合GB/T 1.1—2000的要求。

2. 起草人应熟悉GB/T 20000.2—2001《标准化工作指南　第2部分：采用国际标准的规则》。当采用国际标准时，在前言、首页等应按照GB/T 20000.2—2001的要求编写；在标准正文中，对于修改采用的内容应用垂直单线(|)加以标识；如不注意上述情况，就会增加编辑加工的时间和难度。

(二)打印稿的要求

送审稿虽经专家审定，但修改后的报批稿，还需经起草人审核，以免导致错误较多，文字不通，难于理解的情况。尤其要注意版本的管理，避免误将未修改的送审稿作为报批稿。

(三)内容或资料的要求

①标准来稿中必须完整。图、表和正文中文字相呼应。

②标准来稿中规范性引用文件的标准编号齐全。

③术语名称齐全。术语中文名称和英文名称对应。

④对于有特殊要求的彩图或金相图等，不仅提供打印样，还需提供满足出版质量要求的图片。

(四)配套标准同步的要求

相互引用的配套标准未能在同一时间交到出版社，且正文中注日期引用了标准的特定条款。这种实施日期不同步的标准，使得出版单位的编辑无法正常发稿。

在标准的出版过程中，发现内容有疑点或错误时，由标准出版单位及时与铁标审查部联系。

铁路行业标准出版后，发现个别技术内容有问题，必须作少量修改或补充时，由标准起草单位会同技术委员会秘书处提出修改意见，送铁标审查部审查并报国家铁路局科技与法制司审核同意后，由国家铁路局科技与法制司发函或发电报以"TB/T ××××-××××《(标准的名称)》第××号修改单"形式予以修改，并在《铁道技术监督》上刊登。

铁路行业标准应在发布后三十日内，将已发布的标准、编制说明及发布文件各一份，由全国铁路标准档案资料中心送国务院标准化行政主管部门备案。

标准出版后的正式文本，由全国铁路标准档案资料中心送国务院标准化行政主管部门一份，并送相应的归口技术委员会。

八、标准复审阶段要求

(一)标准实施中的问题处理

在标准实施中出现的问题，应由标准的归口技术委员会秘书处会同标准的起草单位解释和处理，处理情况由归口技术委员会秘书处向国家铁路局科技与法制司报告。有关重要技术内容的解释和处理，应经国家铁路局科技与法制司同意。

(二)标准的复审

铁路行业标准应根据有关规定进行复审，复审周期一般为5年。复审工作由国家铁路局科技与法制司组织，各技术委员会承担。标准的复审可采用会议审查或函审。复审时一般要有参加过该标准审查工作的委员或单位参加。

(三)标准复审结果

铁路行业标准复审结果，按下列情况分别处理：

(1)不需要修改的标准确认继续有效的，不改变其顺序号和年号。

(2)需作修改的标准作为修订项目，列入计划。

(3)已无存在必要的标准，予以废止。

(四)复审报告

承担铁路行业标准复审的技术委员会，在复审结束后，应由其秘书处写出复审报告(内容包括：复审简况、复审时间、复审标准数量、复审专家名单、复审形式等)和复审结论，经国家铁路局科技与法制司审核后由国家铁路局批准、公布。

九、快速制定程序

为了缩短标准制定周期，适应我国铁路现代化建设快速发展的需要，在GB/T 16733—1997的第4章中规定了标准制定程序可采用快速程序。原国家质量技术监督局于1999年颁布了《采用快速程序制定国家标准的管理规定》，对快速程序的管理作了进一步规范。

(一)"快速程序"的定义和适用范围

快速程序是在正常标准制定程序(程序类别代号：A)的基础上省略起草阶段(程序类别代号：B)或省略起草阶段和征求意见阶段(程序类别代号：C)的简化程序。

快速程序适用于已有成熟标准草案的项目，如等同、修改采用国际标准或国外先进标准的标准制修订项目和对现有国家或铁路行业标准的修订或我国其他各级标准的转化项目。快速程序特别适用于信息技术这类变化快的高新技术领域。

(二)"快速程序"的类别和表示方法

根据我国国家标准制修订工作的具体情况及我国标准化工作的管理体制，采用快速程序制定国家标准，从程序类别来说，可分为两类(即程序类别代号为B和C)；从具体项目的来源，又可分为五类(即项目类别代号分别为1、2、3、4、5)。具体如下：

1. 对于等同采用或修改采用国际标准制定国家标准的项目，可采用B程序

按等同采用或修改采用的要求，将国际标准转化后的标准草案直接作为国家或铁路行业标准草案的征求意见稿，分发征求意见，即采用B程序。其程序类别代号为B，项目类别代号为1，表示为FTP-B1。

2. 对于等同采用或修改采用国外先进标准制定国家标准的项目，可采用B程序

按等同采用或修改采用的要求，将国外先进标准转化后的标准草案作为国家或铁路行业标准草案的征求意见稿，分发征求意见，即采用B程序。其程序类别代号为B，项目类别代号为2，表示为FTP-B2。

3. 对于现行国家标准的修订项目，可采用C程序(或B程序)

我国现有国家标准的修订项目，可在原国家标准的基础上提出相应的成熟标准草案，直接作为标准送审稿进行审查，即采用C程序。其程序类别代号为C，项目类别代号为3；或直接作为征求意见稿，发至各有关单位征求意见，即采用B程序，其程序类别代号为B，项目类别代号为3。分别表示为FTP-C3或FTP-B3。

4. 对于现行其他标准转化为铁路行业标准的项目，可采用C程序(或B程序)

我国现有行业标准(或地方标准、企业标准,下同)经过若干年的贯彻实施后,如需转化为铁路行业标准,可将该行业标准根据转化为铁路行业标准的要求,在技术内容及编写方面作必要的修改、补充、完善后,直接作为铁路行业标准草案送审稿进行审查,即采用C程序。其程序类别代号为C,项目类别代号为4;或直接作为征求意见稿,发至各有关单位征求意见,即采用B程序,其程序类别代号为B,项目类别代号为4。分别表示为FTP-C4或FTP-B4。

5. 对于国家标准化指导性技术文件的制定项目,可采用B程序(或C程序)

国家标准化指导性技术文件的制定项目,若为等同采用或修改采用国际、国外的技术报告制定为指导性技术文件的项目,可采用B程序。其程序类别代号为B,项目类别代号为5,可表示为FTP-B5。

对于国家标准化指导性技术文件的修订项目可与现有国家标准的修订一样,其程序类别代号为C或B,项目类别代号为5,可表示为FTP-C5或FTP-B5。

(三)"快速程序"的制定程序及要求

1. 标准立项

依据《采用快速程序制定国家标准的管理规定》的规定,申请采用快速程序的国家标准制修订项目应由该项目归口的专业标准化技术委员会或技术归口单位提出,并在《国家标准项目建议书》中分别填写清楚以下内容:

(1)拟申请的快速程序代码,包括快速程序代号、快速程序类别代号和快速程序项目类别代号,如:FTP-BI或FTP-B5。

(2)具体说明该项目符合快速程序的原因和理由,以及对项目更进一步的说明。国家标准化行政主管部门审查通过后,批准下达。

对于申请采用"快速程序"的国家标准制修订项目,在立项阶段应进行严格的审查。审查的关键是该项目是否已有成熟的标准草案可供作为征求意见稿或送审稿使用,以判定其是否可采用"快速程序"。例如:即使等同、修改采用国际标准、国外先进标准的项目,若前期研究未能完成必要的试验验证、分析研究等工作,立即将该草案作为征求意见稿发送,征求意见尚不成熟时,则不应批准采用"快速程序";又如对于那些需作重大技术内容改动的国家标准修订、其他各级标准转化为国家标准的项目,在申请"快速程序"之前,未能做好修订或转化的前期研究,未能对重大技术内容的改动作好协调和修改工作,则不宜将该项目列入C程序,不宜将初步修改的草案作为送审稿进入审查阶段,但可考虑作为征求意见稿,即申请B程序。

2. 计划调整

在执行国家标准制修订项目计划过程中,如需由快速程序转为正常程序,或由正常程序转为快速程序时,应按要求填写《国家标准计划项目调整申请表》(见《国家标准管理办法》),并按《国家标准管理办法》中有关计划项目调整的规定办理。

3. 制定过程

对于采用快速程序的项目,除省略阶段外,其他阶段仍应严格按《国家标准管理办法》、

GB/T 16733的规定执行，不可省略或简化（如应保证征求意见稿发放的范围及参加对送审稿进行审查的单位和人员的范围等）。应在加快标准的制修订周期的同时，确保标准编制质量。

4. 标准报批

采用快速程序上报的国家标准项目，在报批时应在《国家标准申报单》中写明快速程序代码（计划项目编号栏内）；并在编制说明中对采用快速程序申请立项及批复情况、申请快速程序的原因、理由及省略阶段情况作出说明。

对于不具备成熟的标准草案，但需要采用快速程序的应急国家标准，应严格按《采用快速程序制修订应急国家标准的规定》执行，并根据具体情况，采用必要的行政方式来加快标准的制定周期。

第二节 标准质量要求

一、标准质量的评价要素

对标准质量的评价，主要依据以下3个要素。

（一）标准的适用性

标准的适用性是评价标准质量好坏的首要因素。标准发布实施以后，应该产生较好的社会和经济效益，对我国铁路信息化建设起到很好的促进作用。我国铁路的运营和管理体制有自身的特点，并且在我国铁路现代化建设中，国际先进的科学技术不断被引进，信息技术领域更是如此。因此，要认真分析标准适用性的情况。具有较好适用性的强制性标准发布以后，会对保障国家安全、防止欺诈、保护铁路运输中人身和财产安全以及保护环境等方面起到很好的作用。具有较好适用性的推荐性标准发布以后，会对技术语言的相互了解，技术性能的规范化起到保证作用，从而促进铁路信息化建设的发展。

一项推荐性标准具有较好的适用性，就有可能在以下方面发挥作用：

(1)产生很好的社会效益。

(2)提高信息化建设工作效率，降低成本。

(3)促进新技术的发展。

(4)规范管理。

(5)利于信息化系统的开发、使用和维护。

(6)提高生产水平等等。

一项标准（无论是强制性还是推荐性）具有较好的适用性，就有可能得到社会广泛认同，成为铁路信息化建设的管理部门、建设部门和产品提供商等共同遵守的规则，并被法规或其他标准所引用。

(二)标准的先进性和可操作性

标准技术内容具有先进性和可操作性是评价标准质量的第二个因素。标准的技术内容应具有先进性。标准技术内容的水平决定了标准的水平。所制定标准的水平目前仍以"国际先进"、"国际一般"和"国内先进"来评价。

(1)国际先进水平:达到国际上一些居领先地位的协会、学会、企业等发布的标准水平。

(2)国际一般水平:达到国际标准的水平。

(3)国内先进水平:其余标准的水平,均应在国内居领先地位。

在保证标准先进性的同时还要考虑标准的可操作性。必须以有利于铁路信息化建设为目的,各方都应遵守标准中强制性规定,对于推荐性标准的内容,国家鼓励将其作为企业的发展方向,企业采用后,可以保证技术的不断进步和完善。

(三)标准编写的规范性

标准有其自身特殊的外部形态,应按照标准的编写规定编写标准。标准编写的规范性是其质量好坏的第三个因素。标准编写应符合 GB/T 1.1 的要求,以及按照 GB/T 1.1 细化的不同类别标准编写规定的要求。

二、标准质量问题产生的原因

标准的质量不高,不利于标准的广泛采用,更不利于铁路信息化建设。影响标准质量的原因可以从以下两方面分析。

(一)对技术标准的研究不够深入和充分

对技术标准的研究包括:对技术标准的消化、验证、试验等工作。当前我国铁路标准中的技术内容的确立主要依据以下方面:

(1)国际标准的内容或国际上有关的文件。

(2)国内外科研成果。

(3)国内外多年积累的经验或总结的教训。

(4)执行多年的有关文件(规定)。

以上述内容作为我国铁路标准的技术内容是比较适宜的。这些内容本身都经过了国内外多年实践经验的积累和众多领域内专家的论证,已是比较成熟。但是将这些内容转化成为我国铁路标准的技术内容还需要一个按照标准化工作的要求进行消化、吸收、验证和选择的过程。没有这样一个过程,而只是完全照搬就可能降低标准的适用性,不能保证标准的先进性和可操作性。

为保证我国铁路信息技术标准的质量,必须注意以下几个方面:

(1)采用国际标准或国际上的有关文件时,必须分析这些内容是否适用于我国的现状。

(2)认真考证采用的国际上的文件是否在该领域中居先进或领先的地位。

(3)避免将一些个别试验室做的试验未经过普遍验证就归纳为全国使用的试验方法。

(4)避免将一些尚不成熟的科研成果或没有进行充分验证的试验结果运用到标准中。

(5)对于在一定范围内行之有效的经验教训须经过充分验证后，才可在全国范围内执行。

当前，标准制定中有时对技术内容的前期研究不够充分。在有关的国家标准中已经对标准中技术内容确立的方法提出了指导性意见，对于标准中技术内容确立的目的性、可行性、适时性、协调性、可选择性等均作了充分的分析和要求。因此，标准制定工作应充分考虑技术内容的先进性、科学性、合理性及其确立依据，而这一切均建立在对标准的消化、验证及试验的基础上。

(二)标准制定程序不够规范

标准内容的科学性、合理性、有效性往往由于标准制定程序的不规范而受到影响。国际标准化组织所制定和执行的ISO/IEC导则，有其严格的要求。从立项到每项标准转入下一个阶段运行或退至某一阶段重新运行都有具体规定。我国标准制定的程序基本上也是按照这样一种模式进行，但是由于种种原因，在制定铁路信息技术标准时，这种程序如果没有得到严格执行，极有可能在一定程度上影响标准的质量。

由于执行不严格，对标准的意见未得到广泛征集，参加审查会的人员数量或代表的广泛性达不到规定要求，标准制定中的有关规定未得到落实，这些原因影响到标准的质量。

三、如何编制一项合格的标准

标准主管部门是把好标准质量关的关键。因此，标准化技术分管人员不仅要对分管领域的现状和需求十分了解，还要具有很强的责任意识。无论是对征求意见稿回复意见，还是对标准审查进行表决，都应给以高度重视，不放过标准中的任何问题。此外，还要加强对标准起草人和标准化管理人员的标准化知识培训。标准化工作要求每一个参与该项工作的人员需不断的学习和提高，不断的调整个人的知识结构，增加标准化方面的知识。同时由于标准化人员的不断流动，人员的培训工作则成为标准化主管部门的一项经常性工作。这些要求是提高标准质量最基本的要求。在具体编写中，要认真考虑以下内容。

1. 立项论证

在标准立项前，要充分考虑以下问题：

(1)该项标准要解决什么问题，解决这些问题有什么意义；

(2)解决这些问题的客观条件是否成熟；

(3)有哪些标准与这些问题有关；

(4)为了解决这个问题，将制定多少项标准，是一个系列标准，还是一个标准分若干独立标准；

(5)国际上有没有可参考的材料；

(6)我国有无相关的经验；

(7)需要投入多少人力和物力；

(8)除了起草单位,还有哪些部门在应用它等等。

2. 人员选择

标准起草小组不论由几位人员组成,这些人员应具备以下条件:

(1)熟悉技术内容;

(2)有一定的标准化知识;

(3)有检索文献的能力;

(4)编写文件的能力较强,书写有较强的逻辑性;

(5)有一定的组织管理能力;

(6)能充分表述自己的观点,也善于思考别人的意见;

(7)责任心较强;

(8)能够利用现代化手段编写标准等。

3. 文献检索

在写标准前,要全面检索相关的文献,找到与本标准有关的文献后认真分析并找出本标准可直接引用的内容。具体应检索以下方面文献:

(1)有关标准内容中技术方面的所有文献。

(2)有关法律法规方面的文献。

(3)相关标准和可以直接引用的标准。

(4)标准化方面的书籍等,主要包括:

①国家标准;

②行业标准;

③国际标准或国外有关行业、协会等发布的文献(标准)。

4. 准备工作

(1)在起草标准前,要将有关的技术内容进行充分研究并决定取舍:

①要充分考虑标准的适用范围,围绕该范围应选择有关的技术内容;

②要保证所选择的技术内容有充分的依据;

③要对需验证或试验的数据作好相应的准备工作;

④要对引用的标准和相关标准充分了解。

(2)制定标准的基本要求:

①了解标准化方面最基本的要求,如相关法律法规、标准的属性特点和制定程序等;

②掌握标准的编排格式及编写的基本要求;

③掌握与相关标准的协调方式;

④了解与应用该标准有关方面的信息等。

5. 征求意见稿和编制说明

(1)征求意见稿的内容应先进、可行,标准文本应符合标准编写要求,标准编排逻辑性要强，语言简练；

(2)随征求意见稿要同时准备好编制说明，编制说明中的内容要符合《国家标准管理办法》中所列的项目；

(3)无论采取邮寄或网上征求意见，应将征求意见稿和针对该征求意见稿的编制说明同时送交被征求意见的对象；

(4)对于回复的意见要认真分析，做好意见汇总，并修改征求意见稿，在修改征求意见稿的同时要修改编制说明，使其与征求意见稿相配套；

(5)要对所提的意见作相应的试验验证工作；

(6)意见基本统一，并不太可能产生颠覆性意见时，准备送审稿及相应的材料。

6. 审查会

(1)应按规定提前将送审稿、意见汇总、编制说明送到审查人员手中；会议人数要符合规定；

(2)主持会议的人要了解标准审查会的基本要求；

(3)要允许审查人员对标准内容持保留或反对意见，这种情况应如实写入会议纪要；

(4)会议纪要虽没有固定的格式，但参会代表名单、主持人、会议时间、地点、对标准的评价、标准水平、要求修改的意见等应明确表述。尤其是对该标准审查后的结论性意见，一定要写明确。对于标准的不同看法，也应在纪要中讲清，供审批部门考虑；

(5)起草人员应认真听取审查会的意见并按会议纪要要求修改送审稿；

(6)函审时应如实总结函审意见，技术委员会应作好函审结论。

7. 及时上报

将修改后的送审稿形成报批稿后，报国家铁路局标准化主管部门批准。

四、加强标准审查的规范性

标准制定中要考虑影响标准及其效果的多种因素，如标准的立项、标准的制定程序、标准如何采用或参考其他标准、标准的政策性、标准的协调性、标准的技术内容、标准的编写等。要对这些因素进行认真分析，明确标准制定的目的和要求，按标准制定的要求办事，才能达到提高标准质量的目的。这其中，标准审查是保证标准质量的一个重要环节。标准审查的内容与起草人在制定标准时所要考虑的内容基本上是一致的，这些要求无论是在征求意见的过程中还是在审查的过程中都应该遵守，只是依不同的标准、标准制定中的不同阶段和标准审查的不同形式而对这些内容审查的侧重点有所不同。对一项标准全面审查时，有关的要求都要考虑到，否则就有可能在某一个方面出现漏洞。审查中要考虑以下内容。

(一)立项审查

标准立项时所提出的要求是否已经达到。主要审查：

(1)标准内容与立项时要规范的标准化对象是否一致；

(2)标准所要解决的问题是否已经通过该标准的制定得到解决；

(3)标准所规定的内容与原计划所提出的内容是否吻合；

(4)标准的制定是否在规定时间内完成；

(5)所制定标准的名称、范围与计划有无变化等。

(二)标准制定的程序

程序是质量的保证。标准制定的程序要求包含两方面的内容：

1. 标准制定程序的规范化

铁路行业标准的制定程序要求详见本章第一节。

2. 标准制定程序材料的规范化

在标准制定的每一个阶段都要产生相应的文件，批准阶段的报批材料应规范。这些报批材料虽然不直接与使用者见面，但对标准质量的提高起着至关重要的作用。对标准报批材料规范化的总体要求是：报批材料齐全，符合编制要求。具体体现在以下两方面：

1)标准报批材料的种类和数量

国家标准应按照原国家质量技术监督局标准化司《关于报批国家标准的若干要求》通知中的第三条，组织报批材料。铁路行业标准报批材料的种类和数量见本章第一节。

2)标准报批材料的内容和编写

标准编制说明及其附件等反映了标准的编制情况，是体现标准编制程序及编制质量的资料之一。铁路行业标准的报批材料的编制包括以下内容：

(1)编制说明及其附件

工作简况：包括任务来源、协作单位、主要工作过程、标准主要起草人及其所做的工作等。

①标准编制原则和确定标准主要内容（如主要技术指标、参数、公式、性能要求、试验方法、检验规则等）的论据（包括试验、统计数据）；修订标准时，应增列新旧标准指标、水平的对比；

②主要试验（或验证）的分析、综述报告，技术经济论证，预期的经济效果；采用国际标准和国外先进标准的情况（包括采用对象的选取，采标一致性程度的确定，与采标对象差异的原因，与国际、国外同类标准水平的对比情况）；

③与有关的现行法律、法规和强制性标准的关系；

④重大分歧意见的处理经过和依据；

⑤标准性质（强制性、推荐性）的建议，主要是对建议批准为强制性的标准应充分说明属于强制性标准的理由；

⑥贯彻标准的要求和建议措施（组织措施、技术措施、过渡办法等）；废止现行有关标准的建议；

⑦其他应予以说明的事项。

(2)意见汇总

意见汇总反映了标准在征求意见稿阶段的情况。审查人员通过这些文件了解标准制定过程中的问题。意见汇总包括：

①征求意见稿发放情况：包括征求意见稿发放的范围是否广泛，被征求意见单位是否有足够的代表性，比如产品标准征求意见稿发放的范围是否涵盖了产品的生产、使用、科研、管理等部门等；

②征求意见稿的回函情况：包括回函占所发函的比例，所征求的意见中有无重大的反对意见，所占比例等；

③回函处理情况：应特别注意起草单位对回函所提意见的处理情况，特别是对不采纳意见的处理，看其是否说明了不采纳的原因以及协调结果如何。

(3)试验报告

试验数据是确定标准技术指标、试验方法等的重要依据。审查时首先要看参加试验验证的厂家是否具有代表性(生产水平高、中、低的都应选择)，试验报告的数据是否充分。由于经济或时间等原因，一些标准试验报告提供的数据很少，不足以作为确定技术指标等的依据，有条件时可让其在规定的时间内提供补充试验的数据。

(4)会议纪要或函审结论

会议审查时，应写出会议纪要，内容包括：

①如实反映出席会议代表的情况，包括：与会代表的出席率如何(不能低于应出席人数的2/3)，代表面是否广泛等，并附参加审查会议的单位和人员的名单，以及未参加审查会议的有关部门和单位的名单；

②对标准是否通过的结论性意见；

③如实反映会议的真实情况，包括对各项内容的审查结论；需要表决时，同意人数必须达到规定的比例，方为通过；

④对标准送审稿做出恰如其分的水平评价；

⑤如实反映会议对标准送审稿提出的修改内容及修改建议。

函审时，应给出函审结论，并附函审单，检查其回函率是否达到了要求(3/4回函率通过)。其他同会审纪要。

(5)标准文本

标准文本要求书写清楚、工整，不能使人产生歧义。对于容易混淆的外文字母、脚注等，要检查其是否容易辨认，必要时应进行标注。

(三)标准是否执行了有关法律、法规、强制性标准的要求

1. 应符合国家有关的法律、法规、方针、政策

标准化方面的法律、法规、条例、文件，主要如下：

(1)法律

应符合《中华人民共和国标准化法》。

(2)法规、条例等

主要有《标准化法实施条例》《国家标准管理办法》《行业标准管理办法》《地方标准管理办法》《企业标准管理办法》《农业标准管理办法》《能源标准管理办法》《采用国际标准管理办法》《关于加强强制性标准管理的若干规定》《铁道行业技术标准管理办法》等。

(3)与标准化法相关的法律

主要有《中华人民共和国产品质量法》《中华人民共和国消费者权益保护法》《中华人民共和国食品卫生法》《中华人民共和国环境保护法》等。

2. 应符合强制性标准的有关规定

1)我国强制性标准的范围

见本章第一节第二部分内容。

2)强制性标准的形式及编写内容

(1)强制性标准的形式

①标准的全部技术内容需要强制时，为全文强制；

②标准的部分技术内容需要强制时，为条文强制。

(2)强制性标准的编写

应在前言中说明是全文强制还是条文强制。

3)强制性标准的审查

是否采用会议审查形式，且人数不少于12人。

(四)采标的标准是否符合采标要求

1. 是否符合我国采用国际标准的原则

(1)是否与我国有关法律、法规要求相一致；

(2)是否尽可能等同采用国际标准；

(3)是否尽可能采用一个国际标准；

(4)是否尽可能与相应国际标准的制定同步；

(5)是否采用现行国际标准；

(6)采用的是否为国际上的先进标准等。

2. 采标的一致性对应得是否恰当

凡是等同采用的标准，要审查标准的结构与国际标准是否完全一致，不一致的地方是什么，有无技术上的变化，能否判定为等同采用。

凡是修改采用的标准，要审查标准与国际标准之间的差异是否已明确标识出来，并在前言中已把区别描述清楚。

凡是与国际标准一致性程度为非等效的标准，要审查是哪些内容与国际标准相一致。

3. 标准的编写是否符合GB/T 20000.2—2001的规定。

4. 采用的国际标准在我国的可行性如何，是否经过了相应的验证和试验，我国有无相应的仪器、设备、材料、试剂等。

(五)标准协调性的要求

1. 各有关方面、各有关部门之间应协调一致

标准的协调工作做得越好,实施的可行性就越大。在审查中,要顾及各相关方的要求,充分考虑各方的意见。在征求意见和审查的过程中提出的不同意见是否已进行了协调并得到了解决,对于回避甚至拒绝不同意见的情况,要与有关部门协商。

标准的协调工作应尽可能在征求意见的过程中做好,不要把所有的分歧放到审查会上去解决。

审查会要重点解决各有关方都认为希望在审查会上达到统一的问题。

2. 标准间相协调

在制定铁路行业标准时,首先应检索哪些基础标准与所制定的标准有关,以便与其相协调。

国家标准中占很大比例的是基础标准。术语标准、图形符号标准、统计技术标准、劳动安全标准、卫生指标标准等几十个类别的标准都是重要的基础标准。在标准审查中要甄别被审查标准中的技术内容是否遵循了基础标准所提出的原理、要求、方法等,并应考虑同级标准所提出的要求。

各个不同的领域,不同的行业也有一批自己的基础标准,这些标准的要求也要得到充分重视。

(六)标准技术内容的要求

在审查标准的过程中,首先要考虑标准内容是否符合制定标准的 3 个原则,即目的性原则、性能特性原则和可验证性原则。

标准的制定目的要非常明确,即通过该标准的制定要具体解决什么问题,达到一个什么目标。在这样一个目标下再考虑标准的框架结构和具体内容。标准中的所有内容都应为达到这样一个目标而设立。反之,为达到这样的目的所需要的内容都可以在标准中设立。这就是标准内容确立和选择的原则。

标准的性能特性原则也是标准在确立内容时要考虑的。从对技术内容的描述方面提出要求不如明确具体性能的指标。这样的规定有利于技术的进步,工艺、设备的改革,也有利于检测时减少对标准理解上的差异。

标准的所有要求都应该可以验证,反之,所有无法验证的要求都不应该在标准中设立。对技术内容的审查,应考虑以下几个方面:

1. 标准的先进性

技术内容的先进性是指标准中规定的各项指标和要求能够适应我国铁路信息化建设的发展,并能和国际上的发展协调一致。标准内容能够反映科学、技术的先进成果及吸取的国际标准的精华,有利于促进技术进步和产品质量的不断提高,使标准真正起到指导生产和促进铁路

现代化建设的作用。产品标准可以从技术指标、试验方法、检验规则等来判断标准内容是否先进;试验方法可以从其原理、仪器、设备是否先进,方法是否切实可行等来判断标准内容是否先进;一些基础标准如术语、图形符号等无法用数据判断其内容是否先进,可从其与国际的通用性考虑;一些高新技术的标准可从其与国际的接轨程度来判断。

标准的先进性是相对而言的。标准制定对象不同,制定范围不同,对制定内容的要求也不同。因此,在制定标准的技术内容时,应了解制定该标准技术内容的依据是否充分,所选择的要求及方法在国际和国内的水平如何,尽可能采用国际通用的要求和试验方法,将其制定成符合我国国情的内容。

2. 标准的合理性

标准的合理性是指标准内容具有较强的可操作性和经济上的合理性,其程度视标准的制定对象不同而不同。例如,在制定产品标准时,要受到资金、设备等制约,在制定分析方法标准时,要受到试验仪器、环境等因素的影响。因此,标准的合理性是多种因素综合考虑的结果。

标准的合理性充分体现在技术内容的质量指标上。以产品标准为例,在整个社会化生产中,不同行业对同一产品的质量需求肯定会不尽相同,高质量的产品可能带来高收益,但也会导致成本上升,价格上涨,在市场竞争中没有价格优势。在制定标准时,应认真研究铁路信息化建设对产品质量的不同需求,及时掌握市场信息,把握好质量与成本的关系,把质量指标定位在合理的水平上。这样,才会避免造成“质量过剩”,做到产品质量供求合理。

标准的先进性和合理性在一定程度上是互相制约的。以制定测试方法标准为例,有一些测试方法虽然很先进、试验的精密度很高,但是试验仪器非常昂贵,或者测试比较麻烦,或者测试结果不需要有很高的精密度。这时,就应根据实际需要和可能较为合理地选择测试方法。在制定测试方法标准时,应从实际出发,允许几种方法并存,但应指出何种方法是仲裁方法。

标准的先进性和合理性有时是一对矛盾。在制定标准时,如果只重视其先进性、准确性,而所用设备、仪器昂贵,加大了投资成本,就会降低经济效益;反之,如果只考虑指标或方法对生产的适用性,只求简便、快速,不求先进性、准确性,也要影响质量,失去市场竞争能力,增加贸易纠纷,甚至使标准化造成负的经济效果。因此,在制定标准时,应尽量掌握好先进性和合理性这一尺度,既要从现有基础出发,又要充分考虑科学技术的发展。在使用性能上,既要能满足当前的生产需要,又要能适应与国际市场竞争的要求,把提高标准的水平、提高产品的质量和取得良好的经济效益统一起来。

市场经济是全面开放的经济,用户和消费者的需求也是多方位的。有的标准指标定得过高或限制过死,容易造成质量过剩或阻碍新技术的发展。在产品标准中,如果市场有需求,应鼓励供需双方对某些非强制指标的数值及检验方法进行协商。

3. 标准的准确性

标准是一类很严肃的技术文件,应保证其内容的准确性。标准一旦发布就会成为生产和检验的依据，成为评价事物的基准，万一出现差错就可能造成严重后果。在铁路信息化建设中，标准已成为签约各方共同遵守的规定。如果标准规定的内容不准确，严重时会造成合同契约双方的争议，甚至对簿公堂。为铁路信息化建设提供内容准确的标准，避免造成质量问题的纠纷和争议，是标准制定的重要内容。标准中要注意不使用模棱两可的句子，应用"是"、"不是"、"应该"、"不应该"这种肯定的语句。标准中的图样、表格、数值、公式、化学分子式（或结构式）和其他技术内容要准确无误。特别是标准中的每一个数值都要可靠、准确，每一条款、每一句话都要使人易于理解，防止产生歧义。

（七）标准编写规范化的要求

1. 标准编写规范化的含义

标准的质量是由多方面体现的。标准内容要体现符合政策、技术先进、经济合理等要求，标准形式应能准确地、简明地表达标准的内容。标准的内容是标准的核心。但是，标准的内容再好，如果没有好的形式，也不能将标准内容很好地表达出来，也就谈不上好的质量。

标准是一种特殊的文件，必须以特定形式出现，这是标准区别于任何其他文件的重要特点。标准的特定形式是指对标准的编写有一定的要求，在技术内容和表达方式（包括标准的结构、体裁、章条编号、文字叙述等）上均应符合规定。这就是标准编写的规范化。应严格按照标准编写的要求、格式来编写标准。只有将标准内容与形式两者的规范化完美地结合起来，才能缩短标准起草、审批、出版的周期，有效地提高标准的质量。

2. 标准编写规范化的方法

没有规矩，不成方圆。正确理解并严格执行我国标准化工作导则、指南和标准编写规则是标准编写规范化的基本方法。不管是起草标准，还是审查标准，都应以 GB/T 1 为基准。

五、标准编制中常见问题

（一）标准制定程序方面

前面已经介绍了标准制定程序的规范性要求。当前，在我国铁路行业标准制定中基本上是按照我国的标准化法所规定的程序来制定标准。在制定标准时，要着重注意的问题是：

1. 征求意见阶段

（1）要有广泛性和代表性。要将标准涉及的各方面即生产、用户、科研、检验、管理、教学等方面的意见都征求到，尤其要征集反对意见；

（2）对反对意见要认真分析，如不采纳，应作解释。

2. 审查阶段

（1）审查人员数量和代表性要保证；

（2）要避免标准起草人也作为审查人员一起表决；

（3）会议材料要事先发到审查人员手中，使其有足够的时间仔细考虑标准的内容。

3. 批准阶段

(1)对审查会提出的要求应进行相应的修改后报批;

(2)审查会后应及时报批;

(3)起草人对审查会上所确定的内容不能随意修改。

(二)标准的内容方面

1. 不符合有关政策的规定

(1)铁路行业标准,不论是强制性标准还是推荐性标准,都应该与我国的法律法规相适应,尤其是一些具有管理内容的标准更要考虑所确立的要求是否符合相应的法规,绝不能使标准突破法规的规定。避免在标准制定中列入一些标准本身并不具有的功能的内容,如在标准中规定权限、职责等,这就与国家的有关规定相抵触。

(2)某些标准在编制时对"强制性"的概念并不清楚,造成标准实施中不可操作。如强制性标准中对于某些指标的要求规定"由供需双方协商"。或规定了一些无法做到的强制性规定,这些都是对强制性标准的概念不理解。

(3)某些标准在有意无意中写入了应由合同规定的内容,包括价格等。虽然起草人的出发点是积极的,但明显违背了有关的规定。即便在不得已的情况下,标准也不应无保留的规定具体型号的材料、设备等。标准应从不推荐任何具体产品的角度来描述有关的要求。有些标准在这方面还存在缺陷。

(4)个别标准中为了阻止某类产品的进口,设立了技术壁垒,但它却不是以先进技术为依托并符合 WTO/TBT 协定的规定为前提。

(5)某些标准通过对标准中内容的确立试图扩大一些部门的工作权限等。

2. 标准中技术内容的确立存在缺陷

国家标准中所确立的技术内容应有严格的试验验证或实践检验作为基础。铁路行业标准也是如此,每一个数据的提出,每一个方法的确立都要有准确的出处或来源。在制定我国铁路行业标准时要避免以下情况出现:

(1)标准指标的确立没有以试验数据作为基础,有些指标甚至是在审查会上未经验证就提出来了。

(2)对于某些方法标准,仅仅在一个实验室做了几次试验就定了下来,没有做不同实验室间的验证。典型的情况甚至连试验都没做完就把标准写出来了。

(3)某些基础标准确立指标时,由于所需工作量大,花费精力多,投入资金多,便没有考虑其来源的准确性和适用性,照搬、照套有关的资料和标准。

(4)某些标准在制定时仅在有限的范围内作了验证,没有充分考虑在我国铁路各类不同环境中的情况。

(5)某些标准采用的是国外一些不太著名的标准,这些标准在国际上的地位并不被人们所了解,而在标准的有关资料中也未详细说明这些国外标准的情况。

(6)某些标准中采用的数据是几年甚至十几年前的，而标准中对此并没有任何说明。

3. 标准的先进性和可操作性存在问题

我国标准的总体水平与国际标准间存在一定差距是毋庸置疑的，我国铁路行业的标准水平也需要进一步提高。但标准的水平绝不可能脱离国家当前的技术水平和生产能力，一定要与我国现有的生产能力相适应。

总体来看，与发达国家相比，在技术水平方面，我国还存在一定差距。这也导致我国与国际先进标准间还存在相当的差距。在铁路信息化建设方面，我国也在紧跟国际先进的科学技术，走着引进、消化、吸收、再创新的道路，这就更需要充分考虑我国标准的定位，即标准内容如何尽可能先进而又不脱离我国的实际生产水平。

在制定铁路信息技术标准中要充分考虑标准的先进性与可操作性这对矛盾的统一与协调，避免出现以下问题：

(1)完全照搬国际国外标准，不作任何验证工作，甚至在我国根本没有相应的设备、仪器和材料的情况下，也要求实施标准；

(2)迁就我国现状，过多考虑企业的生产能力和生产水平；

(3)某些涉及安全、卫生、环保等方面的指标，不能够与国际上通行的要求相一致；

(4)在引用标准时没有考虑被引用标准的适用范围是否与本标准相一致；

(5)有指标要求无检测方法，有的检测方法无性能要求等。

4. 标准的协调性问题

(1)标准的协调性主要考虑以下几个方面问题：

(2)标准符合有关的法律法规；

(3)各有关部门对该标准能够达成共识，共同遵守执行；

(4)标准内容与相关的国家标准和铁路行业标准相协调。

我国发布了许多法规，要保证标准不违背有关的法律法规，就一定要在征求意见和审查时请专家把关。相当一些标准涉及法规方面的内容，作为其他方面专家，有时知识面达不到，这就要请法律方面专家把关，从法律角度来审视标准是否符合要求，这一点在标准制定的过程中应特别注意。为了使标准得到各有关方的认可，一定要在程序上保证充分征求各方意见。标准是一个协调的产物，绝不可以在制定中排斥、躲避不同的意见，而是要充分听取各方面的意见。

协调中还存在标准与相关国家或铁路行业标准间不协调的问题。作为一项铁路行业标准，它可能涉及两个方面标准的协调，一是与基础标准的协调，二是与相关标准的协调。在国标 GB/T 1.1—2000 中有一个附录，列出了主要基础标准的目录。这个目录不仅是给标准起草人看的，标准制定中所有人都要考虑；不一定所有的基础标准都涉及，但是涉及的标准一定要与之相协调。标准中所列的基础标准还未全，它只是告诉人们，这一工作一定要得到充分重视。

作为标准起草人或标准化工作者，掌握基础标准的要求是很重要的事情。个性标准的内容一定要符合通用标准的规定。

标准要得以实施，一定要和相关的标准协调：

(1)生产方的要求要与原材料的标准相协调；

(2)软件系统要与硬件系统的标准相协调；

(3)上道工序的产品要与下道工序的要求相协调；

(4)生产中的要求要与管理标准的要求相协调；

(5)零配件的标准要与整机的标准相协调等。

这些标准的协调工作，应在标准起草时就考虑到。由于是相关标准可能属于不同的主管部门管理，因此平时就要注意主管部门之间哪些工作范围有关联，对于有关联的部分，主管部门之间要加强联系和合作。

5. 采标问题

作为一项技术经济政策，我国大力开展了采用国际标准和国外先进标准的工作，但采标中必须注意以下问题：

(1)认真消化和验证国际和国外标准，避免仅仅是翻译国际国外标准。

(2)要从技术上去全面理解国外标准的真正含义。

(3)在采标前应认真分析依据我国的情况更适合采用哪一个国家或哪一个国际组织的标准。避免一见国外标准就采用，其后果是我国标准采用了许多发达国家的标准，但这些标准间不协调，使得我国的标准分列成不同的指标体系，造成了生产中的困难。

(4)对于某一领域国际标准和国外标准没有系统、全面的分析，盲目采标，为采标而采标，为提高采标率而采标。未从提高我国的技术水平、促进贸易等方面着想。

(5)所采用的标准并不是国际上居先进地位的，而仅仅是起草部门对该国的标准比较熟悉而已。

(三)标准编写方面

一项标准有完善的程序作保证，有科学、合理的技术内容作基础，还要有规范的编写来表达。我国标准的编写应符合GB/T 1.1—2009的要求，等同采用国际标准的可与GB/T 1.1—2009的格式有差异。GB/T 1.1是采用ISO/IEC导则而制定的，而ISO/IEC导则主要是规范ISO，IEC的标准，即便是ISO，IEC的标准，它们的编写格式也存在一定程度的差异。因此在规范我国标准编写的时候更重要的是掌握GB/T 1.1给出的原则和标准编写规范化要求的实质：让所有不参与标准编制的人都看得懂标准，更易于理解标准。因此在编写标准时要依据GB/T 1.1的要求灵活运用，更好地让读者清楚标准如何执行。

在编写铁路信息技术标准时，还应特别注意：

1. 标准的严密性和逻辑性

标准中要清晰地描述相关技术内容和要求，明确要求及要求之间的关系，合理安排前后顺序。避免一个问题多处重复，甚至产生矛盾。

2. 标准中确定有关内容时要把握一定的灵活性

标准所规范的问题都有其适用范围，在该标准的适用范围内应作尽可能全面的要求。但标准中的要求并不是全部固定死的。对具体指标的规定可随不同性质的标准有不同的表述方式。如强制性标准就更明确给出极限值或某一范围，而对于推荐性要求，某些值就可以由供方确定，标准只要给出检测方法和表述方式即可。

同样，对于量和单位的问题，在符合计量法，符合 GB 3100 系列标准的前提下，也可有足够的灵活性。

3. 格式上易出现问题

(1)封面上未填写铁标分类号，或填写错误；封面上未填写代替标准信息；

(2)标准名称与技术内容不相称；

(3)采标一致性程度标识错误；

(4)将应纳入编制说明的内容放入前言；

(5)遗漏应在前言中说明的内容；

(6)前言中包含了范围的内容；

(7)前言中混淆了代替、废止的概念；

(8)引言包含了要求；

(9)范围中规定了要求；

(10)范围不明确；

(11)范围与标准中有关的技术内容不匹配；

(12)引用文件一览表中漏引或多引了标准；

(13)引用标准有误；

(14)引用了作废的标准；

(15)引用标准名称有误；

(16)分类中不给原则等。

4. 技术内容出现问题较多的具体情况

(1)不规定具体指标的试验方法；

(2)该定量的指标不定量；

(3)要求中包括了索赔、结算等内容；

(4)量和单位及其表述不符合 GB 3100 系列标准的规定；

(5)未给出试验方法的准确度(精密度、允许差)；

(6)不同操作步骤中的有效位数不协调；

(7)检验中不明确检验项目等。

(四)报送材料

标准报批时要保证报送的材料质量和数量,不能随意改动。

1. 材料的真实性

标准审查后,达不到通过的要求,应认真修改和补充,直到达到要求。要保证标准的编制说明、意见汇总及会议纪要能够客观地反映情况。

2. 报批材料外观质量

报批材料上要保证文字、图表的清晰,不得涂涂抹抹。打印的材料,要保证打印效果,确保上报材料的外观质量。

3. 按所需份数报送材料

上报材料的种类和份数需达到规定的要求,申报材料需要正式行文上报,在申报单上不允许有缺项漏项。

本 章 小 结

高质量的标准需要有完善的管理体系和规范的流程来保证。本章的内容是标准管理及制定工作者们长期工作实践的经验总结和归纳,并在实际中证明是行之有效的方法。当然,随着信息技术发展和实际需求的变化,标准制定的流程和相应的管理规定也会不断地完善、充实。更好的保障制定标准的效率、质量并降低成本。

复习思考题

1. 标准制定程序可划分为几个阶段?
2. 简述铁路信息技术标准新工作项目的立项条件。
3. 影响标准质量的因素有哪些?
4. 如何评价标准质量好坏?
5. 简述如何编制一项合格的标准。

第四章

铁路技术标准编写方法

在起草任何一个具体标准之前，首先要从总体上把握基本的概念和规则。因此，在介绍如何具体编写标准之前，首先介绍一下与标准编写有关的国家标准体系，进而讲解铁路信息技术标准编写的基本规则。以便从宏观上对标准的编写有一个较全面的了解。在这个基础上，才能更好地掌握编写具体标准的详细规则。

第一节 概　述

一、国家标准化工作系列标准

国家标准化工作标准系列由标准化工作导则、标准化工作指南和标准编写规则3项标准组成，是指导如何编写标准的基础性国家标准。在编写标准时，首先要了解和掌握《标准化工作导则　第1部分：标准的结构和编写》GB/T 1.1—2009。在此基础上，还要遵循其他相关标准，下面列出了这3项标准的具体结构。

GB/T 20000—2014　标准化工作指南

GB/T 20000.1—2002　标准化工作指南　第1部分：标准化和相关活动的通用词汇

GB/T 20000.2—2001　标准化工作指南　第2部分：采用国际标准的规则

GB/T 20000.3—2003　标准化工作指南　第3部分：引用文件

GB/T 20000.4—2003　标准化工作指南　第4部分：标准中涉及安全方面的内容

GB/T 18391.1—2009　信息技术元数据注册(MDR)　第一部分：框架

GB/T 7027—2002　信息分类和编码的基本原则与方法

GB/T 13016—2009　标准体系制原则和要求

GB/T 13017—2008　企业标准体系表编制指南

GB/T 15496—2003　企业标准体系　要求

GB/T 15497—2003　企业标准体系　技术标准体系

二、基本概念

1. 规范性文件(normative document)

规范性文件:“为各种活动或其结果提供规则、导则或规定特性的文件。”

定义中的“活动或其结果”是指标准化对象的。这里的“活动”是指具体的动作或步骤,其“结果”是指上述活动的最后结果。

2. 规范性要素(normative element)

规范性要素是“要声明符合标准而应遵守的条款的要素”。也即,在标准有效的范围内,产品、过程或服务只有符合这些要素规定的所有内容,才可认为其遵循了该标准。规范性要素又可分为一般要素和技术要素。

一般要素:标准的“名称、范围、规范性引用文件”等要素。是位于标准正文的前几个要素。

技术要素:标准的主要技术内容如“术语和定义、符号和缩略语、要求、……规范性附录”等要素。规范性技术要素是标准的核心部分。

3. 资料性要素(informative element)

资料性要素是“标识标准、介绍标准,提供标准的附加信息的要素”。其主要目的并不是要让标准使用者遵照执行,而只是要提供一些附加信息或资料。资料性要素可分为概述要素和补充要素。

概述要素:标识标准,介绍其内容、背景、制定情况以及该标准与其他标准关系的要素。如:标准的“封面、目次、前言、引言”等要素。

补充要素:提供附加信息,以帮助理解或使用标准的要素。如:标准的“资料性附录、参考文献、索引”等要素。

4. 必备要素(required element)

必备要素是指标准中必须存在的要素。标准中的必备要素有四个:封面、前言、名称、范围。

5. 可选要素(optional element)

可选要素是指在标准中不是必须存在的要素,其存在与否视标准条款的具体需求而定。标准中除了“封面、前言、名称、范围”这四个要素之外,其他要素都是可选要素。

6. 条款(provision)

标准中的内容是通过条款具体表述的。这些条款包括:“要求”、“推荐”、“指示”、“陈述”等等。此外,标准中还包含若干资料性的内容,如:资料性概述要素和资料性补充要素。标准中的条款并不是都须执行,如:资料性的内容、陈述性条款,即使是推荐性的条款也只为首选条款。

由于标准是一种规范性文件,所以,可以说标准是由不同类型的条款构成的。条款按作用一般分为 3 种类型:

(1)陈述型条款:表达信息的条款。在标准中仅仅用来提供信息,不作为任何要求和建议。常用助动词“可(may)”、“不必(need not)”表示是否允许,“能(can)”、“不能(cannot)”表示能力和可能性。

(2)要求型条款:表达应遵守的准则的条款。在标准中表示如果声称符合标准需要遵守的准则,并且不允许有差异。常用祈使句直接表示指示或助动词“应(shall)”、“不应(shall not)”表示必须满足的能力。

(3)推荐型条款:表达建议或指导的条款。介于陈述型条款与要求型条款之间,既不是强烈的“要求”,也不是一般的“陈述”。常用助动词“宜(should)”、“不宜(should not)”表示推荐但不是要求的、不赞成也不禁止的条款。

条款根据其所涉及的对象不同又可分为:针对标准的使用者(人)和针对标准化的对象(物)。前者限定其具体的活动(如具体的动作或步骤),它告诉标准的使用者具体怎么做。而后者规定了其结果具有什么性能或可能性,它告诉标准的使用者标准需要什么样的结果,但不限制标准使用者的活动,以及采取什么样的措施。

7. 主体与附加要素(main part and subjoin element)

主体:构成规范性文件实质内容的一组条款。将一组相关的条款集中起来就构成了规范性文件的主体。对标准来说,就是规范性要素。

附加要素:包括在规范性文件中而不影响其实质内容的信息。有的附加要素起着帮助理解和使用标准的作用,另一些附加要素仅起提示作用。

8. 技术规范和规程(technical specification and schedule)

规范性文件按其目的和多数条款的内容也可将其分成两类:技术规范和规程。

技术规范:“规定产品、过程或服务应满足的技术要求的文件。”主要针对活动的结果规定要求。

规程:“为设备、构件或产品的设计、制造、安装、维护或使用而推荐的惯例或程序的文件。”主要规定活动的具体动作或步骤。

可见,技术规范是以活动的结果为主的规范性文件;规程是以活动为主的规范性文件。所以技术规范和规程是一组对应的文件。

9. 最新技术水平(state of the art)

在一定时期内,产品、过程和服务等技术能力的发展程度,根据相关科学、技术和经验的综合成果进行判定。

三、编写标准的基本规则

为保证标准的质量,并使其在铁路信息化建设中充分发挥作用,在起草和审查标准时,相关人员必须遵循以下编写标准的基本原则。

(一)基本要求

标准所规定的条款应明确而无歧义,为此应满足以下基本要求。

1. 力求内容完整

在标准的范围所划定的界限内力求将所需要的内容规定完整。要保证标准的完整性,使具有相同目的或需要的标准使用者可以通过一项标准满足其需要。

2. 表述清楚准确

标准的条文应用词准确、逻辑严谨、相互协调。不应使用模棱两可的词汇,防止不同的人从不同的角度对标准内容产生不同的理解。并要考虑相关标准或一项标准的不同部分之间的相互协调。

3. 紧跟新技术发展

在制定标准时,标准中所规定的各种内容应充分考虑技术发展的最新水平。这并不是要求标准中所规定的各种指标或要求都是最新的、最高的,但应是在对最新技术发展水平进行充分考虑、研究之后确定的。

4. 为未来的技术发展提供空间

起草标准时,要为将来的技术发展提供框架和发展余地,避免标准中的规定阻碍技术的发展。在起草标准时,应从性能特性的角度提出要求,并且尽量不包括诸如具体的操作系统、数据库、编程语言或者生产工艺等的内容。

5. 用语标准简明

在满足对标准技术内容的完整和准确表达的前提下,标准的语言和表达形式应尽可能简单、明了、易懂,避免使用口语化的措辞。在采用国际标准翻译相应文件时更应注意这一点,必须保证专业人员能够正确理解标准的内容。

(二)统一性

统一性是指在每项标准或每个系列标准内,标准的结构、文体和术语应保持一致,是标准编写及表达方式的最基本的要求。统一性强调的是内部的统一,即一项标准内部或一系列相关标准内部的统一。在起草的标准时,应注意以下几个方面的统一问题:

1. 标准结构的统一

标准的结构尽可能相同,标准的章、节、条的编号也应尽可能相同。

2. 文体的统一

类似条文应由类似措辞来表达,相同条文应由相同的措辞来表达。

3. 术语的统一

在每项标准或系列标准内,某一给定概念应使用相同的术语。对于已定义的概念应避免使用同义词。每个选用的术语应尽可能只有唯一的含义。

结构、文体和术语的统一,有利于正确理解标准的内容,避免同样内容不同表述可能产生的歧义。此外,统一性也将使文本的计算机处理,甚至计算机辅助翻译更加方便和准确,有利于标准文本的自动化处理。

（三）标准间的协调性

由于标准是一种成体系的技术文件，各有关标准之间有着广泛的内在联系。各种标准之间只有相互协调、相辅相成，才能充分发挥标准系统的功能，获得良好的系统效应。要达到所有标准整体协调的目的，应注意如下两个方面：

1. 每项标准应遵循现有基础标准的有关条款，尤其涉及下列有关内容：标准化术语；术语的原则与方法；量、单位及其符号；缩略语；参考文献；技术制图；图形符号。

2. 对于铁路信息技术领域，还应考虑环境条件、测试条件、精度要求、统计方法、安全性和可靠性要求等协调。

（四）适用性

标准的适用性体现在两方面：标准的内容应便于实施；标准的内容应易于被其他标准引用。

在起草标准时，对所制定的标准中的每个条款都应考虑到可操作性，要便于标准的使用。如果标准中有些内容拟用于认证，则应将它们编为单独的章、条，或者编为标准的单独部分。这样将有利于标准的使用。

标准的内容要考虑到易于被其他标准、法律、法规或规章所引用。例如，当被引用的可能性很大时，应考虑到使用带有标识的列项；标准中的段则应考虑改为条。

（五）计划性

为了保证一项标准或一系列标准的及时发布，在制定铁路行业标准时应遵守标准制定程序。还需要遵守国家标准管理办法、行业标准管理办法、地方标准管理办法、企业标准化管理办法以及 GB/T 16733—1997《国家标准制定程序的阶段划分及代码》等。

另外，在具体起草标准之前，应首先确定标准的预计结构和内在关系，尤其应考虑内容的划分。如果标准分为多个部分，则应列出预计的各个部分的名称。从标准制定工作的开始到随后的所有阶段均应遵守 GB/T 1.1 和 GB/T 1 的其他部分所规定的规则。在制定标准时，还应根据标准的具体情况遵守 GB/T 20000 和 GB/T 20001 所规定的规则。

（六）专利的处理

在公平竞争的市场经济条件下，标准的发布机构对于专利应持慎重的态度。为了免除不必要的麻烦，对于有可能涉及专利的标准，从标准的征求意见阶段，标准的发布机构就要对涉及的专利进行有效的控制。

在征求意见阶段以及随后的送审阶段，在所有征求意见稿和送审稿的“封面”上应写明下列通知性质的语句：

“请将你们发现的有关专利的内容和支持性文件随意见一并返回。”

如果经过上述通知后，并没有发现标准中的技术内容涉及专利，则在标准的“前言”中要声明没有发现标准与专利有关系。声明采用下列语句：

“请注意本标准的某些内容有可能涉及专利。本标准的发布机构不应承担识别这些专利的责任。”

如果经过上述通知后，发现了标准中的技术内容确实涉及专利，则标准发布机构与专利持有人之间将要进行一系列的接触，接触的结果如果符合将专利放入标准的条件，则才可将专利纳入标准，并在标准的“引言”中说明有关内容，即：

“本标准的发布机构提请注意如下事实，声明符合本标准时，可以使用涉及……(条)中有关……的相关专利。

本标准的发布机构对于专利的范围、有效性和验证资料不提出任何看法。

专利持有人已向本标准的发布机构保证，他愿意同任何申请人在合理和非歧视的条款和条件下，就使用授权许可证进行谈判。在这方面，该专利持有人的声明已在本标准的发布机构备案。有关资料可从以下地址获得：

……专利持有人姓名……

……地址……

请注意除上述已经识别出的专利外，本标准的某些内容有可能涉及专利。本标准的发布机构不应承担识别这些专利的责任。”

第二节　标准的结构

一、标准内容划分的总原则

一项标准可以有两种表现形式：作为一个整体出版的单独的标准和分为几个部分出版的标准。一般情况下，针对每个标准化对象应编制成一个单独的标准，并作为一个整体出版。在特殊情况下，可在相同的标准顺序号下将标准分成若干个彼此独立的部分(表 4-1)。例如：标准篇幅过长，后续部分的内容相互关联，标准的某些部分可能被法规所引用，标准的某些部分拟用于认证等。

表 4-1　铁路行业分为几个部分出版的标准实例

TB/T 3416.1—2015	动车组编码标识系统　第 1 部分：总则
TB/T 3416.2—2015	动车组编码标识系统　第 2 部分：产品组
TB/T 3416.3—2015	动车组编码标识系统　第 3 部分：安装地点与位置的标识

如果标准所涉及产品的不同方面可能会引起各方(例如生产者、认证机构、立法机关等)分别关注时，这些不同方面最好编制成一项标准的若干部分或者编制成若干项单独的标准。例如，健康和安全要求、性能要求、维修和服务要求、安装规定、质量评定。

二、单独标准或部分的内容划分

无论是作为一个整体出版的单独的标准，还是分为几个部分出版的标准，尽管其标准化对象、范围和内容各不相同，但其内容都是由各种要素构成的。为便于区分哪些内容是应该遵守，哪些内容只是为符合标准而提供的帮助，常根据构成要素来划分标准的内容。方法如下：

（一）根据要素的性质划分

1. 资料性概述要素，如标准的封面、目次、前言、引言等。

2. 资料性补充要素，如标准的资料性附录、参考文献、索引等。

3. 规范性一般要素，如标准的名称、范围、规范性引用文件等。

4. 规范性技术要素，如标准的主要技术内容：术语和定义、符号和缩略语、要求、规范性附录等。

（二）根据要素的必要性划分

1. 必备要素包括：封面、前言、名称、范围。

2. 可选要素：除了封面、前言、名称、范围这 4 个要素之外的其他要素。

表 4-2 给出的是一种标准要素排列的示例。

表 4-2　标准要素排列示例

要素性质	要素在标准中位置	要素的必备性
资料性概述要素	封面	必备要素
资料性概述要素	目次	可选要素
资料性概述要素	前言	必备要素
资料性概述要素	引言	可选要素
规范性一般要素	名称	必备要素
规范性一般要素	范围	必备要素
规范性一般要素	规范性引用文件	可选要素
规范性技术要素	术语和定义 符号和缩略语 要求 …… 规范性附录	可选要素
资料性补充要素	资料性附录	可选要素
资料性补充要素	参考文献	可选要素
资料性补充要素	索引	可选要素

三、标准的层次

一项标准根据其文体与结构的特点，可划分为部分、章、条、段、列项和附录等。一项具体标准的层次应视标准内容以及其他具体情况而定。

（一）部分（part）

部分是一项标准被分别起草、批准发布的系列文件之一。它不能单独构成一项标准，而只是一项标准内的一个“层次”。其目的是将同一标准化对象的各种标准化内容放在同一个标准化顺序号下，使标准体系更加合理、更容易管理又方便了使用。一项标准的不同部分具有同一个标准顺序号，而部分的编号应位于标准顺序号之后，使用阿拉伯数字从 1 开始编号。部分的编号与标准顺序号之间用下脚点相隔。

同一标准的各个部分的名称应有相同的引导要素（如果有）和主体要素，而补充要素应不同，以便区分各个部分。在每个部分的名称中，补充要素前均应标明“第×部分：”（×为阿拉伯数字）。

例：TB/T 1528.1—2002　铁路信号电源屏　第 1 部分：总则

其中：“铁路信号电源屏”为标准名称的主题要素；“1528”为标准顺序号；“.”后面的一位阿拉伯数字为“部分”的编号；“总则”为“部分”的名称。

（二）章（clause）

章是标准内容划分的基本单元，是标准或部分中划分出的第一层次，因而构成了标准的基本框架。在每项标准或每个部分中，章的编号应从“范围”一章开始，编号应使用阿拉伯数字从 1 开始编写，这种编号一直连续到附录之前。每一章都应有标题，标题位于编号之后，并与其后的条文分行。

（三）条（subclause）

条是对章的细分。凡是章以下有编号的层次均称为“条”。条的设置是可多层次的，需要时，一直可分到第五层次。

条的编号使用阿拉伯数字加下脚点的形式，即层次用阿拉伯数字，每两个层次之间加下脚点。条的编号在其所属的章内或上一层次的条内进行。例：

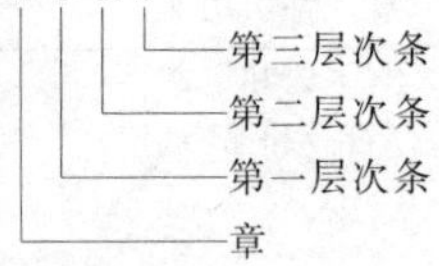

同一层次上有一个以上的条时才可设立条。每个第一层次的条最好给出一个标题，标题位于编号之后，并与其后的条文分行。其余层次的条可根据情况决定是否设置标题，如设置标题可与第一层次的条同样处理。在某一章或条中，同一层次的条，有无标题应统一。

（四）段（paragraph）

段是对章或条的细分。具体说：段没有编号，这是区别段与条的明显标志。也就是说段是章或条中不编号的层次。

在没有“条”的“章”中，段可出现在章中，对“章”的内容进行细分；在含有“条”的“章”中，段宜出现在最低层次的“条”中，应尽量避免出现“悬置段”，防止当引用这些段时产生混淆。

正　　确	不　正　确
5　标识 5.1　×××××××× 　×××××××××××××××× 　××××××××××××××××× 　×××××××××× 5.2　×××××××× 　××××××××××××××××××× 5.3　××××××× 　××××××××××××××××××× 　×××××××××××××××××××××××× ××××××××××××××××××××××××× ×××××××× 6　试验报告	5　标识 　×××××××××××××××× 　×××××××××××××××××　}悬置段 　××××××××××× 5.1　××××××××× 　××××××××××××××××××× 5.2　××××××× 　××××××××××××××××××× 　×××××××××××××××××××××× ××××××××××××××××××××××××× ×××××××× 6　试验报告

（五）列项（lists）

列项是“段”中的一个子层次，它可以在章或条中的任意段里出现。在标准条文中，对于某些内容使用列项进行叙述，便于阅读和理解。

列项可用两种形式引出：使用一个句子（如例 1）；使用一个句子的前半部分，该句子由列项中的各项来完成（如例 2）。

列项中每一项前应加破折号或圆点。如果列项需要识别或者列项将被引用，则在每一项前加上后带半圆括号的小写拉丁字母序号，如 a）、b）、c）等。在字母形式的列项中，如果需要对某个项目进一步细分成需要识别的列项，应使用后带半圆括号的阿拉伯数字序号，如 1）、2）、3）等（如例 3）。

例 1：测量应使用 GB/T 6113.2—1998 建议方法进行，应作下列调整：

——9 kHz～150 kHz 范围内，6 dB 带宽 200 Hz；

——150 kHz～30 MHz 范围内，6 dB 带宽 9 kHz；

——准峰值检测，各个频率范围有相应的权重系数。

例 2：仪器中的振动可能产生于：

● 转动部件的不平衡；

● 机座的轻微变形；

● 滚动轴承；

● 气动负载。

例 3：必要时，应在引言中指出涉及术语数据表述方式的一般信息，例如：

a）条目结构和所遵循的字体要求；

b)条目的次序；

c)检索术语的方法，如：

1) 在以系统方式编排的标准中，如何查找某一指定术语；

2) 在以汉语拼音字母顺序编排的标准中，如何获得该领域的概念体系；

3) 在多语种标准中，如何查找某一术语在其他语种中的对应词。

(六)附录(Annex)

附录是标准层次的表现形式之一。附录分为两类，一类为“规范性附录”，一类为“资料性附录”。规范性附录为可选要素，它给出标准正文的附加条款。资料性附录为可选要素，它给出对理解或使用标准起辅助作用的附加信息。

1. 规范性附录

规范性附录为可选要素，规范性附录中所给出的内容是构成标准整体的不可分割的组成部分。因此，在起草标准时，如果仅从标准的结构考虑，某些内容不合适放在正文中，但这些内容又是符合标准所应遵守的条款，这时应将这些内容编写在一个“规范性附录”中。

2. 资料性附录

资料性附录为可选要素，在这类附录中应给出对理解或使用标准起辅助作用的附加信息。资料性附录中所给出的内容不应包含要声明符合标准而应遵守的“条款”。在编写标准的某一条款时，如需要对该条款做一些解释或说明，且需要解释或说明的内容很多，篇幅较大时，可采用资料性附录的形式来提供信息。否则，可以用“注”的形式。资料性附录中仅限于提供一些附加信息，如标准中重要规定的依据和对专门技术问题的介绍；标准中某些条文的参考性资料；正确使用标准的说明、示例等等。

第三节　标准核心内容的确定

在编写标准时，首先要明确标准化对象在规定范围内应遵守的规定性条款，即要确定标准的核心内容。具体要明确：

(1)需要对该对象的哪些内容进行标准化；

(2)如何对这些内容进行标准化；

(3)哪些内容可以标准化。下面分别介绍确定这三个内容的有关原则。

一、目的性原则

目的性原则就是要解决对需要标准化对象的哪些内容进行标准化的问题。目的性原则是制定标准的最重要的原则，无论制定什么标准首先要明确目的性，目的不同内容就不同。以铁路信息化产品标准为例，任何产品都有许多特性，但是不可能也没有必要把产品的全部特性写入标准之中。哪些特性应作为标准中规范性技术要素的内容，完全依赖于编写标准的目的。

这就是目的性原则。

对于产品标准来讲，确定内容的目的主要体现在以下几个方面：

(一)适用性目的

为了保证产品的适用性，在标准中需要规定产品的相关特性，如物理学的（包括：外形尺寸、机械、力学、声学、热学、电学）、信息学的（包括计算机、数据通信等）、化学的、生物学的、人类工效学等特性的技术要求。这些内容无需全部包含在每一项产品标准之中，每项产品标准只能根据其产品的特点和铁路行业的惯例，涉及上述的一部分技术要求或其他技术要求。

例：对于车载电子装置的要求可以包括：

10. 外形尺寸：应保证可以安装在机车或车辆上；

11. 电学：电源应符合车载供电设备的功率、绝缘接地和抗干扰等要求；

12. 热学：应具有良好的散热性能，可在列车的温湿度环境下长期工作；

13. 信息学：软件、存储容量、通信接口应符合产品使用的功能、性能和规格等要求；

14. 力学：产品应可在列车运行产生的振动、冲击等条件下正常工作；

15. 人类高效学：人机界面友好，便于操作和维修。

(二)相互理解的目的

为利于使用标准的各方对标准内容有共同的理解，通常需要对标准中用到的术语给出定义，对使用的符号和标志予以解释，对标准化对象进行统一的分类和命名，对每项技术要求确定统一的抽样（或取样）方法和试验方法。只有达到相互理解的目的，才能保证标准的正确实施。

(三)健康、安全、环保或资源合理利用的目的

在铁路运输中，涉及人员的健康、安全和环境、资源利用等，标准中应规定相应的要求。按照《WTO/TBT 协定》、《中华人民共和国标准化法》和铁路总公司有关规定，这些要求中的大部分是属于技术法规的内容，属于强制性标准的范畴。因此，这些要求应与其他要求相区别，成为单独的标准、单独的部分或单独的章。

由于这些要求的强制性，所以，要求中需要包含带有极限值（如最大值、最小值）的某些特性或尺寸严格的某些特性，有时可能包含结构细节，如保证安全的连锁装置、轿车后备箱内的通气孔、防错装结构等。

例：4.2.1 第 2.1 项易燃气体

本项包括在 20 ℃和 101.3 kPa 条件下：

a)与空气的混合物按体积分数占 13%或更少时可点燃的气体；或

b)不论易燃下限如何，与空气混合，燃烧范围的体积分数至少为 12%的气体。

(四)认证的目的

在产品标准中，以认证为目的的要求（如安全、质量和准确度等）应与其他要求有明显的区

别，可编成单独的章，或单独的部分，也可按 ISO/IEC 指南 7 的规定，专门编制适用于认证的标准。例如：TB/T 3034—2002《机车车辆电气设备电磁兼容性实验及其限值》、GB/T 21563—2010《铁路应用机车车辆设备冲击和振动实验》均是以认证为目的的铁路行业标准。

（五）接口、互换性、兼容性或相互配合的目的

铁路信息化产品通常需对接口、互换性、兼容性或相互配合提出特定的要求。以此为目的的要求可能成为影响产品能否正常使用的决定性因素。在编写产品标准时，这些要求可能成为产品标准中要求的一部分，也可能专门为上述某个目的制定单独的标准。如为了保证信息化系统互联的要求，须规定系统的“接口”要求，如：接口的几何尺寸、通信协议以及功能等。当编制标准的目的是为了保证互换性时，则关于产品的物理、功能和性能等的互换性均应予以考虑。

（六）品种控制的目的

对于广泛使用的物资、材料或机械零部件、电子元器件和电线、电缆等，为降低产品在设计、使用、管理和维护中的复杂性，需要对这些物品进行品种控制。在满足应用需求的前提下，往往对外形尺寸或某些特性提出合理的、可供选择的数值，通常给出一系列数据，或给出公差。

上述各种目的是编写铁路信息化产品标准时经常遇到的。目的确定了，标准中需要涉及的具体特性也就容易确定了。

二、可证实性原则

凡是标准中列入的技术要求都应满足可证实性原则，即这些要求应能在短时间内被证实。对于不需要证实的、不宜证实的、或不便证实的技术要求一律不应列入标准作为规范性技术要求。可证实性原则是要解决哪些内容可以标准化的问题。

列入标准的技术要求应使用明确的数值，如最大值、最小值、带公差的中心值或区间值等定量的形式，不应使用“足够坚固”或“应有适当的强度”等定性的形式。规范性要求的数值，应与仅供参考用的或作为数据积累用的数值明显地加以区别。

对于稳定性、可靠性或寿命等要求，如果没有一种试验方法能在较短时间内证实产品是否符合这类要求，则不应在标准中规定。例如：网络使用寿命应大于 30 年这一性能。这个要求在短时间内是证实不了的，按照可证实性原则，这样的性能特性是不应列入标准中的。

生产厂家有时会对自己的产品提出某些保证，但这些保证只具有商业合同概念，不具有标准中的技术概念。因此，不应列入标准的内容中。

三、性能原则

根据标准的目的性原则和可证实性原则，相应的要求就可以确定了。如何表达这些要求呢？通常用产品的性能特性或描述特性来表达相应的要求。因此，标准还需要满足性能原则。

性能原则就是要解决如何对需要标准化的内容进行标准化的问题。

(一)性能特性与描述特性

性能特性是指产品的使用功能,是那些在使用时才能显示出来的特征。如:机车运行的速度、网络带宽、安全性能、可靠性能等。

描述特性是指产品的具体特征,是那些在实物上或图纸上显示出来的特征。如数据格式、通信协议、物理尺寸等。

(二)性能特性优先

《WTO/TBT 协定》及 ISO/IEC 导则均指出:只要有可能,要求应由性能特性来表达,而不应用设计和描述特性来表达。

当要求用性能特性来表达时,而不是描述技术本身,会给技术(特别是新技术)发展留有最大的空间,有利于打破技术壁垒,符合市场经济条件下公平竞争的原则。

如果采用性能特性表达要求,也不要疏漏重要的具体描述特征。如为保证产品的互换性、兼容性等需描述接口尺寸、数据格式支持的协议等。

(三)例外情况

通常在标准中,对某些涉及设备和人身安全的产品,除通过性能特性或具体描述特性来表达产品外,还需要规定加工工艺或材料的成分等,甚至还要规定生产过程中的检验工艺。如对接地导线的材质要求等,因为压力容器的某些性能试验会影响产品的寿命,不能对成品逐个进行试验,而这些热加工工艺对成品的性能具有直接的潜在的影响,通过对半成品的热加工工艺控制及破坏性试验,可以及时发现问题,以便纠正。这对降低成本,控制成品质量是有效的。

在表述要求时,采用描述特性还是性能特性,需要认真权衡利弊。虽然用性能特性表述要求有其明显优点,但可能需要一个既消耗时间又消耗经费的复杂的试验过程。原则上是最好采用性能特性来表达。

第四节　标准的编写

标准可能包含以下内容。

(1)封面;

(2)目次;

(3)前言;

(4)引言;

(5)范围;

(6)引用文件;

(7)术语和定义;

(8)要求;

(9)取样采样;

(10)试验方法;

(11)质量评定程序或检验规则;

(12)分类标记/标准化项目标记;

(13)标志和标签;

(14)包装运输和储存;

(15)附录;

(16)参考文献。

一、封　面

封面(如图 4-1 所示)为必备的资料性要素,主要内容应包括:

1. 国际标准分类号;

2. 中国标准文献分类号:

给出一级和二级类目编号。分类号的选择应符合《中国标准文献分类法》的规定。

3. 备案号(不适用国家标准);

4. 标准的标志;

5. 标准的类别;

6. 标准的编号;

7. 被代替的标准的编号;

8. 标准的中文名称;

9. 标准的英文名称(与中文名称对应);

10. 与国际标准一致程度的标识;

11. 标准的发布和实施日期;

12. 标准的发布部门和单位。

(一)国际标准分类号

国际标准分类号(International Classification for Standard)简称 ICS,国家标准和行业标准需要标注,企业标准不需标注。

1991 年国际标准化组织(ISO)受世界贸易组织(WTO)委托,组织完成了 ICS 分类法的制定工作,并积极向其成员组织推荐 ICS 分类体系。1994 年在其颁布的标准中采用 ICS 分类号。ICS 作为信息数据的排序工具,如目录、选择清单、参考文献、磁介质和光介质上的数据库等,其目的是促进国际、区域性和国家标准以及其他标准文献在世界范围内的传播。

ICS 采用登记分类法,共包含三个级别:

1. 第一级由 40 个标准化专业领域组成,每个大类以两位数字表示。

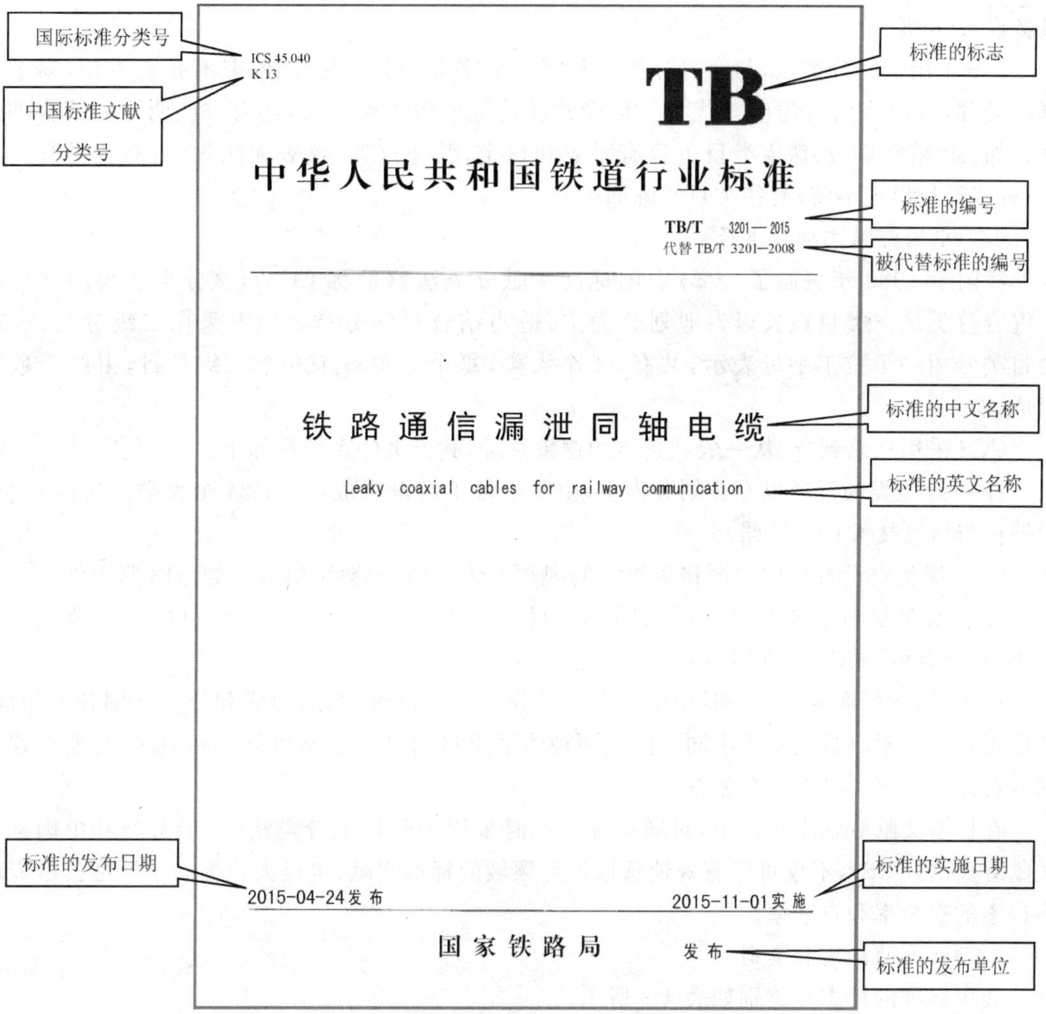

图 4-1 标准封面

例：01 GENERALITIES. TERMINOLOGY. STANDARDIZATION . DOCUMENTATION .(综合、术语学、标准化、文献)。

2. 第二级将各大专业分为 407 个组(二级类)，其类号的组成为：一级类的类号＋“.”＋三位数字。

例：01.040 Vocabularies(词汇)。

3. 第三级在 407 个二级类中的 134 个又被进一步分为 896 个组(三级类)，其组成为：一级类的类号＋“.”＋二级类的类号＋“.”＋两位数字。

例:01.040.35 Information technology. Office machines(Vocabularies)[信息技术、办公机械设备(词汇)]。

ICS采用数字分类法,与字母分类法和字母数字混合分类法相比,具有扩充方便,易于计算机处理,且没有语言障碍等优点。但受欧洲传统思想影响较大,还有一些明显的不合理之处。如:39 精密机械、珠宝类目下只有手表和珠宝,其他仪器、仪表无法入类;有些类分得过细;有些类目界定不清;有些类目较陈旧等。

(二)中国标准文献分类号

我国于1983年编制了一部《中国标准文献分类法》(简称CCS),该分类法采用字母数字混合分类法。类目设置以专业划分为主,适当结合科学分类。CCS采用二级分类:一级类目类号用一个拉丁字母表示,共有24个大类;每个大类有100个二级类目,由两个数字组成。

CCS采用从总到分、从一般到具体的逻辑系统,其分类体系结构如下:

1. 一级主类的设置以专业划分为主,由单个拉丁字母组成,共有24个大类。如:L(电子元器件与信息技术)、S(铁路)。

2. 二级类目设置采取非严格等级制的列类方法,由两个数字组成。如:J13 紧固件。

3. 一级类目与二级类目之间,设置分面标识,用以说明一组二级类目的专业范围,如:L60/69 计算机;S60/69 铁路信号。

由于《国际标准分类法》和《中国标准文献分类法》两种体系的形成和分类类别各不相同,其使用者的检索习惯也有所不同。同时两种体系类目的设置也不可能一一对应,与所要建设的专题库范围更不可能完全相符。

在标准文献专题库建设中,对同一标准同时采用国际标准分类法(ICS)分类和中国标准文献分类法(CCS),不仅可以有效地选取特定领域的标准文献,也极大地提高了标准文献专题库检索的查全率和查准率。

(三)标准的标志和类别

我国标准的标志和类别如表4-3所示。

表4-3 我国标准的标志和类别

类　别	标　志	示　例
中华人民共和国国家标准	GB	
中华人民共和国××行业标准	TB、JS、…	中华人民共和国铁道行业标准
中华人民共和国××地方标准	DB ××/	
中华人民共和国××企业标准	Q/×××	

除国家标准外,行业标准、地方标准、企业标准应注明备案号。

备案号组成(行业标准):顺序编号+年号。

例:2765—2005

(四)标准的编号和代替编号

1. 标准编号

组成:标准代号+顺序号+年号

例:GB/T 1.1—2000

2. 代替标准编号

代替标准编号仅限于在同类标准中使用。每一项被代替的标准均应标出,如被代替的标准很多,可用“代替 GB/T ××××—××××等” 表示。

例:代替 GB/T 1.1—1993,GB/T 1.2—1996

(五)标准的名称

1. 中文名称

标准的名称是标准的重要识别标志之一。在拟订标准名称时,须在准确表示标准的主题条件下尽量简练。标准的中文名称最多包括三个要素:引导要素、主体要素和补充要素。其中,主体要素为必备要素,表示所述领域的标准化对象,其余为可选要素。

引导要素表示标准所属的领域。当没有引导要素时主体要素所表示的对象不明确,则应有引导要素。否则,应省略引导要素。例如:

正确:叉车　钩式叉臂　词汇

不正确:钩式叉臂 词汇

正确:工业用过硼酸钠容积密度测定

不正确:化学品　工业用过硼酸钠容积密度测定

补充要素表示标准化对象的特定方面。如果标准只包含主体要素所表示对象的一个或几个方面,则需要有补充要素。在标准出版时,补充要素用来区分和识别各个部分。例如:

GB/T 17888.1　机械安全　进入机器和工业设备的固定设施　第1部分:进入两级平面之间的固定设施的选择

GB/T 17888.2　机械安全　进入机器和工业设备的固定设施　第2部分:工作平台和通道

TB/T 1528.1—2002　铁路信号电源屏　第1部分:总则

TB/T 1528.2—2005　铁路信号电源屏　第2部分:试验方法

如果标准包含主体要素所表示对象的几个(但不是全部)方面,这些方面应由诸如“规范”或“机械要求和测试方法”等一般性的术语来表达,而无需一一列举。

如果标准具备以下两个条件,应省略补充要素:

(1)包含主体要素所表示的对象的所有基本方面;

(2)有关该对象的唯一标准(而且拟继续保持)

例如：

正确：咖啡研磨机

不正确：咖啡研磨机　术语、符号、材料、尺寸、机械性能、额定值、试验方法、包装。

综上所述，标准的名称可以按照以下三种形式：

(1)仅包含主题要素，也称“一段式”；

(2)引导要素＋主体要素或主体要素＋补充要素，也称“二段式”；

(3)引导要素＋主体要素＋补充要素，也称“三段式”。

名称不应包含可能无意中限制了标准范围的细节。然而，如果标准涉及一个特定类型的产品，则应在名称中反映出来。

示例：航天 1 100 MPa/235C 级单耳自锁固定螺母。

标准名称中表达相同概念的术语应保持一致。涉及术语的标准，要尽可能使用下述表述方式：

(1)如果包含术语的定义，使用“词汇”(Vocabulary)；

(2)如果给出多语种术语，使用“术语对照表”。

标准名称中无需描述文件作为“国家标准”或“标准化指导性技术文件”的性质。因此，不应使用“……标准”、“……国家标准”或“……标准化指导性技术文件”等表述。

2. 英文名称

标准的英文名称应尽量从相应国际标准的名称中选取，避免直译标准的中文名称。在采用国际标准时，应直接采用原标准的英文名称。英文名称中各要素的第一个单词的头一个字母应大写其余小写，要素间用连字符连接。

涉及试验方法的标准，其英文名称的表述方式应为：“Test method”或“Determination of...”，应避免“Method of testing”、“Method for the determination of...”、“Test code for the measurement of...”、“Test on...”这样一些表述。

(六)与国际标准一致性程度

当所制定的国家标准、行业标准有对应的国际标准(不包括国外先进标准)时，应在封面的标准英文名称之下标明与国际标准一致性程度的标识。一致性程度的标识由对应的国际标准编号(含代号、顺序号、年代号)、国际标准名称(使用英文)、一致性程度代号等内容组成，并加上圆括号。

如我国标准的英文名称与国际标准名称相同时，则不标出国际标准名称。

例如：

标准的英文名称与国际标准名称相同

(ISO/IEC 10728：1993 IDT)

标准的英文名称与国际标准名称不相同

(ISO/IEC 98341：1993 Adoption of international standards as regional or national standards MOD)

注意:采用国外先进标准时不在封面标识。

(七)下部内容

下部内容应有:

标准的发布、实施日期和发布单位。

二、目　　次

目次为可选要素,可根据需要设置。目次表示了标准的层次结构,具有引导阅读、便于检索等功能。

目次中所列的内容及顺序如下:

(1)前言;

(2)引言;

(3)章的编号、标题;

(4)带有标题条的编号、标题(需要时才列出);

(5)附录编号、附录性质(即在圆括号中注明"规范性附录"、"资料性附录")、标题;

(6)附录章的编号、标题(需要时才列出);

(7)附录条的编号、标题(需要时才列出,并且只能列带有标题的条);

(8)参考文献;

(9)索引;

(10)图的编号、图题(需要时才列出);

(11)表的编号、表题(需要时才列出)。

在目次中应列出完整的标题。"术语和定义"一章中的术语不应在目次中列出。在电子文件中,目次应自动生成,不需手工编排。

三、前　　言

每项标准均应有前言。前言由特定部分和基本部分组成,是标准的必备要素,但前言中不应包含要求、图和表。

(一)特定部分

在特定部分应视情况依次给出标准的下列一些重要信息:

1. 标准本身的结构说明

对于系列标准或由多个部分组成的标准,在第一项标准或标准的第一部分的前言中应说明标准的预计结构。在每一项标准或标准的每一部分的前言中应列出其他已知标准或部分的名称,并说明本标准或部分所处的位置。

2. 与国际标准、导则、指南或其他文件的一致程度说明与对应的国际标准、导则、指南或其他文件的一致性程度(IDT、MOD、NEQ),写出对应的国际文件的编号、文件名称的中文译名,并列出与所采用的国际标准的技术差异和所作的主要编辑性修改。

例:

本部分为GB/T的第1部分,对应于《ISO/IEC导则 第3部分:国际标准的结构和起草规则》(1997年英文版)。本部分与ISO/IEC导则第3部分的一致性程度为非等同,主要差异如下:

——按照汉语习惯对一些编排格式进行了修改;

——将一些适用于国际标准的表述改为适用于我国标准的表述;

——增加了第7章"编排格式"和第8章"幅面";

——增加附录H"标准格式"和附录I"标准中的字号和字体"。

3. 代替或废除的全部或部分其他文件的说明

说明标准代替或废除的全部或部分其他文件的情况,如:代替(或废除)一个标准、代替(或废除)几个标准、代替(或废除)标准中某一部分等。

例:

本部分代替GB/T 1.1—1993《标准化工作导则 第1单元:标准的起草与表述规则 第1部分:标准编写的堆本规定》和GB/T 1.2—1996《标准化工作导则 第1单元:标准的起草与表述规则 第2部分:标准出版印刷的规定》。

4. 与标准前一版本的重大技术变化的说明

在说明标准与前一版本的主要内容变化时,应同时列出所涉及的新、旧版本的有关章条。

(1)当技术性差异较小或编辑性修改较少时,宜将这些内容在前言中陈述。

例:

此次修订保留了原标准隶属编号的原则,同时也参考了原邮电部、电子部的产品图样编号方法,使标准具有延续性和实用性。主要修订内容如下:

1. 增加了技术文件的种类及其尾号。

2. 增加了通信产品种类代号的概念。

3. 增加了通信产品分类编号的编号原则及方法。

(2)当技术性差异较大或编辑性修改较多时,宜编排一个附录,陈述技术性差异和编辑性修改及其原因,并在前言中说明在正文中如何标识这些修改和差异。

例:

"本部分修改采用ISO/IEC指南21:1999《采用国际标准为区域或国家标准》(英文版)。

本部分根据ISO/IEC指南21:1999重新起草。在附录A中列出了本部分章条与ISO/IEC指南21:1999章条编号的对照一览表。考虑到我国国情,在采用ISO/IEC指南21:1999时本部分作了一些修改,有关技术性差异已编入正文中并在它们所涉及的条款的页边空白处用垂直单线标识。在附录B中给出了这些技术性差异及其原因的一览表以供参考。"

5. 本标准与其他标准或文件关系说明

例：

本部分为 GB/T 的第 1 部分，对应于《ISO/IEC 导则　第 3 部分：国际标准的结构和起草规则》(1997 年英文版)。

6. 附录性质的说明

需对标准的附录进行说明。

例：

本部分的附录 C、附录 D、附录 E 附录 H 和附录 I 为规范性附录，附录 A、附录 B、附录 F 和附录 G 为资料性附录。

(二)基本部分

1. 标准的提出机构

说明提出标准的部门或单位。例：本标准由中国标准化研究中心提出。

2. 标准的批准部门

在前言中仅列出非国务院标准化行政主管部门的其他部门。例：本标准由××××××批准。

3. 标准的归口单位

例：本标准由××××××归口。

4. 标准的起草单位

列出标准的全部或主要起草单位，并说明负责单位和参加单位。单位名称必须用全称。例：本标准负责起草单位：×××。本标准参加起草单位：×××、×××…。

5. 标准的主要起草人

列出标准的主要起草人，表述方式如下：

本标准主要起草人：×××、×××、×××…。

6. 本标准所代替标准的历次版本发布情况

详细说明标准所替代标准的历次版本发布情况。例：

本标准所代替标准历次版本发布情况为：

——GB 1.1—1981、GB 1.1—1987、GB/T 1.1—1993；

——GB 1—1958、GB 1—1970、GB 1—1973、GB 1.2—1981、GB 1.2—1988、GB/T 1.2—1996。

四、引　言

引言是可选的资料性要素，是对“前言”中有关内容的特殊补充或对标准中有关技术内容的特殊说明、解释，以及制定该标准原因的特殊信息或说明。

如果需要引言时，引言应位于前言之后，用“引言”作标题。引言中可给出下列信息：

①促使编制该标准的原因；

②有关标准技术内容的特殊信息或说明；

③如果标准内容涉及专利，则应在引言中给出有关专利的说明。

由于引言是资料性要素，因此在引言中不应包含要求。引言不编号，一般也不分条。当需要将引言的内容分为条时，条的编号为0.1、0.2等。引言中如果有图、表、公式或脚注等，均应使用伯数字从1开始对它们进行编号。

在编写引言时，应注意避免出现以下错误：

引言中包含要求。由于引言是资料性概述要素，所以在引言中不应包含要求。常常在标准的引言中会发现有包含“应”的要求性条款。

采用国际标准时将国际标准的引言直接翻译转化为“ISO引言”、“IEC引言”等，甚至没有我国的“引言”。因此，要将国际标准引言中适用的内容转化为我国标准的“引言”，如国际标准的引言不适用，也可将其删去。

例：(GB/T 1.1—2000)

引　言

GB/T 1已经实施近二十年，它在我国标准的制定和修订工作中起到了重要的指导作用。GB/T 1依据的主要国际文件《ISO/IEC导则　第3部分：国际标准的结构和起草规则》于1997年出版了第三版。为了适应标准化工作的需要，进一步与ISO/IEC导则和指南体系相协调，促进贸易与交流，有必要调整GB/T 1的结构，建立新的标准化工作导则、指南和编写规则国家标准体系。调整后的结构如前言所述。

本部分是GB/T 1结构调整后修订完成的第一个部分，其他部分和有关标准将在今后陆续制定和修订。

五、范　　围

每一项标准都有其适应范围。在标准范围的描述中，应明确规定标准的对象和所涉及的各方面，指明标准或其特定部分的适用界限。“范围”是规范性一般要素，同时又是一个必备要素。“范围”应位于每项标准的起始位置。

(一)“范围”内容

在“范围”中，要用非常简洁的语言对标准的主要内容做出提要式说明。明确“标准的对象”，并且还要说明“所涉及的各方面”，也就是标准的适用性。在必要时，不仅指明标准的适用界限，还可指明标准所不适用的界限。

“范围”是规范性一般要素，其内容中不应包含要求。任何对标准化对象的技术要求方面的内容，应在标准的“规范性技术要素”的章条中规定，而不应在范围一章中叙述。

(二)范围的表述形式

范围的陈述应使用下列表述形式：

“本标准规定了……的尺寸”、“本标准规定了……的方法”、“本标准规定了……的特征”、“本标准确立了……的系统”、“本标准确立了……的一般原则”、“本标准给出了……的指南”、“本标准界定了……的术语”。

在给出了上述陈述之后，还应给出标准适用性的陈述。如有必要，还可给出标准不适用的范围。标准适用性的陈述一般另起一段，其陈述应由下述引导语引出：“本标准适用于……”。典型用语有：

“本标准适用于……也适用于……”、“本标准适用于……也可参照（参考）使用”、“本标准适用于……不适用于……”。

对限制使用的范围也可另起一段陈述，如：“本标准不适用于……”

在范围一章常常对标准名称中较长的、标准中需重复使用的术语给出简称，以便以后叙述方便。如：

“本标准规定了标志用公共信息图形符号（以下简称图形符号）。”

当标准分部分出版时，应将上述表述中的“本标准……”改为“GB/T ×××××的本部分……”或“本部分……”。

六、引用文件

在标准的编写过程中，当需要给出在其他文件中已经规定的内容时，为避免重复，通常应采用引用这些文件中特定条文的方法。引用文件为可选要素，其目的是使标准的总体结构协调、表述简练以及避免与有关标准相矛盾。

（一）引用文件的范围和原则

引用文件的范围包括：标准、标准化技术指导文件、技术规程、规程、规范、法规、技术法规、指南、技术报告、技术条件等。

在标准中，引用文件应注意以下原则：

1. 一般不重复抄录需引用的具体内容；
2. 引用文件的方式可以注日期，也可不注日期；
3. 不应引用文件的草案和已废止的文件；
4. 应引用上级标准或同级标准，国家标准引用行业标准例外；
5. 可引用国家标准化指导性文件；
6. 特殊情况下国家标准、行业标准可引用国际标准和国际有关文件；
7. 标准中不宜引用的文件：

（1）法律、行政法规、规章和其他政策性文件；

（2）宜在合同中引用的管理制造和过程类文件；

（3）含有专利或限制竞争的专用设计方案或为某个企业所有而参与竞争的其他企业不宜获得的文件。

(二)引用文件的分类

1. 规范性引用文件

规范性引用文件是指标准引用的某文件或文件的条款构成了标准整体不可分割的组成部分,所引用的文件或条款与标准文本中规范性要素具有同等的效力。在使用标准时,遵守标准中规范性内容外,还要遵守标准中规范性引用的其他文件或文件中的条款。

规范性引用文件应在标准的第二章的文件一览表中列出。但不应包括:

(1)不能公开得到的文件;

(2)只是作为资料性的引用文件;

(3)曾在标准编制过程中参考过的文件;

(4)在"术语和定义"一章中,所列术语出自的标准。

2. 资料性引用文件

资料性引用文件是指标准中被提及的方式是资料性的,也就是说,这些文件中的内容并不构成为标准的内容,只是提供一些供参考的信息或资料。使用标准时,并不需要遵守这些文件中的内容。

资料性引用文件在参考文献一览表中列出。标准条款的资料性引用文件须与参考文献相对应。

(三)引用文件的方式

1. 注日期引用

注日期引用是指用标注发布日期(年号)或版次的方式对标准进行引用。注日期引用的文件,只使用所注日期的版本,其以后被修订的新版本(包括修改单,但不包括勘误的内容)中的内容均不适用。

2. 不注日期引用

不注日期引用是指用不标注发布日期(年号)或版次的方式对标准进行引用。不注日期引用所引用的文件无论如何更新,其最新版本适用于引用它的标准。标准中一般不使用不注日期引用文件的方式,只有引用完整的文件或引用标准的某个部分并在满足下列条件之一的情况下,才可不注日期引用文件:

(1)根据标准的目的,可接受所引用文件将来的所有改变;

(2)属于资料性的引用。

(四)标准文本中引用文件的表述

1. 规范性引用文件一章的编写

为了方便使用者,标准中专门设"规范性引用文件"一章,详细列出需要收集的规范性引用文件的清单。规范性引用文件一章所列文件是供标准中的条款使用的,所以应根据条款中的要求来整理。如果标准中有规范性引用的文件,则应在该章中给出所引用的文件一览表,并在一览表前加固定导语。

(1)规范性引用文件的引导语

规范性引用文件一览表应由下述引导语引出：

“下列文件中的条款通过本标准的引用而成为本标准的条款。凡是注日期的引用文件，其随后所有的修改单(不包括勘误的内容)或修订版均不适用于本标准；然而，鼓励根据本标准达成协议的各方研究是否可使用这些文件的最新版本。凡是不注日期的引用文件，其最新版本适用于本标准。”

如果是在某一部分中使用上述引导语，则应将其中的“本标准”改为“本部分”。

(2)在一览表中列出有关文件

对于注日期的引用文件，在规范性引用文件一章所列的一览表中应给出其年号及完整的名称。

对于不注日期的引用文件，在规范性引用文件一章所列的一览表中应给出完整的名称，但不应给出年号。

在规范性引用文件一览表中，当引用的我国标准与国际标准有对应关系时，应在“规范性引用文件”一章所列一览表的我国标准名称后面标出与国际标准的一致性程度。

引用文件一览表排列顺序应为：

①国家标准(按标准号顺序排列)；

②行业标准；

③地方标准(适用于地方标准的编写)；

④国内有关文件；

⑤ISO 标准；

⑥IEC 标准；

⑦ISO、IEC 有关文件；

⑧其他国际标准以及其他国际有关文件。

国家标准、ISO 标准、IEC 标准按标准顺序号排列行业标准，其他国际标准先按标准代号的拉丁字母顺序排列，再按标准号顺序排列。

2. 其他章节引用文件表述

在标准中引用文件的表述可使用下列形式。但任何内容都不应使用页码。

(1)在标准条文中提及标准本身

在一项标准中，如果需要提及标准本身，通常可根据情况使用下面的表述形式：

①“本标准……”；

②“本标准化指导性技术文件……”。

如果标准以多个单独的部分发布，为避免可能发生的混淆，在提及时可使用下列形式：

“TB/T 1528 的本部分，”(仅提及一个部分)；“TB/T 1528”(提及所有部分)。

(2)引用条文

标准中引用具有标识的规范性的内容时，可使用如下形式：

①“按第 4 章的要求”；

②“按 4.1 a)的规定”；

③“按 4.1.1 给出的细节”；

④“见附录 B”；

⑤“参见表 2 的注”；

⑥“参见 6.6.3 的示例 2”。

标准中引用无标识的列项中的某项，则使用如下表述：

“按 4.1 列项中的第二项规定”。

如果需要引用某条中的一个具体的段，则可使用如下表述：

“见 5.6.9.1 的最后一段”；

“按 5.5.9 中第二段的规定”。

(3)引用其他文件

注日期引用文件，针对特定的版本应给出年号及完整名称，例：

①“……按 TB/T 1528.2—2005 铁路信号电源屏　第 2 部分：试验方法进行试验，……”(注日期引用其他标准中的试验)；

②“……遵照 TB/T 1528.4—2002 铁路信号电源屏　第 4 部分：计算机联锁信号电源屏，第 3 章……”(注日期引用其他标准中特定的章)；

③“……按 TB/T 1528.7—2002 铁路信号电源屏　第 7 部分：25 Hz 信号电源屏中表 1 的规定，……”(注日期引用其他标准中特定的表)。

引用国际标准时，应在第二章、有关附录、参考文献一览表引用文件中文名称后面括号标出：国际标准的编号、英文名称(我国标准与国际标准一致时可省略)和一致性程度代号。例：

GB/T 16679—1996 信号与连接的代号 (IEC 1175：1993，IDT)(英文名称与国际标准一致)。

不注日期引用某个文件时，应给出完整的名称，但不给出年号。例：

①“……按 TB/T 1528 铁路信号电源屏规定的……”；

②“……见 GB/T 16679……”。

引用国际标准时，应在第二章、有关附录、参考文献一览表引用文件中文名称后面括号标出：当前最新版本的国家标准编号、对应的国际标准的编号、英文名称(我国标准与国际标准一致时可省略)和一致性程度代号。

（五）引用文件时易出现的错误

1. 重复引用

将引用标准列入一览表中，同时又把具体内容写在标准中，取其一即可。

2. 引用标准有误

(1)引用过时的、作废的标准；

(2)引用标准不适用。

3. 引用关系不清

按规定除国家标准可以引用行业标准外，都只能引用上级标准和同级标准，不能引用下级标准。

4. 引用关系前后不一致

规范性引用文件一览表中引用了某个文件，在标准的正文中未体现该文件。

5. 编排格式

规范性引用文件中所列文件均空两个字起排，回车时顶格排，每个文件之后不加标点符号，所列标准的编号与名称之间空一个字的间隙。

七、术语和定义

术语和定义为可选要素。本章编写的目的是为了帮助标准使用者更好地理解标准中使用的术语和技术内容，避免对其含义的误解。

(一)编写术语和定义注意事项

1. 不具特殊含义的普通词汇不必给出定义；

2. 不应包含要求；

3. 应避免给商品名(品牌名)、旧称和俗语下定义；

4. 在同一领域中标准的术语应一致；

5. 与基础标准的术语不矛盾，不要重复定义；

6. 只定义标准中使用的概念，以及有助于理解这些定义的附加概念及其术语。

(二)术语条目的内容

“术语和定义”一章是由术语条目构成的。典型的术语条目可能由如下一些内容构成：

1. 条目编号；

2. 首选术语；

3. 外文对应词；

4. 许用术语；

5. 符号(包括缩略语、量的符号)；

6. 拒用和被取代术语；

7. 专业领域；

8. 概念定义；

9. 概念的其他表述形式(包括图、公式等)；

10. 参见相关条目；

11. 示例；

12. 注。

其中，条目编号、首选术语、(汉语术语的)外文对应词(少数民族术语的汉语和英语对应词)、概念的定义为必备内容。

术语条目最好按照概念层级进行分类编排。属于一般概念的术语和定义应安排在最前面。

(三)标准中的“术语和定义”章的编写

“术语和定义”一章中,在给出具体的术语之前都应有一段引导语。根据不同的情况,引导语可能会不同。下面给出了针对不同情况的典型引导语:

“下列术语和定义适用于本标准。”

“GB/T ××××中确立的术语和定义适用于本标准。”

“GB/T ××××中确立的术语和定义适用于本标准。为了方便,下面重复列出了 GB/T ××××中的一些术语。”

“GB/T ××××中确立的以及下列术语和定义适用于本标准。”

“GB/T ××××中确立的以及下列术语和定义适用于本标准。为了方便,下面重复列出了 GB/T ××××中的一些术语。”

如果是在某一部分中使用上述引导语,则应将其中的“本标准”改为“本部分”。

例:列车总线上的信息传输 TB/T 3116—2005

3 术语和定义

本标准采用如下定义:

3.1

基本运转单元 basic operating unit

a)设计用于独立运转的单个机车车辆;

b)设计不用于独立运转的两个或两个以上(一种或几种类型)的车辆永久或半永久的组合;

c)与列车总线只有一个公共连接的拖车和/或轨道车辆组合成的车组。

3.2

列车 train

一个或几个基本运转单元的组合。

3.3

多单元列车 multiple unit train

列车由几个编组固定的列车单元组成,在正常运转中组成列车的单元数量可以改变。

注:改写 GB/T 2900.36(811.2.12)

3.4

列车通信网络 tain communication network(TCN)

连接铁道机车车辆车载可编程电子设备的数据通信网络。

[GB/T 2900.36(A.13)]

3.5

列车总线　train bus

连接列车中各机车车辆或基本运转单元的通信总线。

注：改写 GB/T 2900.36(A.1.5)

术语在标准中还可编制成单独的术语标准或部分。任何一项术语标准在正文之后都应有索引，这是术语标准较独特的方面。索引应包括汉语索引（按汉语拼音字母顺序给出）和英文对应词索引。请注意，有些标准中只有这两种索引中的一种，这是不正确的。

按照概念体系编排的多语种术语对照表，应给出每个语种按字母顺序编排的索引；按照所使用的第一语种的术语字母顺序编排的多语种术语对照表，也应给出每个其他语种按字母顺序编排的索引。

八、符号和缩略语

符号和缩略语为可选要素。在编写标准时，常常要使用一些符号或缩略语。为了便于标准的使用者对标准中的某些符号、缩略语有共同的理解，可将它们集中在“符号和缩略语”这一章中进行解释或说明。其表达形式通常为理解标准所必需的符号和缩略语一览表。

（一）符号的编排

符号的前后顺序首先宜按照字母顺序编排。每条“符号”一般不编号，均另起一行空两字编排，在“符号”之后，空一字或者用冒号“：”、破折号“——”相连后，写出其相应的含意。当需要回行编排时，与上行含意的第一个字取齐。

以字母顺序列出符号时，宜遵循以下原则：

1. 大写拉丁字母位于小写拉丁字母之前（V，v，L，l）等；

2. 无角标的字母位于有角标的字母之前，有字母角标的字母位于有数字角标的字母之前（V，V_a，V_1 等）；

3. 希腊字母位于拉丁字母之后（V，z，α，γ 等）；

4. 在为了反映技术准则的需要时，可以用特定的次序列出符号。

例：

2.2　符　　号

v——旅客列车设计行车速度；

h——曲线超高；

R——曲线半径；

T_e——设计锁定轨温；

T_{max}——当地历年最高轨温；

T_{min}——当地历年最低轨温；

ΔT_c——轨道允许温升；

ΔT_d——轨道允许温降；

⋮

(二)缩略语的编排

用字母表述缩略语时，其排序要求与符号的有关规定相同。以汉字表述缩略语时，其排序要求按汉语拼音字母顺序排列。

“缩略语”一般不编号，每条缩略语均另起一行空两字编排。在“缩略语”之后，空一字写出“缩略语”相应的完整词。当需要回行编排时，与上行的第一个字取齐。

例：

1.1　缩略语

ATP(Automatic Train Protection)，列车超速防护系统。

ETCS(European Train Control System)，欧洲列车运行控制系统规范。

ERTMS(European Railway Traffic Management System)，欧洲铁路运输管理系统规范。

CTCS(Chinese Train Control System)，中国列车运行控制系统规范，包括地面子系统和车载子系统。

⋮

九、要　　求

要求是标准中的核心内容，表达应遵守的规定条款，是可选要素。以产品的适用性为目的编写的产品标准一般应包含要求。

在标准中，涉及要求的内容一般包括产品、过程或服务的特性、特性值或指标和试验方法。起草要求时，要把特性、特性值和试验方法三者结合在一起表述，标准中的所有特性，可直接用文字写出来，或以引用方式给出；对于可量化的特性应给出极限值或可选值；而每一项要求一定要提及相应的试验方法。方法可直接用文字写出来，也可以引用现成的方法标准。

(一)要求的表述方法

用文字表示时，应与陈述条款的表述和推荐条款的表述有明显的区别，通常要采用助动词“应”或“不应”，或祈使句。

例如：铁路无人值守机房环境远程监控系统工程设计规范 TB/T 10034—2005，J 454—2005

4.5.1　当监控系统的数据通道采用专线方式时，从告警事件发生至反映到监控中心的时间不应大于10 s。

4.5.2　系统软件和硬件应采取保护措施，保证24 h不间断正常运行。

4.5.3　监控系统的电量测量允许偏差为12%，非电量测量允许偏差为±5%。

要求常常采用的表述方法是列表。表头包括特性、特性值和相应的试验方法(可用章条号或标准号代表)。

例:铁路沿线斜坡柔性安全防护网 TB/T 3089—2004

表3 减压环最小变形能吸收能力及启动荷载

减压环型号	GS-8000	GS-8001	GS-8002
能量吸收能力 kJ	≥30	≥50	≥110
启动荷载 kN	17～57.5	30～95	47～142

(二)数值的选择

技术要求中尽量用数值定量的表示特性值,避免使用“具有足够的强度”、“一定长度”之类的词语。可量化特性所要求的值有:

1. 极限值

对于某些产品、过程和服务,规定了特性的极限值,如最大值和(或)最小值。通常每个特性只规定一个极限值。当有多个广泛使用的类型或等级时,则一个特性需要根据不同的用途,规定不同的极限值,但是每个极限值应与适用的用途一一对应。

2. 可选值

对于某些用途,特别是为了品种控制和接口的需要,产品需要的数值可以从多个值或多个数系中选择。适用时,也可以从优先数值,模数制或其他决定性因素中选择。例如:从紧固件的尺寸系列,轴的直径系列等专门规定可选值的标准中选择。

3. 由供方确定的数值

在“数据待定的标准”中只列出特性,不给出特性值。具体数值需要进一步明确,通常由供方或需方明确。

例如:对于一些车载设备,标准中不必具体规定设备的尺寸,但明确列出尺寸的可选范围或要求。供方应给出符合限定范围或要求的设备尺寸。

例如:铁道机车车辆电子装置 TB/T 3021—2001

5.1.3 人机交互单元的机械尺寸和安装方式不应影响司机对前方的瞭望。

对于健康和安全的要求,标准中应明确规定特性值,不允许采用数据待定的做法。

编写这种数据待定的标准时,要特别注意虽然标准中不规定具体的特性值,但其测试方法仍应规定,特性值在何处明示应予以说明。

(三)注意事项

1. 要求宜单列一章,如与“试验方法”合为一章,章的名称应改为“要求和试验方法”。

2. 具体标准的指标不应低于相应通用要求或基本技术要求中的规定。

3. 对不直接影响产品使用性能等方面的内容,一般不列入该章。

4. 无法测量的指标不应规定,对于可测量,但费用过高、时间过长或对产品具有破坏性的指标，应注意其合理性。

5. 不应包括索赔、担保、费用结算、价格之类的契约要求。

6. 确定技术内容时应注意与相关的法律、法规及文件相协调。

7. 产品标准的内容不但要适应生产的需要，更要适应贸易的需要。

十、抽　　样

抽样（亦称采样、取样等），是指按规定方法从某一批成品中取出一小部分，作为“试验样品”送到实验室供测试用的过程。抽样是可选要素，不是每个产品标准都要有抽样，需要时才设这一章。

抽样可以与试验方法合并，并编排在试验方法的起始位置。根据需要，抽样的内容可包括：抽样（采样、取样等）的条件、方法、样品的数量和保存的方法等。

抽样检验原则：

1. 对于同批次产品数量较多、质量差异较小，或检验成品较为昂贵且检验过程有破坏性时，适于采用抽样检验。但所抽样品应具有代表性。

2. 对于产品缺陷可能造成严重后果，或小批量产品，适于采用全数检验。

编写抽样的具体内容之前，首先应对现成的或类似的标准进行研究，充分利用这些标准中的相关内容，常常可以提高编写的效率。

例：铁路沿线斜坡柔性安全防护网 TB/T 3089—2004

7.1.2　组批、试样数量与判定：防护网出厂检验按批进行，每批不应超过200张，外观应逐个进行检验，尺寸应每批随机抽取3个实物试样进行检验，力学性能应制作3个试样进行检验；减压环出厂检验按批进行，每批不应超过1 000个，随机抽取2个减压环（即为试样）进行力学性能检验。所有检验项目均符合本标准规定时，则判定该批（外观为个）产品为合格。

十一、试验方法

试验方法为可选要素，它规定了要求中可量化特性的标准化的试验方法，以及与测定特性值、检查是否符合要求和保证结果的再现性有关的所有细节。如果适合应指明试验是型式（定型）试验、常规试验还是抽样试验等等。以便使用者了解如何判定产品是否符合要求。试验方法与要求和抽样相互关联，在编写标准时，可对试验方法作如下处理：

1. 内容较少时，可并入要素“要求”中；

2. 内容较多时可作为单独的章、附录或标准的单独部分；

3. 当试验方法有可能被若干其他标准所引用时，可作为单独的标准。

有关试验方法的细节可按下列顺序给出：

(1)原理；

(2)试剂或材料；

(3)装置;

(4)试样和试件的制备和保存;

(5)程序;

(6)结果的表述,包括计算方法以及测试方法的精密度;

(7)试验报告。

编写试验方法应注意的事项:

(1)测定特性值时需要有测定程序,给出详细的操作步骤;

(2)检查是否符合要求需要有数据,给出结果的计算方法;

(3)试验方法如涉及安全,给出警示内容;

(4)各项试验的先后顺序可能对结果造成影响时,应在标准中予以规定;

(5)在标准中应规定试验须用的仪器和设备的精度和等级,但不能规定生产厂家;

(6)量、计量单位及其表述根据,要符合 GB/T 20001.4—2001 的规定;

(7)尽可能给出试验方法的准确度、精密度、正确度,也可以用允许差表示;

(8)给出分析结果的有效位数,包括不同操作步骤中的有效位数,以保证分析结果的精度。

例:机车车辆电气设备电磁兼容性试验及其限值 TB/T 3034—2002

8. 抗扰度试验和限值

本标准涵盖的抗扰度试验和限值是按各个端口给出的。

要确保整个机车车辆的抗扰度,限值应适用设备所有相关设备。

试验应在定义明确和可重复的方式下进行。

试验应逐个单独进行,试验顺序随意。

试验说明、试验设备、试验方法和试验设置在表 7～表 9 所指的基础标准中给出。

基础标准在此不作重复,本标准给出了实际应用所需的修改或附加信息。

表 7 蓄电池参考端口(除能源输出端外),**交流辅助电源输入端口**(额定电压不大于 400 Vrms)

环境现象	基础标准	试验等级	判据	备注
电快速瞬变脉冲群	GB/T 17626.4	2 kV 5/50 ns Tr/Th 5 kHz 重复频率	A	见注 1
浪涌	GB/T 17626.5	2 kV 波形	B	
射频场感应的传导骚扰	GB/T 17626.6	3 Vrms(载波电压) 150 kHz～80 MHz 1 kHz,80%AM 源阻抗:150 Ω	A	见注 2
电压暂降、短时中断和电压变化	TB/T 3021:2001	参见 TB/T 3021:2001	A	
注 1:直接耦合,正负极化。				
注 2:电缆直接通过车体时(如:列车通信),应使用 10 Vrms 的严酷等级。				

注:上例中表 8、表 9 省略。

十二、质量评定程序或检验规则

质量评定程序或检验规则为可选要素，规定了产品（包括硬件产品和软件产品）的检验项目、检验方法，以及如何评价该产品的质量等的标准规则。使得产品供需双方可以在一个合理框架下对其质量进行认定。

（一）检验分类

根据行业和产品的特点，可以有不同的组合。一般将其中的出厂检验或质量一致性检验定为必选项，其余为任选项。例如可分为：出厂检验和型式检验。

（二）检验项目

根据选定的检验类别，分别确定需进行的检验项目。

（三）组批规则和抽样方案

根据产品的特点及供需双方承担的风险，确定组批规则包括组批条件、批量、组批时机、组批方法等。根据产品的特点及供需双方承担的风险，确定抽样方案。

具体应根据有关要素内容来确定。如：检查水平(IL)、合格质量水平(AQL)、不合格分类等。

（四）抽样、取样、采样

从一大批成品中取出一小部分作为“实验室样品”供测试的过程。有现成的抽样标准，可直接引用。

（五）判定规则和复验规则

对每一类检验均应规定判定规则，即判定产品合格或不合格的条件。必要时可对不合格批再次提交检验并规定复验规则，如允许复验的项目、条件、次数及复验结果的综合判定等。

（六）编写注意事项

1. 应根据编制标准的目的及需要选取该要素；

2. 宜单独编写“检验规则（质量评定程序）”，如需要和“试验方法”合为一章时，章的名称应改为“试验方法和检验规则（质量评定程序）”；

3. 检验规则（质量评定程序）内容的规定应科学合理，既要保证判定的准确性，又要力求降低检验费用。

例：铁路通信产品检验规则　总则 TB/T 2463.1—2002

5　检验分类

产品检验分为出厂检验、型式检验。

5.1　出厂检验（或称常规检验、交付检验、交收检验）是指正式生产的产品在出厂前进行的最终的质量检验。

5.1.1　当产品生产情况为连续批时，可采取逐批检验，以合格质量水平为质量指标的计数一次抽样方案及抽样程序（以下称逐批抽样检验）。

5.1.2　当产品生产情况为孤立批时，采取以小批（批量为10～250个单位产品）不合格品率为质量指标的计数一次抽样方案及抽样程序(以下称小批抽样检验)。

5.2 型式检验是根据型式试验的项目和结果而对产品的各项质量特性进行的全面检验,一般指在下列情况下进行的检验:

a)产品试制完成后的试制定型检查;

b)经常生产的产品,每两年进行一次的周期检查;

c)产品生产所用原材料、元部件及生产设备、工艺、管理等有重大变更(包括人员的调整);

d)产品停产两年以上再生产时。

十三、分类和标记

分类和标记为可选要素,它可为符合规定要求的产品、过程或服务建立一个分类、标记和(或)编码体系。为了方便起见,该要素也可并入要素"要求"。

例:铁路通信产品检验规则 总则 TB/T 2463.1—2002

4 被检验产品分类

被检验产品分为总机、端机类产品,分机、附属设备类产品,无线设备类产品。

4.1 总机、端机类产品为有线通信产品中的总机类和端机类产品。例如:会议总机,调度、养路、区段总机,多路载波端机,光端机,数字端机,载波电报机等。此类产品生产批量一般在20台左右。

4.2 分机、附属设备类产品为有线通信产品中的增音机类、通信电源类和分机类产品。例如会议、调度、区段分机,电话集中机,增音机,中继器,电源箱等。此类产品生产批量一般在20台以上。

4.3 无线设备类产品为无线通信类产品。

十四、标志、标签和包装

标志、标签和包装是可选要素,该要素可规定如何标注产品的标志(例如生产者或销售商的商标;型式或型号)。该要素可包含对产品的标签和(或)包装的要求,例如:

1. 储运说明,如对温度、湿度及振动等的要求,对运输方式的要求等;

2. 危险警告,如易碎、严禁倒置等;

3. 生产者名称和地址、生产日期等。

编写时注意事项:

(1)所规定的标志符号应符合有关国家标准或行业标准的规定;

(2)在产品标志中不应涉及合格标志,因为合格标志的使用规则,通常要遵守认证体系的规定(见 ISO/IEC 指南 23);

(3)在产品标志中也不宜提及标准机构,它可能会引起消费者误解,误认为该产品已由标准机构认可(见 GB/T 14237—1993)。

十五、附　　录

附录是标准层次的表现形式之一，是可选要素。附录分为两种，一种是“规范性附录”，另一种是“资料性附录”。

（一）正文与附录的对应关系

在编写标准时，为使正文结构紧凑、便于阅读，通常将适合编入附录的内容放到附录中陈述。因此，附录不是孤立存在的，它和标准的正文是紧密联系的。标准中的任何一个附录都应在正文中明确的提及（如：见附录 A1）。

（二）附录性质的明确

在编写标准时，应明确附录的性质。让标准使用者能够迅速区分出哪个附录或哪几个附录是他在使用标准时应遵守的，哪些附录是供参考的。为此，在具体标准中应从下面几个方面对附录的性质加以明确：

1. 通过条文中提及时的措辞方式；

2. 在前言中陈述附录的性质；

3. 在目次中列出附录时应在附录标识后的圆括号中标明其性质；

4. 在附录的编号下在圆括号中标明附录的性质。

（三）附录的编写

每一个附录的前三行内容分别为：附录编号；附录类型；附录名称。附录编号由文字“附录”及随后表明附录顺序的大写拉丁字母组成，字母由“A”开始。附录的先后次序应按条文中提及附录的顺序编排。当只有一个附录时仍应标为“附录 A”。第二行应注明附录的类型，即“（规范性附录）”或“（资料性附录）”。第三行为附录标题。每个附录都要设标题，以标明附录规定或陈述的具体内容。

附录中的章、条、图、表和数学公式的编号前均应加上表明该附录顺序的字母，字母后跟下脚点。每个附录章的编号应重新从 1 开始。例如，附录中的章用“A. 1”，“A. 2”，“A. 3”等表示。每个附录中的图、表也应重新从 1 开始编号。

例：

附　录　D

（资料性附录）

自定义数据的选用

D. 1　R_1 报文的第 64～120 字节（共 57 字节），R_2 报文的第 65～120 字节（共 56 字节）、R_3 报文的第 39、40 字节（共 2 字节）留给用户根据不同车型自行定义所需传送的数据。

D. 2　车型主要分四种：

(1)电力牵引：包括 1e 直流传动和 2 交流传动；

(2)内燃牵引：包括 1 直流传动、2 交流传动和 3 液力传动；

(3)动力集中型列车中的拖车。它可与1或2组成列车；

(4)倾摆列车。它可与上述3种车型组成列车。

D.3　R_1报文中的第47字节指明车辆的性质，1e、1、2、3以及拖车，同一列车中的动车(或拖车)应有相同的定义。

十六、参考文献和索引

参考文献和索引均为可选要素。其目的是为了方便标准使用者理解和掌握标准的内容。

(一)参考文献

参考文献为可选要素。它将标准中资料性引用的文件列出，并放在附录之后。它是不同于附录的一个独立的资料性补充要素。

参考文献的起草应遵照GB/T 7714的有关规定。如果参考文献有网络文本，应提供识别和查询出处的充分的信息。如：查询文件的方法和完整的网址，并且应使用与源文件完全相同的标点符号和大小写字母。参考文献中引用原文时应直接使用原文，无需将原文进行翻译后列出。

如果参考文献中涉及的我国标准与国际标准有一致性程度，则也应在我国标准名称后标明一致性程度，并加圆括号。

例：标准编写规则 GB/T 20001.3—2001

参考文献

[1]GB/T 17710　数据处理　校验码系统(idt ISO 7064)

[2]赵艳华．信息分类编码标准化．北京：中国标准出版社，1989.

(二)索引

索引为可选要素。如果需要索引，则应作为标准最后一个要素。请注意，索引不是资料性附录，它是不同于附录的一个独立的资料性补充要素。

在编写标准的索引时，要注意索引不能和正文章条次序或编号次序相一致。中文索引应以汉语拼音字母顺序排列；英文索引应以拉丁字母顺序排列。

十七、常见一般要素的表示规则

(一)数和数值的表示

1.小数值的表示

小数点符号为“.”。

小于1的数值写成小数形式时，应在小数点符号左侧补零，如：0.001。

对于任何数，应从小数点符号起，向左或向右每3位数字一组，组间空1/4个字的间隙，但年号的四位数除外。

如：23 456、2 345、2.345、2.340 6、2.345 67，年号为2000年。

2. 为了清晰起见，数和数值相乘应使用乘号“×”，而不使用圆点。

如：写作 1.8×10（不写作 1.8·10）。

3. 表示非物理量的数（相对物理量的数值而言），数字一至九宜用汉字“一”、“二”、“三”等表示，大于九的数字一般用阿拉伯数字表示。

示例 1：“用五根 5 m 长的管子进行试验”；

示例 2：“再选 15 根管子进行压力试验”。

4. 表示物理量的数值，应使用后跟法定计量单位符号

可参见 GB 3100、GB 3102、GB/T 13394、GB/T 14559 和 IEC 60027 的阿拉伯数字。

（二）量、单位、符号

应使用 GB 3101，GB 3102 规定的法定计量单位。只要可能，就应从 GB 3101，GB 3102，GB/T 13394，GB/T 14559 和 IEC 60027 中选择量的符号。详细应用指南见 GB 3100。

表示量值时，应写出其单位。如：

1. 分（min）、小时（h）、天（d）、度（°）、分（′）、秒（″）、升（L）、吨（t）、电子伏（eV）和原子质量单位（u）；

2. 奈培（Np）、贝尔（B）、宋（sone）、方（phon）和倍频程（Oct）；

3. 波特（Bd）、比特（bit）、厄兰（E）、哈特莱（Hart）、信息量自然单位（nat）、香农（Sh）、乏（var）。

度、分和秒（平面角度）的单位符号应紧跟数值后，所有其他单位符号前应空四分之一个字的间隙。例如 5°6′7″。

数学符号应遵照 GB 3102.11—1993 的规定。

在表示单位和符号时应避免下列情况：

1. 不要将单位的符号和名称混在一起使用。例如，写作“千米每小时”或“km/h”，而不写作“每小时 km”或“千米/小时”。

2. 不要使用非标准化的缩略语表示单位，例如“sec”（代替秒“s”），“Lit”（代替升“L”），“amps”（代替安培“A”）等。

3. 不应通过增加下标或其他信息修改标准化的单位符号。例如，写作：

“U_{max}=500 V”而不写作“U=500 V_{max}”

4. “质量分数为 5%”而不写作“5%（m/m）”，“体积分数为 7%”而不写作“7%（V/V）”。

5. 不要将信息与单位符号相混。例如，“含水量 20 mL/kg”而不写作“20 mLH_2O/kg”或“20 mL 水/kg”。

6. 不应使用诸如“ppm”、“pphm”和“ppb”之类的缩略语。这些缩略语在不同的语种中含义不同，可能会产生混淆。它们只代替数字，所以用数字表示则更清楚。例如，写作：

“质量分数为 4.2 pg/g”或“质量分数为 4.2×10^{-6}”，而不写作“质量分数为 4.2 ppm”，“相对不确定度为 5.6×10^{-5}”而不写作“相对不确定度为 6.7 ppb”。

7. 两个或更多的物理量不能相加或相减，除非它们属于相互可比较的同一类量。因此，诸如 230 V±5% 这种表示相对误差的方法不符合代数学的基本规则。可用下述表示方法代替：

"230×(1±5%)V"；

"230×(1±0.05)V"；

"230 V，具有±5%的相对误差"。

8. 如果需要指定底数，在公式中不写作"log"，写作"lg"，"ln"或"$\log_a$"。

9. 使用 GB 3102.11—1993 中推荐的数学标志和符号，例如：是"tan"而不是"tg"。

（三）数学公式

1. 公式的类型

在量关系式和数值关系式之间应首选前者。公式应以正确的数学形式表示，由字母符号表示的变量，应随公式对其含义进行解释，但已在"符号和缩略语"一章中列出的字母符号除外。公式不应以量的描述性术语或名称的形式表示。应遵照示例 1 所示的量关系式的式样。

示例 1：

$$v=\frac{l}{t}$$

式中：

v——一个匀速运动质点的速度；

l——运行距离；

t——时间间隔。

在特殊情况下，如果使用数值关系式，应遵照示例 2 所示式样。

示例 2：

$$v=3.6\times\frac{l}{t}$$

式中：

v——一个匀速运动质点的速度的数值，单位为千米每小时(km/h)；

l——运行距离的数值，单位为米(m)；

t——时间间隔的数值，单位为秒(s)。

一项标准中同一符号绝不应既表示一个物理量，又表示其对应的数值。

在曲线图的坐标轴上和表的表头中尤其适合使用如 F 数值表示法：

$\frac{v}{\mathrm{km/h}}$、$\frac{l}{\mathrm{m}}$和$\frac{t}{\mathrm{s}}$或 $v/(\mathrm{km/h})$、l/m 和 t/s

2. 表示

应尽可能避免使用多于一个层次的上标或下标符号，同样还应避免使用多于两行的符号和公式。

示例 1：$D_{1\max}$，优于 $D_{1_{\max}}$。

示例 2：在条文中，a/b 优于$\dfrac{a}{b}$。

示例 3：在公式中，使用

$$\frac{\sin[(2\pi+1)t+\varphi/2]\sin(\pi t/2)}{\cos(\varphi/2)}$$

而不使用

$$\frac{\sin[(2\pi+1)t+\dfrac{\varphi}{2}]\sin(\dfrac{\pi t}{2})}{\cos(\dfrac{\varphi}{2})}$$

3. 编号

如果为了便于引用，需要对标准中的公式进行编号，则应使用从 1 开始的带圆括号的阿拉伯数字，例如：

$$f(x)=\sum_{n\to\infty}\frac{1}{n}x^{-n} \quad \cdots\cdots\cdots\cdots \quad (1)$$

公式的编号应是连续的。并与章、条、图和表的编号无关。

(四)尺寸和公差的表示

尺寸和公差应以无歧义的方式表示：

示例 1：80 mm×25 mm×50 mm(不写作 80×25×50 mm)。

示例 2：80 μF±2 μF 或(80±2)μF(不写作 80±2 μF)。

示例 3：80^{+25}_{-20} mm，但$80^{+25}_{\ 0}$ mm 不能写作80^{+25}_{-0} mm。

示例 4：10 kPa～12 kPa(不写作 10～12 kPa)。

百分数的公差正确的数学表示形式：

用“63%～67%”表示范围；用“(65±2)%”表示带有公差的中心值(不应使用“65±2%”的形式)。

(五)图

1. 用法

在编写标准时，为便于对标准内容的理解，常常用图示法。用图表示信息时应注意：

(1)每幅图在条文中均应明确提及。

(2)只允许对图进行一个层次的细分。例如，图 1 可分成 a)、b)、c)等。

(3)每幅图均应有编号。图的编号由“图”和从 1 开始的阿拉伯数字组成，例如“图 1”、“图 2”等。图的编号应一直连续到附录之前，并与章、条和表的编号无关。只有一幅图时，仍应标为“图 1”。附录中图的编号应重新从 1 开始，编号前应加上附录编号中表明顺序的字母，字母后跟下脚点。例如：附录 A 中的图用“图 A. 1”，“图 A. 2”等表示。

(4)图题即图的名称。每幅图宜有图题，并置于图的编号之后。标准中有无图题应统一。

图的编号和图题应置于图下方的居中位置。

(5)在一般情况下，图中用来表示角度或线性量的字母符号应符合 GB 3102.1 的规定，必要时，可使用下标区分给定符号的不同用途。

图中表示各种长度时使用符号系列 l_1、l_2、l_3 等，而不使用诸如 A、B、C 或 a、b、c 等符号。

图中的字体应符合 GB/T 14691 的规定。斜体字应用于：

① 代表量的符号；

② 代表量的下标符号；

③ 代表数的符号。

所有其他字母均应使用正体。

只要可能，建议在图中用零部件序号(见 GB/T 4458.2)代替文字说明。

(6)图注应区别于条文的注。图注应置于图题之上，并位于图的脚注之前(见以下示例)。图中只有一个注时，应在注的第一行文字前标明“注：”。同一幅图中有多个注时，应标明“注 1：”，“注 2：”，“注 3：”等。每幅图的图注应单独编号。

图注不应包含要求。关于图内容的任何要求应作为条文、图的脚注或图和图题之间的段给出。

(7)图的脚注应区别于条文的脚注。图的脚注应置于图题之上，并紧跟图注。

图的脚注应由上标形式的从“a”开始的小写拉丁字母编号。在图中需注释的位置应以相同的上标形式的小写拉丁字母标明脚注。每幅图的脚注应单独编号，图的脚注可包含要求。因此，当起草图的脚注时，应使用适当的助动词，以明确区分不同类型的条款。

图 4-2 所示为标准中图的示例。

2. 技术图样

技术图样应按照下列标准绘制：

GB/T 131　机械制图表面粗糙度符号、代号及其注法(eqv ISO 1302)；

GB/T 1182　形状和位置公差通则、定义、符号和图样表示法(eqv ISO 1101)；

GB/T 4158.2　机械制图装配图中零、部件的序号及其编排方法(eqv ISO 6433)；

GB/T 4458.4　机械制图尺寸注法(eqv ISO 129)；

GB/T 4458. 5　机械制图尺寸公差与配合注法(eqv ISO 406)；

GB/T 6988(所有部分)　电气技术用文件的编制(idt IEC 1082)；

GB/T 14689　技术制图图纸幅面和格式(eqv ISO 5457)；

GB/T 14690　技术制图比例(eqv ISO 5455)；

GB/T 14691　技术制图字体(eqv ISO 3098-1)；

GB/T 16679　信号与连接线的代号(idt IEC 1175)；

GB/T 17450　技术制图Ⅲ线(neq ISO 128-20)；

GB/T 1.7451　技术制图图样画法视图(eqv ISO 128-30)；

GB/T 17452　技术制图图样画法剖视图和断面图(eqv ISO 128-40)；

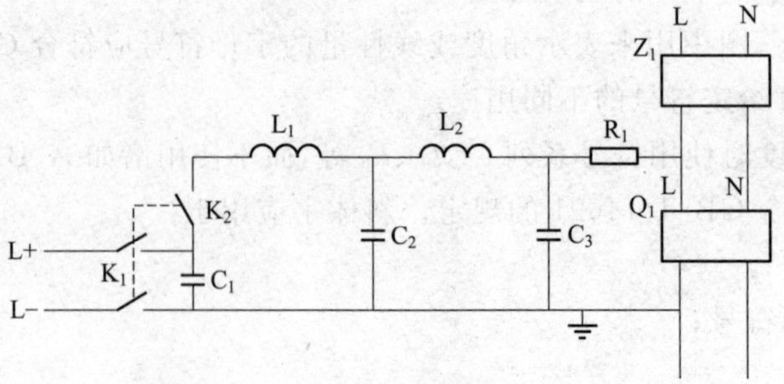

元件：

C_1——电容器 0.5 μF；

C_2——电容器 6 800 pF；

C_3——电容器 6 800 pF；

L_1——电感器 50 nH；

L_2——电感器 50 nH；

R_1——电阻器 50 Ω。

引线和电源：

L+——直流电源正；

L−——直流电源负；

L、N——交流信号引入端。

图 4-2　标准中图的示例

GB/T 17453　技术制图图样画法剖面区域的表示法(eqv ISO 128-50)；

IEC 61346(所有部分)　工业系统、装置和设备以及工业产品——结构原则和检索代号。

设备用图形符号应符合 GB/T 5465.2,GB/T 16273 和其他有关标准的规定。

3. 简图

简图,诸如电路图和接线图(例如试验电路),应按照 GB/T 6988 绘制。用于简图的图形符号应符合 GB/T 4728 和其他有关标准的规定。检索代号和信号代号应分别遵照 IEC 61346 和 GB/T 16679 的规定。

(六)表

1. 用法

表是一种比较简洁明了的表述方法。在标准中,如果表提供信息更有利于对内容的理解,则宜使用表。每个表在条文中均应明确提及,不允许表中有表,也不允许将表再分为次级表。

2. 编号

每个表均应有编号。表的编号由“表”和从 1 开始的阿拉伯数字组成,例如“表 1”、“表 2”等。表的编号应一直连续到附录之前,并与章、条和图的编号无关。只有一个表时,仍应标为“表 1”。附录中表的编号应重新从 1 开始,编号前应加上附录编号中表明顺序的字母,字母后跟下脚点。例如:附录 A 中的表用“表 A.1”,“表 A.2”等表示。

3. 表题

表题即表的名称。每个表宜有表题,并置于表的编号之后。标准中有无表题应统一。

表的编号和表题应置于表上方的居中位置。

4. 表头

某栏中使用的单位一般应标在该栏表头的名称之下。如果表中所有单位均相同，应在表的右上方用一句适当的陈述（例如“单位为毫米”）代替各栏中的单位。

5. 表的接排

如某个表需要转页接排，在随后的各页也应重复表的编号。编号后跟表题（可省略）和“（续）”，如：表 1（续）。续表均应重复表头和关于单位的陈述。

6. 表注

表注应区别于条文的注。表注应置于表中，并位于表的脚注之前（见以下示例）。表中只有一个注时，应在注的第一行文字前标明“注：”。同一个表中有多个注时，应标明“注 1：”、“注 2：”等。每个表的表注应单独编号。

表注不应包含要求。关于表的内容的任何要求应作为条文、表的脚注或表中的段给出。

7. 表的脚注

表的脚注应区别于条文的脚注。表的脚注应置于表中，并紧跟表注，如图 4-3 所示。表的脚注应由上标形式的从“a”开始的小写拉丁字母编号。在表中需注释的位置应以相同的上标形式的小写拉丁字母标明脚注。每个表的脚注应单独编号。

表的脚注可包含要求。因此，当起草表的脚注的内容时，应使用前述的适当助动词，以明确区分不同类型的条款。

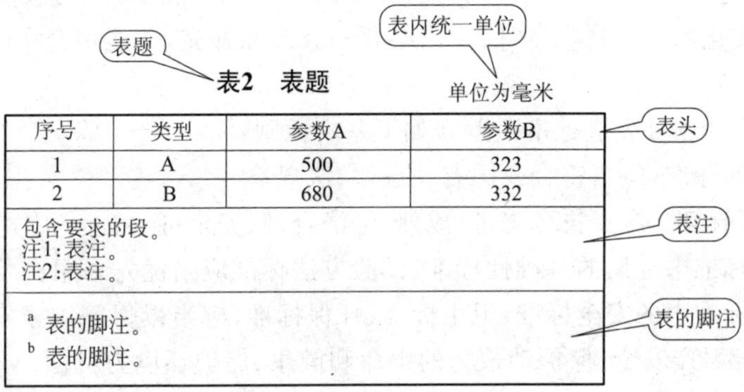

图 4-3　标准中表的示例

（七）标准的终结线

在标准的最后一个要素之后，应有标准的终结线“______”。

第五节　采用国际标准的原则与方法

随着全球国际化倾向日益增加，产品、技术以及信息的相互交流与交换越来越频繁，竞争的全球化和区域经济的一体化的迅速发展，对国际标准的需求会不断增长，标准的国际化、采用国际标准，将成为全球普遍发展的趋势。所谓采用国际标准是指将国际标准的内容，经过分析研究和试验验证，等同或修改转化为我国标准（包括国家标准、行业标准、地方标准和企业标准，下同），并按我国标准审批发布程序审批发布。

我国采用国外标准主要有两类：国际标准和国外先进标准。所谓国际标准指国际标准化组织（ISO）、国际电工委员会（IEC）和国际电信联盟（ITU）的标准，以及国际标准化组织确认并公布的其他国际组织制定的标准。国际标准化组织确认并公布的其他国际组织目录参见《采用国际标准管理办法》。国外先进标准指未经国际标准化组织确认并公布的其他一些在国际上较权威的组织或机构的标准、发达国家的国家标准、区域性组织的标准、国际上有权威的团体标准和企业（公司）标准中的先进标准。国外先进标准的具体界定只能依靠技术专家从实际中去判断，这些标准应能代表着国际的先进技术水平。

一、采用国际标准和国外先进标准的基本原则

凡是符合我国国情，有利于提高信息化工作质量，保护国家利益的国际标准和国外先进标准，在条件具备的情况下都应该尽可能地采用，使其为我国信息技术标准化工作服务，促进我国技术进步，提高我国企业的国际竞争力。但国际标准和国外先进标准的采用必须结合我国技术发展的实际情况，不切实际地一味照搬不仅不能促进技术进步反而会扼杀我国自主技术发展的萌芽，也会造成经济上的浪费。因此，在采用国际标准和国外先进标准时，应该考虑我国的地理、气候、文化和基本技术条件，作出必要的修改和补充，才能切合实际地采用国际标准和国外先进标准。

采用国际标准和国外先进标准应遵守如下基本原则：

1. 采用的国际标准，应当符合我国有关法律、法规；

2. 采用的国际标准，应当技术先进、成熟、经济合理、安全可靠；

3. 对于国际标准中通用的基础性标准、试验方法标准应当优先采用；

4. 采用国际标准中的安全标准、卫生标准、环保标准，应当以保障国家安全、防止欺骗、保护人体健康和人身财产安全、保护动植物的生命和健康、保护环境为目标；

5. 采用国际标准时，应当尽可能等同采用国际标准。由于基本气候、地理因素或者基本的技术问题等原因对国际标准进行修改时，应当将与国际标准的差异控制在合理的、必要的范围之内；

6. 对于某一项具体的标准，应尽可能采用一个国际标准。当必须采用几个国际标准时，应当说明该标准与所采用的国际标准的对应关系；

7. 在制定我国标准时，如采用国际标准，应当尽可能与相应国际标准的制定同步，必要时可以采用标准制定的快速程序；

8. 采用国际标准，应当同我国的技术引进、企业的技术创新、新产品开发、老产品改进相

结合；

9. 企业为了提高产品质量和技术水平，提高产品在国际市场上的竞争力，对于没有相应的国际标准或者国际标准不适用时，可以采用国外先进标准。

二、采用国际标准和国外先进标准的方法

国家标准是否采用了国际标准可以用其与国际标准的一致性程度来区别。国家标准与国际标准的一致性程度分为三种：等同、修改和非等效。与国际标准的一致性程度为“等同”和“修改”的国家标准被视为采用了国际标准，而与国际标准的一致性程度为“非等效”程度的国家标准不被视为采用了国际标准，仅表明该国家标准与国际标准有对应关系。“等同”、“修改”和“非等同”的含义如下：

（一）等同（identical）

“等同”的含义是：国家标准等同于国际标准，仅有或没有编辑性修改。可见“等同”程度分为如下两种情况：

(1)国家标准与国际标准在技术内容和文本结构方面完全相同；

(2)国家标准与国际标准在技术内容上相同，但包含小的编辑性修改。

由于许多国际标准是在西方发达国家或集团的标准基础上建立起来的，且所用语言也都是西方国家的语言。因此，情况(1)大多出现在西方国家。这些国家在采用国际标准时，基本不用做编辑性修改，通常采用签署认可法、封面法和重新印刷法。我国标准需以汉语书写，再翻译国际标准时需以我国的习惯表述，因此，不可避免地要进行一些编辑性修改。所以，我国标准等同采用国际标准通常属于情况2。

编辑性修改是指不改变标准技术的内容的修改。如纠正排版或印刷错误；标点符号的改变；增加不改变技术内容的说明、指示，等等。编辑性修改主要包括两个方面：

1. 对资料性概述要素的修改

资料性概述要素主要包括：封面、目次、前言和引言。在采用国际标准时，为使这些要素符合我国的规范和习惯，通常要删除原国际标准的这部分内容，进行重新编写。

2. 文字性修改

为使原国际标准的文字表述符合我国的规范和习惯，对原标准中的标准名称、数的表示方法、量的单位（换算方法）以及文字错误等进行修改和说明。

对于“等同”的国家标准和国际标准，如果符合了国家标准的技术性规范要求，就可以认为符合了对应的国际标准，反之亦然。这就是所谓“反之亦然原则”。

我国国家标准等同采用国际标准的编号方法是国家标准编号与国际标准编号结合在一起的双编号方式。具体编号方法为将国家标准编号和国际标准编号排为一行，两者之间用一斜杠分开。如：GB/T ×××××—2002/ISO 13616：1996。（注：此编号中国家标准编号和国际标准编号都应是注日期的。）

(二)修改(modified)

“修改”的含义是:国家标准与国际标准之间允许存在技术性差异,这些差异应清楚地标明并给出解释。

在采用国际标准时,如果对其技术内容进行了增、减或修改,就会造成与国际标准相比国家标准的技术性要求或是提高或是降低,内容或是增多或是减少。但这些技术性差异只要被明确指出并加以说明,就可视为“修改”。如果没有被清楚地标明,即便是只有一、两个这样的差异,国家标准与国际标准的一致性程度也不能是“修改”。

注意,“修改”与原“等效(equivalent)”在程度上是有差别的。原“等效”程度的含义是:主要技术内容相同,技术上只有很小差异,编写方法不完全相对应。尽管ISO/IEC指南21:1981对“小的技术差异”作了定义,即:国家标准与国际标准之间的小的技术差异是指,一种技术上的差异在国家标准中不得不用,而在国际标准中也可被接受,反之亦然。但在采用国际标准的实际操作中,由于标准编写人员对“等效”程度的理解和所掌握的尺度不一,还是很难掌握“小的技术差异”的界定和技术差异大小的区分,造成了与国际标准“等效”的标准在技术内容的差异上大小不一,且技术差异由于没有被指明而不易识别,不利于标准间的比较和相互认可。

很显然,与国际标准一致性程度为“修改”的国家标准与对应国际标准存在技术差异,符合该国家标准不表明符合对应的国际标准。即“反之亦然原则”不适用。

(三)非等效(not equivalent)

“非等效”的含义是指国家标准与相应国际标准在技术内容和文本结构上不同,同时它们之间的差异也没有被清楚地指明。“非等效”还包括在国家标准中只保留了少量或不重要的国际标准条款的情况。

“非等效”与“修改”最重要的区分标志就是技术性差异或结构的变化是否被清楚地指明,即便国家标准与国际标准仅有一点技术性差异,但若不指明也只能属于“非等效”。此外,如果国家标准与国际标准的技术性差异太大,以至国家标准仅保留了国际标准中少量或不重要的条款,那么无论技术性差异或结构的变化是否被清楚地指明,都只能属于“非等效”。

新“非等效”与旧“非等效”的含义有所不同。旧“非等效”的含义是:技术内容有重大差异。ISO/IEC指南21:1981对“重大的技术差异”作了定义,即(国家标准与国际标准间)重大的技术差异指在国际标准中可以接受的技术内容而在国家标准中不能接受,或者在国家标准中可以接受的技术内容而在国际标准中不能接受,这样的技术内容上的不同。但实际操作中仍难以准确把握。新“非等效”的含义更加明确,只采纳国际标准的少量条款或不重要的条款都属于“非等效”,有技术性差异或结构变化而未指明也属于“非等效”。

与国际标准一致性程度为新“非等效”的国家标准不属于采用国际标准的范畴。

三、采用国际标准的方法

（一）翻译法

以“等同”程度采用国际标准通常采用翻译法。此时，国家标准基本上就是国际标准的译文，但进行了必要的编辑性修改，删除国际标准中的资料性概述要素，并按照我国标准的规范和表述习惯重新编写。如：封面、目次、前言和引言等。

采用翻译法的国家标准如果需要增加资料性附录，应将这些附录置于原国际标准的附录之后，并按条文中提及这些新增的附录的先后次序编排附录的顺序。每个附录的编号由“附录N”和随后表明顺序的大写拉丁字母组成，字母从“A”开始，例如：“附录NA”、“附录NB”，等。

（二）重新起草法

以“修改”程度采用国际标准时通常采用重新起草法。重新起草法是根据国际标准的内容和结构顺序按照GB/T 1.1的结构及表述方法重新用中文编写，要求条款中的文字按中文习惯表达出来，避免生涩难懂的西式中文。

重新起草法编写的国家标准往往会与国际标准在文档结构和表述方式上有所不同，容易造成两者难以比较、难以确定其一致性程度。因此ISO/IEC不鼓励使用重新起草法。但我国由于语言习惯与国际上存在的差异，不可能放弃重新起草法。但在编写标准时应尽量保持与原标准在结构上的一致性。

（三）技术性差异和编辑性修改的标识

国家标准在修改采用和等同采用国际标准时，都应清楚地指明技术性差异和（或）编辑性修改的部位。国家标准非等效于国际标准时，最好也能在国家标准前言中说明与国际标准的主要技术差异，这对理解该国家标准和在贸易中使贸易各方达成谅解很有益处。技术性差异和编辑性修改的标识方法具体如下：

1. 等同采用国际标准

当等同采用国际标准时，只能有编辑性修改。且应按GB/T 20000.2—2001中4.2 b)的规定的范围，有选择修改部分内容。“等同”条件下的编辑性修改应在国家标准前言中指出。不必采用附录给出编辑性修改，也不必在文中做出相应的标识。

例：GB/T 17710—1999 数据处理　校验码系统

2. 修改采用国际标准

前言

本标准等同采用国际标准ISO 7064:1983（1996年经ISO/IEC JTC1S C14确认）。

当技术性差异（及其原因）或编辑性修改很少时，宜将这些内容在前言中陈述。当技术性差异（及其原因）或编辑性修改较多时，宜编排一个附录，陈述编辑性修改和技术性差异及其原因。在附录中，每一个修改都对应国际标准的某条文。此外，在前言中应说

明正文中如何标识这些修改和差异，在标准正文的页边空白处对应于有关修改的条文位置用垂直单线(|)作出标识。这种方式使读者在阅读标准正文时可以很快地在附录中找到相应的技术差异。

如果能在前言中概括性地说明，即使编辑性修改较多，也可不编写附录说明编辑性修改。这样可以避免因标准正文中过多地标识编辑性修改影响版面，使技术性差异显得不突出了。

(四)与国际标准一致性程度的标识方法

1. 国际标准一致性程度及代号

国家标准与国际标准一致性程度及代号见表4-4。

表4-4 国家标准与国际标准一致性程度及代号

一致性程度	代号
等同 (identical)	IDT
修改 (modified)	MOD
非等效 (not equivalent)	NEQ

对于国家标准采用区域标准或其他国家的国家标准，不宜做一致性程度的标识。因为，这样的采用并未必能在世界范围内被接受。

2. 国家标准上标识一致性程度

我国标准中，与国际标准的一致性程度在标准中应标识在：

标准封面上的国家标准英文名称的下面；

"规范性引用文件"一章所列标准一览表中与国际标准有对应关系的国家标准名称后面；

有关"附录"所列标准一览表中与国际标准有对应关系的国家标准名称后面；

"参考文献"所列标准一览表中与国际标准有对应关系的国家标准名称后面。

例：

1. 在标准封面上标识一致性程度

在标准封面上，应将与国际标准的一致性程度标识在国家标准英文名称的下面。标识内容包括：与国家标准对应的国际标准编号、英文名称(仅在国家标准的英文名称与国际标准不一致时标出)和一致程度代号。如：

> 包装 用于发货、运输和收货标签的
>
> 一维条码和二维条码
>
> Packaging-Bar code and two-dimensional symbols for shipping,
>
> transportand receiving labels
>
> (ISO 15394:2000,IDT)

2. 在“规范性引用文件”和“参考文献”中标识一致性程度

对于注日期引用的国家标准(有对应国际标准)的情况。

在所列国家标准名称的后面标识与国家标准对应的国际标准编号、该国际标准英文名称(仅在国家标准的英文名称与被采用的国际标准名称不一致时才标出)和一致性程度代号,并用圆括号括起。如:

GB/T ×××××—2002 环境试验 第1部分:总则与指南(IEC 60068-1:1988,IDT)
GB/T ×××××—2002 变流器(IEC 60185:1987,MOD)
GB/T ×××××—2002 潜水员用手表和配件(ISO 6425:1996, Divers'watches,NEQ)

不注日期引用的文件意味着该文件的最新版本适用于本标准。对于不注日期引用的国家标准,应在随后的括号中标注其当前最新版本和对应的国际标准的版本及一致性程度。如:

GB/T 1836 集装箱代码、识别和标记(GB/T 1836—1997, idt ISO 6346:1995)
GB 3100 国际单位制及其应用(GB 3100—1993, eqv ISO 1000:1992)
GB/T 3138 金属镀覆和化学处理与有关过程术语(GB/T 3138—1995, neq ISO 2079:1981)

本章小结

本章介绍了标准在编制过程中的每个阶段、每个层次和每部分内容具体处理方法。一部合格的标准应该是易读、易理解(不能产生异议)、易使用的。这就要求在编制标准的过程中,不仅要注意标准内容的先进性、合理性和可行性,还必须采用标准或规范的表述方法。并且结构要合理、逻辑要清晰、文字要精练、表达要准确。此外,随着国际先进技术的引进,合理的采用国际标准也是在标准编制过程中必须注意的问题。

复习思考题

1. 简述陈述型条款、要求型条款和推荐型条款有什么区别,分别在标准中起什么作用。
2. 对标准的条款有哪些基本要求?
3. 简述标准的主要表现形式及划分原则。
4. 简述确定标准核心内容的主要原则。
5. 简述采用国际标准的基本原则。
6. 阐述等同采用、修改采用和非等同采用国际标准的方法及区别。

第五章

铁路信息编码技术

近年来，随着信息技术的迅猛发展，企业已经意识到信息资源作为生产要素、无形资产和社会财富，与能源、材料资源有同等的重要性，是重要的现代战略资源。随着计算机应用技术在企业的日益普及，企业的信息量在急剧膨胀。越来越多的企业认识到信息化应用水平的高低已经成为决定企业核心竞争力的一项重要因素。要搞好企业信息化建设，必须要重视标准化建设，做好信息分类编码的标准化工作。

信息编码是人们统一认识、统一观点和交换信息的一种技术手段，是企业信息化的基础，编码的优劣直接影响到整个信息系统的运行效率。许多企业在信息化建设过程中忽略了信息编码的基础建设工作，影响了整个信息系统的运行质量。

第一节 概　　述

一、信息分类与编码的基本概念

信息分类编码标准化要取得实效，达到预期目标，分类与编码是否科学合理是起决定作用的因素。

1. 信息分类

信息分类是根据信息内容的属性或特征，将信息按照一定的原则和方法进行区分和归类，并建立起一定的分类系统和排列顺序，以便管理和使用信息。信息的分类与取值是否科学合理直接关系到信息处理、检索和传递的自动化水平与效率。

2. 信息编码

信息编码是在信息分类的基础上，将信息对象(编码对象)赋予有一定规律性的、易于计算机和人识别与处理的符号。信息编码是否规范和标准影响信息交流与共享的性能。

3. 信息编码标准化

信息编码标准化是将信息按照科学的原则方法进行分类加以编码，经有关方面协商一致后，由主管机关批准发布，作为有关单位在一定范围内进行信息处理和交换时共同遵守的准则。

信息编码标准化工作就是要从系统的角度出发，在一定范围内，根据所有有关方面的利益并在其参加下，把大量的、分散的、杂乱无章的信息，根据系统管理的需要加以有目的、有序的组织，并予以定义、命名，确定内容、范围、表达方式等，使得每种信息在一定的分类体系中都有一定的位置和编码，以便在一定的范围内建立管理上的共同认可和统一的语言、统一的标识。

二、信息分类与编码现状

目前，多数的信息分类与编码目的都是辅助经营与管理，在分类编码过程中，通常以实现某个特定的应用、满足局部的需求为目的，更侧重为某一个信息系统所用，不能为企业中的其他系统所用。这些分类编码普遍缺乏顶层的规划，很少从整个企业的信息资源规划角度考虑。由于缺乏总体规划，使信息资源没有统一规范化，一些重要信息资源缺乏编码或编码不统一，导致信息系统无法实现信息共享和交换，出现了大量的信息孤岛。

概括起来，当前的信息分类编码主要存在以下特点：

1. 信息面太窄，信息覆盖面很有限。大多研究集中在针对设备管理、零部件管理系统或是产品管理上。

2. 大部分信息编码系统针对某一行业，或是产品结构简单的中小型制造企业。

3. 面向信息共享的企业信息分类编码的系统研究，目前尚处在探索阶段，没有形成体系，且应用范围较小。在信息化建设中，信息资源的开发和利用是信息化建设的核心内容，要利用好这些信息资源，就必须做好信息分类与编码。信息分类与编码如果只局限于某个领域，始终不能跳出“孤岛”；只有全局考虑，在企业形成统一的面向信息共享的信息分类与编码，才能将分散、孤立的各种信息资源数据变成网络化共享的信息资源数据，将众多“孤岛式”的信息系统进行整合，实现信息的畅通和共享。

三、信息分类与编码需求

随着我国信息化建设步伐的迅速加快，对信息分类编码标准化提出了大量的需求。现有的信息分类编码标准的数量质量，及现行《信息分类编码标准化管理办法(1988)》与分类编码标准的维护模式，均难以满足当前和今后一定时期社会经济建设方方面面的总体需求。主要需求概括起来有：

1. 在信息化和网络化以及全球一体化的今天，信息的分类与编码及其应用几乎无所不在，其应用的广度和深度都将迅速扩大；

2. 体制的转变将使得我们已有的人事、经济类型和行业、教育与学科类标准发生巨大的变化；

3. 电子政务和电子商务的广泛实施和应用，必然导致大量不同层次、不同领域信息分类编码标准的需要和制定；

4. 大型公共数据库建设的迫切需要，如国家将要建立的四大基础数据库，各部门、各地区和企业数据库的建立和网络化发布，及其互联互通的要求，也将催生大量的分类编码标准；

5. 各种新型网络资源的出现和实现，如数字地球、数字城市、数字社区、数字图书馆、数字铁路等也需要大量的分类编码标准；

6. 信息分类编码理论与方法本身也在不断的应用中得到发展，比如矩阵码的产生和应用。

因此，作为信息标准化建设中最为基础性的信息分类编码标准的整合补充与完善，国家信息分类编码标准化管理办法的修订完善，国家层面信息分类编码资源共享平台的建设完善及对社会的高效服务，将是我国信息化建设中一项非常迫切的、重要的公益性、基础性工作。同时，也是我国标准化管理工作中的一项重要内容。

第二节　信息编码原则

信息编码是信息收集、加工，数据分析、建立数据模型的过程。信息编码分类原则，应结合企业编码的实际需求和信息建设的需要，深入了解企业现有信息编码应用现状以及未来信息化建设的趋势。建立科学合理的信息分类编码标准，应当遵循以下基本原则：

1. 科学性

信息分类编码的科学性是信息分类编码体系赖以生存的基础。人们对某一个事物的编码往往依赖于对该事物的本质认识，是人类长期观察、研究、实践、活动的总结。通常要选择事物(分类对象)最稳定的本质属性和特征进行编码，为了保证分类结果的科学性和持久性，不能把非本质的和不稳定的特征作为编码的依据。

2. 唯一性

信息分类编码必须唯一表示它所表示的对象或对象集合。无论是一个还是一组事物，在标准化代码中都应该有且仅有一个确定的代码与其对应。如果一个事物有两个以上的代码就会在信息的表达与交换中引起混乱。某些特殊情况必须用两个以上编码表示同一事物时，必须要加以特殊的标志与说明。

3. 合理性

代码结构应与分类体系相适应。信息编码是在信息分类基础上建立起来的，代码的结构应与分类体系相适应。如采用线分类法分类形成的树型结构，进行编码时也应通过代码体现同样的层次关系。

4. 可扩充性

代码应留有适当的后备容量，以便适应不断扩充的需要。分类编码应满足事物的不断发展和变化的需要，不应出现使用该编码系统无法完整地处理信息的现象。通常要在相应位置设置一个其他类的特殊的编码，当客观事物出现无对应的编码情况时，可以将其归于相应类别的其他类编码。同时要考虑新出现的编码对象与已编码的对象之间的顺序关系。

5. 简明性

代码结构应尽量简单，长度尽量短，以便节省机器存储空间、减少代码差错率、便于手工处理、节约数据处理和传送时间，保证分类编码的可扩展性。

6. 适用性

代码应尽可能反映编码对象的特点，适用于不同的相关应用领域，支持系统集成。

7. 规范性

在一个信息分类编码标准中，代码的类型、代码的结构以及代码的编写格式应当规范统一。同时，由于可变长度代码的可靠性差，代码应尽量采用固定长度。

8. 标准化原则

信息分类编码尽可能采用已颁布的国际、国内有关标准，统一编码形式。对没有国标或行标的，可根据企业标准进行信息编码，但必须与相关的国标和行标兼容。

第三节　信息编码原理及方法

编码方法应以预定的应用需求和编码对象的性质为基础，选择适当的代码结构。在决定代码结构的过程中，既要考虑各种代码的编码规则，又要考虑各种代码的优缺点，还要分析代码的一般性特征，选取合适的代码表现形式，研究代码设计所涉及的各种因素，避免潜在的不良后果。

一、代码类型

在 2002 年颁布的国家标准“信息分类和编码的基本原则与方法”中，给出了各种常用代码的类型，如图 5-1 所示。

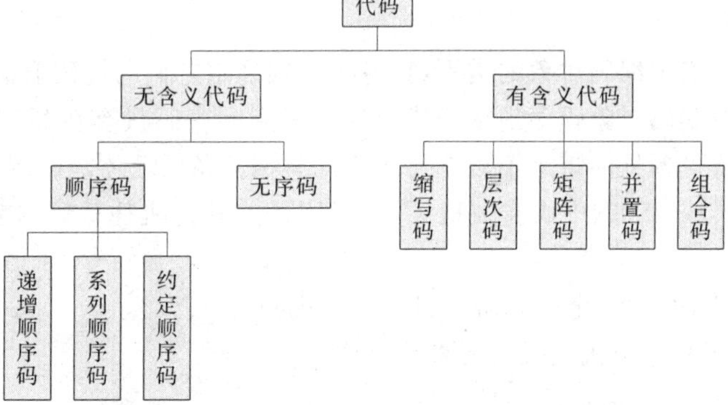

图 5-1　常用代码的类型

（一）顺序码

1. 规则

从一个有序的字符集合中顺序地取出字符分配给各个编码对象。这些字符通常是自然数，如以“1”打头，也可以是字母字符，如：AAA，AAB，AAC……

2. 应用

顺序码一般作为以标识或参照为目的的独立代码来使用，或者作为复合代码的一部分来使用，后一种情况经常附加着分类代码。

在码位固定的数字字段中，应使用零填满字段的位数直到满足码位的要求。

示例：在 3 位数字字段中，数字 1 编码为 001，而数字 15 编码为 015。

3. 类型

顺序码有 3 种类型：递增顺序码、系列顺序码、约定顺序码。

(1)递增顺序码

编码对象被赋予的代码值，由预定数字递增决定。例如，预定数字可以是 1(纯递增型)，或者是 10(只有 10 的倍数可以赋值)，或者是其他数字(如：偶数情况下的)等等。

用这种方法，代码值不带任何含义。相类似的编码对象的代码值不作分组。

为了以后原始代码集的修改，可能需要使用中间的代码值，这些中间代码值的赋值不必按 1 递增。

示例：GB/T 2659—2000《世界各国和地区名称代码》中，部分国家和地区的数字代码见表 5-1。

表 5-1　部分国家和地区的数字代码

国家和地区名称	代码	国家和地区名称	代码
阿富汗 AFGHANISTAN	004	美属萨摩亚 AMERICAN SAMOA	016
阿尔巴尼亚 ALBANIA	008	安道尔 ANDORRA	020
阿尔及利亚 ALGERIA	012	安哥拉 ANGOLA	024

(2)系列顺序码

这种代码首先要确定编码对象的类别，按各个类别确定它们的代码取值范围；然后在各类别代码取值范围内对编码对象顺序地赋予代码值。系列顺序码只有在类别稳定，并且每一具体编码对象在目前或可预见的将来不可能属于不同类别的条件下才能使用。

示例：GB/T 4657—2002《中央党政机关、人民团体及其他机构代码》，就采用了 3 位数字的系列顺序码。

100～199 表示全国人大、全国政协、高检、高法机构

200～299 表示中央直属机关及直属事业单位

300～399 表示国务院各部委

700～799 表示全国性人民团体、民主党派机关

(3)约定顺序码

约定顺序码不是一种纯顺序码。这种代码只能在全部编码对象都预先知道,并且编码对象集合将不会扩展的条件下才能顺利使用。

在赋予代码值之前,编码对象应按某些特性进行排列,例如:依名称的字母顺序排序,按(事件、活动的)年代顺序排序等。这样得到的顺序再用代码值表达,而这些代码值本身也应是从有序的列表中顺序选出的。

示例:按字母顺序排列的数值化字母顺序码见表5-2。

表5-2　按字母顺序排列的数值化字母顺序码

代码	名称	代码	名称
01	Apples(苹果)	04	Dates(枣)
02	Bananas(香蕉)	……	……
03	Cherries(樱桃)		

(二)无序码

1. 规则

无序码是将无序的自然数或字母赋予编码对象。此种代码无任何编写规律,是靠机器的随机程序编写的。

2. 应用

无序码既可作为编码对象的自身标识,又可作为复合代码的组成部分(复合代码的其他部分,则以其他编码规则为基础)。

(三)缩写码

1. 规则

这种代码的本质特性是依据统一的方法缩写编码对象的名称,由取自编码对象名称中的一个或多个字符赋值成编码表示。

2. 应用

缩写码可有效地用于那些相当稳定的、并且编码对象的名称在用户环境中已是人所共知的有限标识代码集。

示例:GB/T 2659—2000《世界各国和地区名称代码》中,部分国家的字母代码见表5-3。

表5-3　部分国家的字母代码

国家名称	代码	国家名称	代码
奥地利　AUSTRIA	AT	法国　FRANCE	FR
加拿大　CANADA	CA	美国　UNITEDSTATES	US
中国　CHINA	CN		

(四)层次码

1. 规则

层次码以编码对象集合中的层级分类为基础,将编码对象编码成为连续且递增的组(类)。

位于较高层级上的每一个组(类)都包含并且只能包含它下面较低层级全部的组(类)。这种代码类型以每个层级上编码对象特性之间的差异为编码基础。每个层级上的特性必须互不相容。

较低层级的层次码,实际上是较高层级代码段和较低层级代码段的复合代码。

层次码的一般结构如图 5-2 所示。

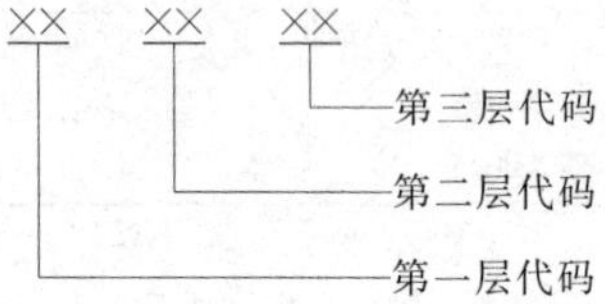

图 5-2　层次码的一般结构

2. 应用

层次码通常用于分类的目的。层级数目的建立,依赖于信息管理的需求。层次码较少用于标识和参照的目的。

层次码非常适合如统计目的、报告货物运转、基于学科的出版分类等情况。在实践中既有固定格式,也有可变格式。固定格式比可变格式更容易处理一些。

示例 1:固定递增格式。

GB/T 13745—1992《学科分类与代码》中学科代码格式由 7 个数字位组成,下一级学科相对于上一级学科按固定的 2 位代码段递增,其部分代码见表 5-4。

表 5-4　学科代码

代码	学科名称	代码	学科名称
110	数学	110.1410	演绎逻辑学
110.14	数理逻辑与数学基础		

示例 2:可变递增格式。

在通用十进制分类法(UDC)中,字符的数目和编码表达式的分段是可变的,其细节描述的程度被延伸到想要达到的层级。

“建筑学的屋顶坡度”这样一个概念可被编码表达式表达成 624.024.13。

624	土木工程
624.02	建筑物成分
624.024	屋顶,屋顶用材料

624.024.13　　　　　　屋顶坡度

(五)矩阵码

1. 规则

矩阵码以复式记录表的实体为基础。赋予这个表中行和列的值，用于构成表内相关坐标上编码对象的代码表示。

这种方法的目的是对矩阵表中的编码对象赋予有含义的代码值，这些编码对象在不同的组合中具有若干共同特性。

2. 应用

矩阵码可以有效地用于标识那些具有良好结构和稳定特性的编码对象。

示例：GB 2312—1980《信息交换用汉字编码字符集　基本集》根据矩阵码编码方法，对汉字信息交换用的基本图形字符编制区位码，其中区号为矩阵表中的行号，位号为矩阵表中的列号。汉字字符“啊”用区位码 16-01 编码表示；这里的 16 为区号，01 为位号；同理，拉丁字符“A”用区位码 03-13 编码表示，图形字符“…”用区位码 01-13 编码表示。

(六)并置码

1. 规则

并置码是由一些代码段组成的复合代码，这些代码段提供了描绘编码对象的特性，这些特性是相互独立的。这种方法的编码表达式可以是任意类型(顺序码、缩写码、无序码)的组合。

2. 应用

并置码非常适用于具有若干共同特性的商品分类。

应用代码段是要作出描绘性编码(何种产品、何时何地生产)或者是用作开发制造业方面的成组技术方法。

示例：轨道编码。

××××　　××　　××

等级　　形状　　尺寸

等级、形状和尺寸这三个特性很大程度上是相互独立的。

(七)组合码

1. 规则

组合码是由一些代码段组成的复合代码，这些代码段提供了编码对象的不同特性；与并置码不同的是，这些特性相互依赖并且通常具有层次关联。

2. 应用

组合码通常被用于标识目的，覆盖宽泛的应用领域。

示例：GB 11643—1999《公民身份号码》(表 5-5)

表 5-5　公民身份号码

公民身份号码	含义
×××××× ×××××××× ××× ×	公民身份号码的 18 位组合码结构
××××××	行政区划代码
××××××××	出生日期
×××	顺序号，其中奇数表示男性，偶数表示女性
×	校验码

整个 18 位组合码共分 4 段，前两个代码段标识编码对象（公民）的空间和时间特性，第三个代码段依赖前两个代码段所限定的范围，第四个代码段依赖前三个代码段赋值后的校验计算结果。

二、各种类型代码编码方法优缺点（表 5-6）

表 5-6　各种类型代码编码方法优缺点

代码类型	优　点	缺　点
递增顺序码	能快速赋予代码值 简明 编码表达式容易确认	编码对象的分类或分组不能由编码表达式来决定 不能充分利用最大容量
系列顺序码	能快速赋予代码值 简明 编码表达式容易确认	不能充分利用最大容量
约定顺序码	能快速赋予代码值 简明 编码表达式容易确认	不能充分利用最大容量 不能适应于将来可能的进一步扩展
无序码	容易并且快速赋予代码值，或许还是自动化的 简明 可利用最大容量	编码对象的分类或分组不能依据编码表达式显示出来 如果要排除号码的复制，需要用某种预先设定的表或运算法则产生随机数
缩写码	用户容易记忆代码值，从而避免频繁查阅代码表 可以压缩冗长的数据长度	编码依赖编码对象的初始表达（语言、度量系统等）方法 在每次增加代码值之后，如果不重新检查全部的代码值，则缩写过程的结果就不能保证代码值的唯一性
层次码	易于编码对象的分类或分组 能在较高的合计层级上汇总 代码值可以解释	限制了理论容量的利用 因精密原则而缺乏弹性 需要随代码层级的顺序从最高层级向下赋予代码值或者解释代码值 复杂性，它取决于层级数目，并导致要重新介绍已经应用于较高层级上的特性
矩阵码	代码值可以解释 代码值容易赋予	需要预先建立表，覆盖编码对象的全部特性 难以适应新的要求，诸如新的或更改的特性，以及新的组合等
并置码	以代码值中表现出一个或多个特性为基础，可以对编码对象容易地进行分组 容量与每个特性可能带有的值的数量相联系 代码值可以解释	因需要含有大量的特性可导致每个代码值有许多字符 难以适应新特性的要求

续上表

代码类型	优点	缺点
组合码	代码值容易赋予 有助于配置和维护代码值 能够在相当程度上解释代码值 有助于确认代码值	理论容量不能充分利用

三、代码特征

代码的一般性特征，除“信息编码原则”所论述的唯一性、合理性、可扩充性、简明性、适用性以外，还包括稳定性、含义性、代码长度、结构与格式、容量等特征。

（一）稳定性

信息分类编码一旦确定下来形成标准，将会在实践中推广运用。代码的变动将会造成人力、物力、财力的浪费。因此分类编码时，应考虑最少变化的可能性，尽可能保持分类编码系统的相对稳定。

当代码为设计的变化留有余地而不必修改其结构时，代码就是稳定的。用户需要稳定的代码。代码值的赋值，必须考虑相对于代码值自身以及代码结构作偶然修改的最小可能性。

当某个代码元素从代码元素集合中撤销时，原编码表示不应再为其他编码对象所用。

（二）含义性

编码应尽可能反映编码对象的特点，有助于记忆并便于人们了解和使用。

如果代码的编码表达式直接（例如：缩写码）表达，或间接根据一个或多个表（例如：层次码、矩阵码、并置码）来表达它们的含义，则代码就被认为是有含义的。

在使用编码表达式时，其含义与根据编码对象特性进行的归类和分组（类）有关。

在以分类为目的情况下，有含义是尤其重要的。对于以标识和参照为目的者，宜用无含义代码。

（三）代码长度

代码长度是指编码表达式位置的数目。代码长度可被规定成固定的或可变的字符数目。

注：可变的代码长度有两条主要缺点：其一是当存储代码值的数据字段所容纳的字符数比使用的代码值字符数多时，字符数目的不可预知，会产生排列对齐问题。其二是由于字符冗余或增加引起的错误，不能被人工或机器简便地检测出来。因此，代码长度宜使用固定的字符数目。

（四）结构与格式

代码结构定义包括：构成编码表达式的位置或位置组的数目，以及每一位置上有效字符的集合。其中空格可以作为结构的组成部分。

检查语法错误的输入确认，主要与结构相关。对各个位置组来说，编码表达式的每个位置都可以这样定义其格式:字母的、数字的、字母数字的、特殊字符的。

(五)容量

容量是指编码表达式的数量,它是在选定的基数范围内,由每个位置上全部可用的字符组合构成的。

示例:(C 表示容量)

(1)对于位置数目是 1,基数是 2,使用二进制字符:C=2。

(2)对于位置数目是 3,基数是 10,使用十进制数字字符:C=1 000。

(3)对于位置数目是 2,基数是 26,使用字母字符:C=676。

理论容量以全部字符的所有组合都使用为前提。由于实践或理论原因造成的初始限制,减少了这些理论容量。实际上,容量的抉择是以下各因素之间折中的结果:

(1)对扩充系统的预见。

(2)组成代码表达式的字符数目的限制。

(3)书写和使用代码表达式的容易程度。

(4)系统的期望使用寿命。

(5)操作代价等等。

四、代码表现形式

(一)数字格式代码

数字格式代码是用一个或若干个阿拉伯数字表示编码对象的代码,简称为数字码。

数字码的特点是结构简单、使用方便、排序容易,并且易于国内外推广;但是对编码对象特征描述不直观。

在数字格式代码值赋值时,不宜使用全部是 0 或全部是 9 的值,如“0000”和“9999”。这些值应当保留用于特殊情形。

(二)字母格式代码

字母格式代码是用一个或多个拉丁字母表示编码对象的代码,简称为字母码。

字母码的特点:其一是容量大,如用二位拉丁字母代码最多可表示 676(26×26)个类目,而二位数字代码最多可表示 100(10×10)个类目;其二是字母码有时可提供的信息便于人们识别。如在 GB/T 2260 中,BJ 表示北京;TJ 表示天津。

字母码便于人们记忆,但不便于计算机处理信息,特别是当编码对象数目较多或添加、更改频繁以及编码对象名称较长时,常常会出现重复和冲突的现象。因此,字母码常用于编码对象较少的情况。

给字母格式代码赋值时,应注意:

(1)无含义字母码应当避免采用那些在发音时可能引起混淆的字符;例如:字母 B,D,G,P 和 T,或者字母 M 和 N。

(2)在字母代码中,或者在代码的一部分有3个或更多的连续字母字符时,要避免使用元音字母(A,E,I,O和U),以免无意间形成易被误认的简单语言单词。

(3)在同一编码方案中,字母代码应使用单一形式的大写或小写字母,而不宜大小写字母混用。

(三)混合格式代码

混合格式代码是由数字、字母组成的代码,或由数字、字母、特殊字符组成的代码。可以简称为字母数字码或数字字母码。

混合格式代码的特点:基本兼有了数字型代码、字母型代码的优点;结构严密;具有良好的直观性;同时又有使用上的习惯。但是,由于代码组成格式复杂也带来一定的缺点,即计算机输入不方便,录入效率低,错误率增高,不便于计算机处理。

(四)特殊字符

特殊字符(如:&,@……)可以用于数字与字母混合格式代码中以补充字母系统的字符;用这种方法,容量得到增加,并且可以为特殊处理保留语种字符的有效字符。

在代码结构中应使用常用的字符,并且应避免那些非字母或数字的字符(例如:连字符、句号、间隔、星号等),只是在分隔代码段时,才可以使用连字符或空格。用于规定代码系统的词表,应当只含有尽可能少的字符种类。

下列字符应避免使用:

(1)不属于GB/T 1988七位编码字符集的字符。

(2)可能引起曲解或不正确转录的字符。例如:应注意排除空格,"123 ABC"应写成"123ABC",因为空格没有含义,并且空格在转录时可能被忽略。

(3)对于数据交换来说,在语法结构中可被当作服务性字符使用的那些字符。例如:冒号(:)、加号(+)、问号(?)、星号(*)、撇号(')在GB/T 14805标准中是被当作服务字符使用的,应避免使用这类字符。

(五)代码格式规则

代码值的格式(或字符结构)最好采用全数字或全字母格式。只有在特殊位置上(例如:首位或末位)始终要用字母或数字格式时,才能使用字母数字混合格式,而随机的字母数字格式则不宜使用。

在不存在助记特性的情况下,人工记录数字格式的代码值通常比记录字母格式或混合格式的代码值要更加可靠。受控的混合格式代码值(例如:在确定的位置上永远采用字母格式或者永远采用数字格式)比随机的混合格式代码值更加可靠。例如:AA999(前两位字符永远采用字母格式,后三位字符永远采用数字格式)就比字母或数字有可能出现在任意位置上的情形具有更加可靠的格式。

在混合格式中,同类的字符类型应当作分组处理,并且不要分散于代码表达式的各个位置上。例如:在三位字符代码中,"字母—字母—数字"的结构(如:HW5)就比"字母—数字—字母”这样的顺序(如:H5W)所发生错误的要少很多。

当需要使用字母数字混合代码结构时,应当避免那些容易理解成其他字符或者容易同其他字符相混淆的字符。例如:字母 I 与数字 1、字母 O 与数字 0、字母 Z 与数字 2、字母 G 与数字 6、字母 B 和 S 与数字 8,以及字母 O 与 Q。

为了避免对照排序时互不相容,任何特定字符的位置上应当要么只用字母,要么只用数字。

(六)编码表达式的显示

对于手工处理,应优先采用人工易读的编码显示方式。在这种情况下,代码值将以拉丁字母和阿拉伯数字方式出现。这种表达方式也常用于计算机输出的纸质文件和表册当中。

当需要采用机械或电子方式进行处理时,应采用易于自动识别的编码显示方式。其中,以若干个条排列编码成符号表示的条码编码方法得到了广泛使用。此外,其他自动化标识方法,如光学字符识读(OCR)设备或磁条、集成电路的智能卡等在实践中也已得到了使用。

五、代码设计

代码设计过程中,应注意那些常常可能造成彼此相互冲突的要求。例如:如果一种代码结构对于未来的需要有充足的扩充能力,那么它就会在某种程度上牺牲其简明性。因此,每个方面的问题都必须考虑周全,制定折中办法,以满足相关应用领域要求并获得最佳效率。

代码分组和分段应当根据用户对信息的需求作格式安排,要考虑在准确性和完备性方面进行查看的最大限度宽松性,以及数据内容的紧凑性。

(一)现有代码的使用

应使用现有的代码。如果不是绝对需要,就不必设计新的代码。

(二)代码含义

在使用恰当时,有含义代码为附加信息提供了一个基础,并且在人工使用方面比无含义代码更加容易、更为可靠。然而,在有含义代码的开发过程中应当谨慎,以确保有含义的部分与稳定的实体相关联。例如,当地点的改变会引起代码的改变时,某个组织有含义代码就不宜与地点相关联。

无含义代码宜用于大多数标识以及所有的参照类。

(三)代码字符数目的确定

代码值应当由最少的字符数目组成,以节省空间并减少数据通信时间;但同时还应根据代码用户的能力进行优化。

固定长度代码(例如:只采用三位字符,而不是一位、二位和三位字符同时混用)在使用上比可变长度代码更加可靠且更加容易。

为了记录的可靠性,多于 4 位字母字符或 5 位数字字符的代码值应分解成较小的代码段,例如:×××-×××-××××就比××××××××××更为可靠。

在不必对已有代码元素重新编码或者扩大编码表达式格式的前提下，代码结构应当能为代码集合增添新的代码元素提供支持。

（四）代码段的分隔

如果位置或代码段是完全相互独立并且能够独自成立（即对于它们的含义来说，不需要其他的代码），代码段应能被连字符（当需要显示时）所隔离。

（五）代码的位置顺序

如果一个编码方案把一个完整实体集分成比较小的分组，那么高阶位置应当是显著的、全面的分类；低阶位置应当具选择性和差别性（包括后缀）。一个例子就是 GB/T 7408 规定的日期数字表达式（YYYYMMDD）。如果一个复合代码被设计成由两个或更多的独立代码段组成，则出现在高阶位置上特有的代码段，应当是基于惯用要求和处理效率来考虑的。

（六）代码命名

代码或其各个所有独立的代码段都必须有自己的标准化的、唯一的，与应用标志相适应的命名。

（七）代码容量计算

在计算涵盖全部位置的给定代码容量，并且要保持代码唯一性时，应使用下列公式（假定使用 24 个字母字符和 10 个数值数字，因为要避免使用字母 I 和 O 可能引起的混淆）：

$$C=24^{A}\times 10^{N}$$

式中：

C——全部可能的有效代码组合数，即容量；

A——代码中字母位置的数目；

N——代码中数字位置的数目。

（在组合的情况下，$A+N$ 等于代码的全部位置数目）。

注：上面的公式中，假定给定的位置要么是字母的，要么是数字的，但绝不是两者都适用。如果特定的位置允许字母字符和数字字符两者都适用，则公式变成为：

$$C=26^{A}\times 10^{N}\times 36^{M}\text{或}$$

$$C=24^{A}\times 10^{N}\times 34^{M}\text{（当字母 I 和 O 被禁用时）}$$

式中 M 为代码中字母字符和数字字符两者都适用的位置数目，$A+N+M$ 等于代码的全部位置数目。

在计算容量时，不应考虑校验码所占的位置。

（八）校验码

为了避免抄录和键入过程中的错误，当代码较长时，应考虑设置校验码。校验码由构成编码表达式的字符经过一定的算术运算而得到，它可以检测出以下类型的错误：

(1)单替代错误：一个单一字符被另一个单一字符替换；

(2)单一对换错误：单个字符的对换，相邻的（$d=1$）两个字符或相隔一个字符的（$d=2$）两个字符之间的互换错误；

(3)双替代错误：在同一个编码表达式中，两个分隔的单一字符的替换错误；

(4)位移错误：编码表达式整体向左或向右的位移；

(5)其他错误。

参见 GB/T 17710(数据处理校验码系统)。

六、代码赋值约定

(一)赋码规则

赋码规则应叙述清晰，并且具有一致的适用性。例如：一个助记缩写词，可以通过从编码条目的名称中删除全部元音而形成。如“日期(date)”编码为 DT 或“绿色(green)”编码为 GRN；也可以用构成元素的各个单词的第一个字母编码而成，如“文件结束(EndofFile)”编码为 EOF。

(二)定量数据

数量或货币数额不应赋代码。例如：当数量 1～99 能被编码为 A，100～199 被编码为 B 时，就会失去统计价值；因为一旦数字被编码，就不能得到真实的数字。分类可以放在数据处理靠后的阶段进行，而不是放在输入数据预先编码的过程中进行。

(三)“自然”数据的使用

假如具体的数据以其自然形态(例如：具体的百分比数量)就已经是适当，并且够用的话，那么就不宜再为其开发代码结构。

(四)收容类的使用

应注意辨别代码的类别是“混杂”类或是“其他”类，不宜在这样的类别中放置那些实际上是属于另外一个具体类别的实体代码元素。

第四节　我国铁路信息编码实例分析

一、铁路运输设备分类与代码

1999 年由原铁道部制定中华人民共和国铁路行业标准《铁路运输设备分类与代码基本规定》。

(一)编码方法

铁路运输设备代码为层次结构码，原则上分 6 层，根据实际需要可适当增加层次。

代码第一层至第三层，每层均以两位阿拉伯数字表示，代码从“01”开始，按升序排序，最多编至“99”。从第四层起，原则上每层仍以两位阿伯数字表示。

各层均留有适当空码，以备增加或调整类目用。

(二)铁路运输设备基本分类与代码(见表5-7)

表5-7 铁路运输设备基本分类代码

代码			产品名称	说明
72			铁路运输设备	
72	01		机车	包括准轨、宽轨、窄轨
72	01	01	蒸汽机车	
72	01	02	电传动内燃车	
72	01	03	液力传动内燃机车	
72	01	04	电力机车	
72	01	09	其他机车	
72	02		动车组	
72	02	01	地铁客车	
72	02	09	其他动车组	
72	03		客车	包括准轨、宽轨、窄轨
72	03	01	硬席车	
72	03	02	软席车	
72	03	03	双层客车	
72	03	04	行李车	
72	03	05	邮政车	
72	03	06	餐车	
72	03	07	发电车	
72	03	19	其他客车	
72	04		货车	
72	04	01	棚车	
72	04	02	敞车	
72	04	03	平车	
72	04	04	罐车	
72	04	05	集装箱车	
72	04	06	矿石车	

续上表

代码			产品名称	说明
72	04	07	长大货物车	
72	04	08	冷藏加温车	
72	04	09	毒品车	
72	04	10	家畜车	
72	04	11	散装水泥车	
72	04	12	粮食车	
72	04	13	特种车	
72	04	14	专用货车	
72	04	15	守车	
72	04	19	其他货车	

二、铁路行李、包裹事故代码

(一)名词解释

1. 行李:旅客按规定凭客票托运的一定限度的物品。

2. 包裹:旅客列车运输的零星急运物品。俗称“快件”。

3. 行包事故:行李、包裹在铁路运输过程中,发生损坏、丢失或差错而构成的事故。包括火灾、被盗、丢失、损坏、误交付、票货分离、票货不符等事故。

(1)火灾事故:因失火造成行包损失而构成的事故。

(2)被盗事故:因行包被盗造成损失而构成的事故。

(3)丢失事故:全批行包未到或部分短少,没有被盗痕迹而构成的事故。

(4)损坏事故:行包状态发生异状(如破裂、变形、磨伤、摔损、湿损、部分破损等),失去或降低原有的使用效能或原有价值而构成的事故。

(5)误交付事故:行李、包裹因错误交付而构成的事故。

(6)票货分离、票货不符事故:全批行包与运送票据发生分离或不符,但已查明行包下落而构成的事故。

(7)其他事故:误运送、件数不符、腐坏、污染、误编、伪编记录,以及其他造成影响而构成的事故。

(二)代码内容

1. 运输种类:分为行李、包裹两种。

2. 事故种类:行李、包裹事故分为七类:①火灾;②被盗(有被盗痕迹);③丢失(全批未到或部分短少，没有被盗痕迹的）；④损坏（破裂、变形、磨伤、摔损、湿损、部分破损、湿损等）；⑤误交付；⑥票货分离或不符（有行包〔车〕无运送票据，有运送票据无货物〔车〕，如已查明下落者）；⑦其他（误运送、件数不符、腐坏、污染、误编记录、伪编记录、违反营业办理限制及其他造成影响而不属于以上各类事故的）。

3. 事故等级：分为重大事故、大事故、一般事故三等。

4. 事故责任部门：铁路内包括客运、装卸、车辆、路内其他等；铁路外统一算一个部门。

5. 赔偿分类：分自局保价办赔、自局非保价办赔，代他局保价赔偿、代他局非保价赔偿，他局保价代赔、他局非保价代赔和其他赔偿。

（三）代码结构

代码由五位全数字码组成，结构如下：

×××××

第一部分　运输种类码：用一位数字表示，由1～2。

第二部分　事故种类码：用一位数字表示，由1～9。

第三部分　事故等级码：用一位数字表示，由1～3。

第四部分　责任部门码：用一位数字表示，由1～9。

第五部分　赔偿分类码：用一位数字表示，由1～9。

代码表见表5-8。

表5-8　行李、包裹事故分类代码表

运输种类		事故种类		事故等级		责任部门		赔偿分类	
代码	名称	代码	名称	代码	名称	代码	名称	代码	名称
1	行李	1	火灾	1	重大事故	1	客运	1	自局保价办赔
2	包裹	2	被盗	2	大事故	2	装卸	2	自局非保价办赔
—		3	丢失	3	一般事故	3	车辆	3	他局保价赔偿
—		4	损坏	—				4	他局非保价赔偿
—		5	误交付	—				5	他局保价代赔
—		6	票货分离、不符	—		8	路内其他	6	他局非保价代赔
—		9	其他	—		9	路外	9	其他

三、铁路货车车种车型车号编码

（一）编码方法

1. 车种编码方法

车种编码原则上用该车种汉字名称中关键字的一个大写汉语拼音字母表示，见表5-9。

表 5-9　车种编码表

车种	代码	车种	代码	车种	代码
棚车	P	集装箱车	X	水泥车	U
敞车	C	矿石车	K	粮食车	L
平车	N	长大货物车	D	特种车	T
罐车	G	毒品车	W	守车	S
冷藏车	B	家畜车	J		

2. 车型编码方法

(1)新型货车车型编码用大写汉语拼音字母和数字混合表示,其最大位数不得超过五位,依次由下面三部分组成:

第一部分为货车所属的车种编码,用一位大写字母表示,作为车型编码的首部。

第二部分为货车的重量系列或顺序系列,用一位或二位数字或大写字母表示。

第三部分为货车的材质或结构,用一位或二位大写字母表示。

具体表示如下:

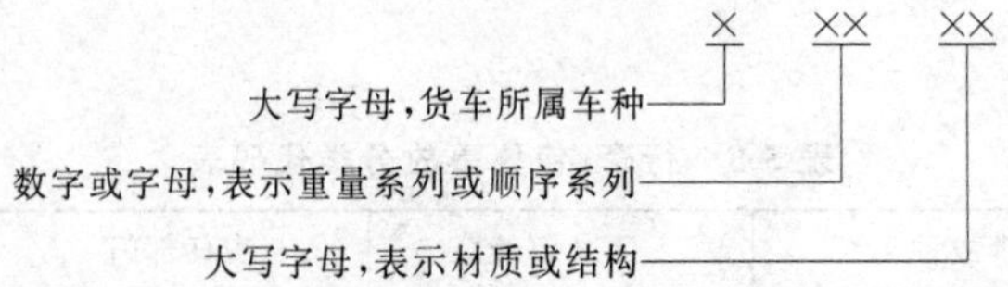

实例:

C　62　A

车种　重量系列　结构

(2)旧车型编码小于或等于五位者,原则上不予变动,但对部分准轨货车的编码作了调整(见表 5-10)。

(3)新型货车的车种车型编码,由铁路总公司车辆局根据本标准与有关部门商定。

(4)新型试用车的辅助型号,在定型前可打 XY,如棚车打"Pxy",集装箱车打"Xxy"等,使用定型后改为正式型号。

3. 车号编码方法

(1)车号采用七位数字代码,可编货车的容量为 9 999 999 辆。

(2)同车种车型货车的车号必须集中在本标准划定的码域内,以便从车号编码上反映货车的车种、车型,具体码域见编码表。

(3)每辆货车的车号编码在全国范围内必须唯一。

(4)部分实例:敞车 C64　4869077;棚车 P62　3132488。

表 5-10　车型编码

	车种	车号容量	车号范围	预留号
铁路总公司准轨货车	棚车	500 000	3000000-3499999	3500000-3999999
	敞车	900 000	4000000-4899999	4900000-4999999
	平车	100 000	5000000-5099999	5100000-5199999
	集装箱车	50 000	5200000-5249999	5250000-5499999
	矿石车	32 000	5500000-5531999	5532000-5599999
	长大货车	100 000	5600000-5699999	5700000-5999999
	罐车	310 000	6000000-6309999	6310000-6999999
	冷藏车	232 000	7000000-7231999	7232000-7999999
	毒品车	10 000	8000000-8009999	
	家畜车	40 000	8010000-8039999	
	水泥车	20 000	8040000-8059999	
	粮食车	5 000	8060000-8064999	
	特种车	10 000	8065000-8074999	8075000-8999999
	守车	50 000	9000000-9049999	9050000-9099999
	海南车	10 0000	9100000-9199999	
窄轨车	米轨车	50 000	9200000-9249999	
	寸轨车	50 000	9250000-9299999	9300000-9999999
自备车		999 999	0000001-0999999	
备用		2 000 000	1000000-2999999	

四、铁路客车车型车号代码

本代码由车型代码和车号代码两部分组成，采用字母、数字混合编码。

(一)车型代码编制方法

客车车型代码由基本型号和辅助型号组成。基本型号表示不同用途的车辆车种；辅助型号表示客车不同结构特点和系列。

1. 客车基本型号

客车基本型号一般由车种汉语拼音的两个大写字母组成，客车车种称号及基本型号见表5-11。

表 5-11 客车基本型号

顺号	车种称号		基本型号
	汉字名称	汉语拼音名称	
1	软座车	RUAN ZUO CHE	RZ
2	硬座车	YING ZUO CHE	YZ
3	软卧车	RUAN WO CHE	RW
4	硬卧车	YING WO CHE	YW
5	行李车	XING LI CHE	XL
6	邮政车	YOU ZHENG CHE	UZ
7	餐车	CAN CHE	CA
8	空调发电车	KONG TIAO FA DIAN CHE	KD
9	公务车	GONG WU CHE	GW
10	医疗车	YI LIAO CHE	YL
11	卫生车	WEI SHENG CHE	WS
12	试验车	SHI YAN CHE	SY
13	维修车	WEI XIU CHE	WX
14	特种车	TE ZHONG CHE	TZ
15	救援车	JIU YUAN CHE	JY

有特殊结构和用途的客车，在车种基本型号前添加汉语拼音字头；或在车种基本型号后添加阿拉伯数字及汉语拼音字头。

如：双层客车加“S”；一等软座车为“RZ1”；一等双层软座车为“SRZ1”；二等软座车为“RZ2”；特等软座车为“RZT”。

由两种或两种以上车种合造成一辆车时，称为合造车，合造车的基本型号由组成合造车的车种汉语拼音字头合并，按表 5-11 中车种的顺序排列。如软硬座车为“RYZ”，行李邮政车为“XU”，双层软座行李车为“SRZX”。

特种车包括文教车等。

2. 客车辅助型号

客车辅助型号由两位阿拉伯数字或两位阿拉伯数字加大写汉语拼音字母组成，附在基本型号右下角。阿拉伯数字表示不同客车结构系列，汉语拼音字母表示车辆构造设备等特征。

（二）车号代码编制方法

客车车号代码采用数字码。

客车车号代码根据不同车种，按表 5-12 编排。

表 5-12　客车车号代码

顺号	车种	起止号码	合计号码
1	合造车	1～1999	1999
2	行李车	2000～6999	5000
3	邮政车	7000～9999	3000
4	软座车	10000～19999	10000
5	硬座车	20000～49999	30000
6	软卧车	50000～59999	10000
7	硬卧车	60000～89999	30000
8	餐车	90000～94999	5000
9	其他	95000～99999	5000

客车车型不变仅内部增添设备或加装改造时，其车号不变。

客车车型号代码示例

示例 1：

YZ	25K	47083
基本型号(硬座车)	辅助型号(25 型快速客车)	车号代码

示例 2：

CA	23	9021
基本型号(餐车)	辅助型号(23 型客车)	车号代码

本章小结

本章介绍了信息分类与编码的基本概念和需求及信息编码的原则。在此基础上，重点介绍了信息编码原理与方法。结合铁路信息化的现状，以铁路车站站名编码、铁路运输设备分类与编码、铁路行车事故统计代码、铁路客货车车型车号代码为例，介绍了信息编码在铁路上的实际应用。由此可见，信息编码标准化是实现现代化管理的重要基础，是各种管理信息系统建设的信息保障，是计算机进行信息处理的前提和基础，以及各种信息管理系统之间进行信息交换和资源共享的重要技术基础。

？复习思考题

1. 简要介绍信息分类与信息编码的概念。
2. 信息编码的原则是什么？
3. 举例说明信息分类与编码中常用的代码类型。
4. 举例说明铁路车站站名编码方法。
5. 举例说明铁路行车事故统计代码编码方法。

第六章

标准与铁路信息化建设

在我国铁路的现代化建设中，信息化建设是其关键内容。铁路信息化工程的建设涉及计划、管理、实施、使用等诸多方面。这些工程都离不开以计算机为核心的信息处理系统，离不开计算机硬件、各种软件，以及构成网络的网络设备和各种协议。同时，各种信息系统协调一致地工作，以实现铁路安全、高效地运行是信息化建设的目标之一。这必然要求信息系统的设计、建设和使用遵循统一技术要求、业务要求和管理要求，能够实现互连、互通、互操作。这就需要有一整套技术标准——信息技术标准体系作为支撑。通过标准化手段，保障信息化建设的相关工程及相关环节的建设在全路范围内有章可循，有法可依，形成一个有机的整体。

随着世界经济全球化趋势的发展，我国的铁路信息化建设必然也会积极地引进世界先进的技术和方法，以加快我国铁路现代化建设的步伐，为我国经济建设服务，尽快造福于人民。标准化可以在国外先进的技术引进中起到非常重要的作用。通过标准化手段，有利于保护我国具有自主知识产权的信息技术，加速我国铁路信息技术的发展，也有利于我国铁路信息技术相关产品打入世界市场，并在市场竞争中取得有利地位。

信息技术标准化工作是推动我国铁路信息化建设的重要基础性工作，是组织现代化大生产的重要手段，是科学管理的重要组成部分。完善的标准体系可以引导相关方集中力量突破技术难关，加快生产技术的更新速度，缩短新产品试制周期和生产准备周期，加速产品的更新换代，从而推动科技进步；可以促使科技成果迅速转化为新产品进而形成产业，加速产业结构优化升级，带动信息化的良性发展；可以有效地保证和提高产品质量、工程质量和服务质量，提高经济效益和社会效益，促进我国铁路信息化建设。我国加入世界贸易组织，特别是铁路改革与发展步伐的加快，对铁路标准化工作提出了更新、更高的要求。铁路标准化工作正面临着深化改革和发展的重要课题。

第一节　标准化与信息技术

随着现代科学技术的飞速发展，标准化工作的重点已逐步从传统工业转向生物工程、新能源、新材料、航空航天技术、微电子技术、光纤、机器人、激光、超导技术、信息技术等高新技术及其产业。高新技术标准化中,又以信息技术标准化为重要内容。

信息化的前提是信息资源共享,而信息资源共享的基础就是信息技术标准化。因为,信息技术标准化是指为达到各种所需要的有序局面,并获得最佳经济和社会效益,对信息的采集、存储、处理、传输、使用、管理等活动及技术而开展的一系列标准化工作。它贯穿于信息产品的研究、设计、开发、应用和产业化等的全过程,是信息技术成果转化为产品与商品的技术基础,也是各个信息系统间实现互联、互通、互操作的技术保障。

一、信息技术是铁路现代化建设的主要支撑

高速铁路是现代化铁路的重要标志之一,在日本、欧洲、北美等发达国家,高速铁路研究和建设一直处于世界先进水平。近年来,我国高速铁路采用引进、消化和再创新的发展策略,正在迅速得跨入世界高速铁路建设的先进行列。高速铁路不仅在车辆制造技术、线路建造技术、牵引技术和列车控制技术等方面需要突破性的飞跃,在运输组织、行车调度和运营管理等方面也需要更高的效率、更灵活组织模式和更迅速得应变能力,需要铁路各个部门更为密切的协同工作。高速铁路的调度指挥系统就是一个典型的例子。目前,世界上所有建成高速铁路的国家,均结合各自国情建立了调度指挥系统;不同的运输组织决定了调度指挥系统的类型和功能。通常把高速铁路的调度指挥中心作为铁路现代化最具代表性的象征,因为这个系统集成了当代先进的计算机技术、信息采集技术、通信技术、控制技术,而且还表明:该系统是铁路具备现代化的运输指挥手段和运营管理能力的象征。信息技术在此都起着至关重要和无法替代的作用。下面介绍几个国外著名的铁路信息化系统。

日本新干线1995年投入使用的COSMOS(COmputerized Safety Maintenance and Operation system of Sinkansen)是一个基于计算机技术和网络通信技术的综合性信息系统,实现了运输计划、行车指挥、维护管理以及通信信号、电力调度和动车组管理的计算机化和网络化。使开放运营的铁路系统在信息传输上形成相对的闭环系统,是现代控制技术与计算机技术、网络技术的有机结合。该系统在日本新干线铁路安全、高效的运行中起着关键的作用。

法国高速铁路使用了TGV高速铁路调度系统,TGV高速综合调度系统以调度集中为核心,依靠车—地之间可靠的通信将列车、沿线设备和控制中心联系起来。车载设备包括TVM300或TVM430机车信号、故障监测和诊断装置、车载局域网等;沿线分布了接触网、热轴、风、雨、雪、桥隧落物等各种监测设备;控制中心主要包括行车调度、电力调度和中央维护监督三部分,通过网络传递信息。

德国是高速铁路技术较发达的国家,它的ICE高速铁路调度系统通过LZB系统实现列车与地面的双向通信、险情报警信息系统、车载无线故障监视诊断系统,并与地面控制中心和维修中心构成集行车调度指挥、控制、故障监测、维护等功能于一体的系统。

欧洲主要国家铁路采用的欧洲铁路运输管理系统(ERTMS)以欧洲列车控制系统(ETCS)为标准、铁路通信系统(GSM-R)为平台、欧洲点式应答器为定位手段,包括 ETCS、GSM-R 和运输管理 3 个子系统。ERTMS 的总体结构包括轨道旁设备(RBC)、车载设备(EVC)、铁路通信系统(GSM-R)3 大部分。实现了运输管理、调度指挥、车辆和基础设施管理以及列车控制、调车作业、应急指挥、旅客服务等的信息化。

北美国家采用的自动列车控制系统(ATCS),该系统通过现代化无线和有线通信网络,将调度中心、列车、铁路现场设施及工程维修车(队)连接为一个整体。调度员通过计算机,针对线路上发生的情况,不断地修改调度信息。司机及维修人员也通过各自的计算机,针对其车辆正在运行的情况,不断更新信息,并促使采取必要措施。

我国铁路信息化建设经过了二十几年的努力,建成了行车调度指挥系统(TDCS)、运输管理信息系统(TMIS)等一大批信息系统。原铁道部 2005 年发布了《铁路信息化总体规划》,其主要目标是实现各部门、系统之间的互联互通,数据、信息资源的共享,实现铁路运输经营、管理与服务的系统化,指挥的现代化,决策的智能化。按照规划中的铁路信息化体系结构,到 2020 年铁路将建成通信网络基础平台、信息共享平台、公用基础信息平台、信息安全保障平台和铁路门户平台。

图 6-1 中虚线框内为业务应用层,是铁路信息化体系的应用领域实现层,每个应用领域包含若干主要方面,每个主要方面由多个相关的信息系统支撑,主要方面和信息系统可以根据发展的需要进行重组和扩充。

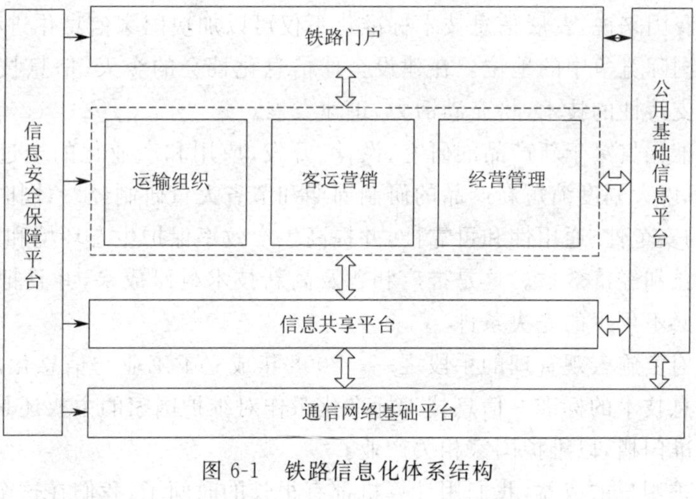

图 6-1 铁路信息化体系结构

虚线框外的部分为铁路信息化的公共基础平台,为业务应用层的各系统提供公用的基础环境。公共基础平台包括:

通信网络基础平台:构建完善的铁路宽带高速通信网络,满足信息系统语音、数据、图像传输的要求；建设安全可靠的铁路计算机网络，满足应用系统互联互通和社会化服务的需要。

信息共享平台：遵循统一的铁路信息系统交换、共享规范，建立信息系统的信息传输交换及共享机制，实现三大领域的信息系统间信息共享。

公用基础信息平台：实现公用基础信息（基础编码、铁路空间信息、运输基础信息等）的统一维护，为各信息系统提供标准的中间件服务。

信息安全保障平台：建立铁路信息化完备的信息安全保障体系，为各信息系统和系统间的数据交换提供保障信息安全的标准服务。

铁路门户：提供铁路信息系统对外的统一通道和服务。

二、标准化是信息技术有序和快速发展的保障

信息技术标准化通常是超前的、开放的，并要国际通用。通过开展信息技术标准化，可以将信息技术中复杂、多样、无序的事物或概念转变为简单、少数、有序的事物或概念，在一定范围内达成某种共识，满足社会经济发展的需求，实现资源共享。我国信息化建设的方针为“统筹规划、国家主导；统一标准、联合建设；互联互通、资源共享”。其中“统一标准”在信息化建设中地位尤为突出，因为没有统一的标准，就无法联合建设，更无法实现互联互通和资源共享。因此，在实现社会信息化的过程中，必须以国家为主体地位，采取标准先行的措施，统筹各方，互通互联，从而实现信息资源共享共用的目标，有效地提高信息资源价值的开发和利用。

信息技术在新一轮技术革命中起着领导与促进作用，其特性决定了信息技术标准化实施的特别重要性。只有当信息技术的标准被认真实施，信息系统和信息化的健康与稳定的发展才能有保证。对我国来说，发展信息技术标准化不仅可以加快国家信息化进程，同时也可以进一步提高我国在国际竞争中的地位。在建设全球信息化社会的今天，信息技术标准化工作作为一门基础性与支持性的技术，将充满活力、迅速发展。

信息技术标准化贯穿于新产品的研究、设计、开发、应用和产业化的全过程。通过开展信息技术标准化，可以大幅度缩短新产品的研制周期和节省大量研制经费，同时还可以改进产品质量，提高产品的安全性、通用性和可靠性，并提高生产效率保护生态环境和节省资源，从而获得巨大的社会效益和经济效益。这是推广和普及高新技术科研成果，并且把高新技术科研成果转化为生产力必不可少的先决条件。

标准化是政府实施宏观管理的手段之一。2008 年成立了工业与信息化部，它的一项重要职能就是制定信息技术的标准。信息技术标准化工作对维护国家的主权还是很重要的。很多国家经常提高标准门槛，以维护国家相关产业。

标准能够保护用户的权益，我们用计算机都有很长的时间了，我们在这个过程中积累了很多的资料，我们积累下来的资料不能够因为技术的变化不能再使用了。这个大到国家、小到个人都是很重要的。解决这个问题的重要手段之一就是标准。

标准可以促进信息技术产业链的形成和信息技术产业的发展。在信息技术领域，标准是提高产业竞争力的一个手段。标准也是建立在信息技术产品发展的基础之上的，如果没有一个有力的产品作支撑，标准也是得不到认可。

三、信息技术标准化的内容及范围

信息技术标准化是由信息技术与标准化交叉而成的一门综合性新技术领域，它是标准化在信息技术领域渗透和延伸的结果，是推广及普及信息活动及信息技术的前提，也是信息化建设与发展的重要基础工作。

(一)信息技术标准化的研究重点

信息技术标准化研究的内容非常丰富，主要应包括以下几方面：

(1)信息技术标准化适用原则。主要研究信息技术标准化的基本原则与方法，以及其适用的信息技术领域。

(2)信息技术标准化方法。为了促进信息技术标准获得最佳效益，并对其产生的经济效益进行评估与衡量，主要研究信息技术标准的制定、修订、审查和管理维护、贯彻、实施的方法。

(3)信息技术标准体系。研究如何建立完善的信息技术标准体系，编制信息技术标准体系表，以及各种信息技术标准之间的关系。

(4)如何开展信息技术标准化国际交流。密切跟踪国外先进标准，加速采用国际标准的步伐，扩大采用国际标准的范围，及加强信息技术标准化领域内的国际合作等。

(5)信息技术标准化的管理。主要是加强对信息技术标准化活动的科学管理，正确划分信息技术标准的等级，区分推荐性标准和强制性标准、正确评定标准水平等。

(二)信息技术标准化的范围

就目前的发展水平而言，信息技术标准化的范围主要包括：

1. 基础研究领域

主要针对信息技术、信息产品、信息系统开发等的基础标准化研究，为信息化建设提供标准技术保障，主要包括：信息处理标准、信息传输标准、人机接口标准、软件工程标准、中文信息处理标准、信息安全标准等。

2. 应用研究领域

紧紧围绕我国当前经济发展的重点，着眼于满足各行各业的需求，努力开发有实用价值的标准，主要包括：电子商务标准、教育、医疗、金融、能源、生物等各行业应用标准、用于管理、商业和运输的EDI标准及其本地化、宽带信息网络、数字广播电视等重点领域的应用标准。

3. 超前研究方向

用于未来“国家信息基础设施(NII)”的关键标准化技术，为我国信息化建设和信息产业化发展提供决策依据和发展指南，主要包括：芯片技术、多媒体技术、Java技术、高速通信技术、网络通信技术、网络计算技术、企业网络技术、基于Internet的中文信息处理技术、应用软件开发平台、各类设备的接口规范、web数据库及接口技术等。

(三)信息技术标准化的主要内容

信息技术标准化是围绕信息技术开发、信息产品的研制和信息系统建设、运行与管理而开展的一系列标准化工作。其中主要包括信息分类编码、汉字信息处理技术、软件工程、网络通信、电子数据交换、电子商务、信息安全、工业计算机辅助技术等方面标准化。

下面将着重介绍其中几个具有代表性的研究领域。

1. 信息分类编码标准化

信息分类与编码是信息社会的重要组成部分,也是信息技术发展、信息系统高效率运行的基本前提。当今社会已步入信息时代,信息与日俱增。其量之大、含义之广、类别之多远非往昔可比。为对信息进行科学、有序、统一、规范地分类和编码,以满足社会各领域进行信息交换、最大限度地实现信息资源共享的需求,必须理顺各种信息关系、制定有共同语言的信息分类编码标准。因此,信息分类编码标准化已成为当前信息化建设的重要基础工作之一,在当前国家信息化的战略措施中,占有十分重要的地位。

信息分类编码标准化包括产品、贸易、区域、场所、机构、人事、时间、语言文化、文献、交通运输等各行业领域、有分类编码要求的各事项的标准化。

早在 20 世纪 60 年代中期,国际上就开始了信息分类编码标准化的研究工作。目前已经制定了一系列有关信息分类与编码的国际标准,这些标准被世界各国广泛采用,并在国际交流中发挥了重要的作用。

信息分类编码标准化的研究工作在我国也已经开展了 20 多年,从单一标准到体系标准、从一个研究领域到多个研究领域、从基础标准向高技术领域,我国不但做了大量工作,还逐渐形成了一套相对独立的理论体系、原则和方法。

信息分类编码标准化已经拓展到社会、经济、科技等各个领域,随着社会信息化的纵深发展,信息分类编码标准化的领域还将继续扩大,并进一步推动信息社会的发展。

2. 网络标准化

社会信息化的特征之一就是网络化,网络对信息化建设具有重要意义。上个世纪 90 年代以来,随着互联网的迅速崛起和发展,世界各国都在大力开展网络建设。网络既为世界经济和信息产业的发展提供了机遇,又对现代信息技术及安全提出挑战。而网络标准的制定,正是决定网络健康发展的决定因素,是促进网络社会化发展的重要技术支撑和根本保证。

网络是建立在信息技术基础上的,而信息技术标准化的开展可以进一步规范网络的发展,保障网络的安全。网络的建设涉及各行各业、各个国家和地区,为了保障网络正确、有序、协调的发展,网络标准化是在网络建设过程中刻不容缓的任务。

网络标准化包括:网络体系结构与协议、网络分类及其协议、网络互联技术与设备、网络协议一致性测试、网络软件及网络管理等方面的标准化。

网络标准的典型是 OSI 标准。而 OSI 整套标准可以分为总体标准、基础标准、功能标准、管理标准、一致性测试标准和典型网络标准六大类。

当前网络发展的总体趋势是：网络业务数据化、网络技术宽带化、网络设施光纤化、网络接入无线化、网络应用分组化、三网融合一体化。我国网络标准化工作应围绕此发展趋势，开展有关标准化工作。

3. 信息安全标准化

安全是网络运行的最基本保障，也是制约信息化社会发展的核心和关键问题。当前，高度开放的计算机网络环境引起各种安全问题。商务数据的保密性、完整性、不可否认性以及网上交易者的隐私权等安全问题让众多商家和用户望而却步。

而安全标准本身可以为信息活动、信息化建设提供最基本的安全保障。这是因为通过标准制定、可以预先对那些对信息活动的安全可能产生不利影响的潜在因素加以防范，从而做到防患于未然。

从国家意义上说，安全标准还关系到国家的安全及经济利益。制定标准势必是从本国的利益及安全方面出发，从而或多或少地影响了表彰的具体内容。因此，在不同国家、地区之间，标准往往成为利益及安全冲突的一种隐蔽性手段。

信息安全标准包括安全与认证两方面的标准。安全标准主要包括加密算法、报文摘要算法、防火墙、Web 安全、消息安全、物理安全、入侵的审计追踪与检测以及网络病毒与防范等；认证安全包括数字签名、数字证书、密钥与证书管理、身份认证等标准。

4. 电子商务标准化

按照世界贸易组织电子商务专题报告的定义，电子商务(EC)是指通过电信网络进行的生产、营销、销售和流通活动。它不仅指基于 Internet 上的交易，而且指所有利用信息技术(IT)来解决问题、降低成本、增加价值和创造商机的商务活动。

标准在电子商务发展中是必不可少的重要组成部分。我国电子商务发展总体框架将标准列在了整个结构的首位，与政策法规的地位并列，发挥着对框架中其他组成的指导与规范作用。

电子商务相关标准为实现电子商务提供了统一的技术手段。由于电子商务不但涉及计算机、通信、编码、加密等多种技术手段；而且还包括了商家、银行、邮电、储运及企业等诸多社会领域，通过对电子商务各个方面及环节制定相关标准，可以有效地减少和避免由于多样化带来的不协调，有利于电子商务统一、有序、协调地发展。

电子商务标准体系大致分为通用基础标准、网络标准、安全认证标准、交易支付标准、应用标准五个子体系。

建立健全与国际接轨的电子商务标准体系是进一步推动我国电子商务发展的具体措施。针对我国电子商务标准目前存在的问题及急需制定的领域，应本着标准面向市场化、标准制度集中化、标准内容广泛化、标准合作国际化、标准适用灵活化等原则，不断充实与完善电子商务标准体系，以充分发挥标准的引导与规范作用，推动我国电子商务健康、蓬勃地发展。

5. 中文信息处理标准化

中文信息处理是指中文国家用的语言与字符的信息处理，包括汉字与少数民族字符与语言的信息处理。中文信息处理技术是信息技术的重要组成部分，中文信息处理标准化对推广和普及中文信息技术具有重要作用，是我国信息技术标准化的重要组成部分。此外标准在某些方面体现出一个国家的主权，标准的制定与实施已经成为信息技术产品和市场竞争的重要手段，而中文信息处理标准尤其如此。

中文信息处理标准化包括中文信息的表示、中文输入与输出、中文字符特性、中文信息处理设备、中文信息处理接口及中文信息处理标准符合性测试规范等方面的标准化。

中文信息处理标准化是中文信息技术产业参与国际竞争必须解决的一个问题。加强中文信息处理标准会工作，将有利于维护中国在中文信息技术领域的领先地位，提高中国在信息技术方面的国际竞争力，保护中国民族信息产业的利益。

6. IC卡标准化

IC卡，也称“智能卡”，是一种内部嵌入集成电路芯片、能独立进行信息处理与交换的卡片式现代信息工具。由于它具有储存信息量大、数据保密性好、抗干扰能力强、储存可靠、读写设备简单、使用灵活、操作速度快、脱机工作能力强等优点，已在银行金融界、电信、交通、医疗保健、公用事业等领域得到广泛应用。IC卡作为安全认证和支付手段，在日益兴起的网上购物和电子商务方面也将得到广泛应用。

IC卡标准主要涉及IC卡及终端设备规范、IC卡与终端设备之间的信息交换标准、IC卡应用规范、IC卡的安全性规范、IC卡测试规范等。IC卡标准化对于IC卡的普及应用、推动整个社会信息化进程有着重要作用，并将对今后IC卡在电子商务领域的广泛应用起重要的推动作用。

第二节　标准化与知识产权

一、知识产权的基本概念

(一)知识产权的定义及特征

知识产权，英文是“intellectual property”，字面直译为“智力财产权”。是指公民、法人或者其他组织对其在科学技术和文学艺术等领域内，主要基于脑力劳动创造完成的智力成果所依法享有的专有权利。

知识产权是人们对无形财产所享有的权利，它不同于一般的有形财产权，它具有以下特征：

(1)无形性。即所有权体现的是人类通过脑力劳动创造的智力成果。

(2)确认性。即所有权必须由法律做出直接和具体的规定和确认。

(3)专有性。即所有权具有独占性或垄断性；除权利人许可或法律规定外，权利人以外的任何人不得享有或使用该项权利。

(4)地域性。即所有权只在所确认和保护的地域内有效；即除签有国际公约或双边互惠协定外，经一国法律所保护的某项权利只在该国范围内发生法律效力。

(5)时间性。即所有权在法律规定的有效期内受法律的保护，超过了规定期限，该项法律保护自动失效，有关的智力成果进入公有领域，成为任何人都可以无偿利用的社会公共财富。

(二)知识产权的分类

按照权利的内容不同，知识产权包括两部分：人身权和财产权。知识产权中的人身权是与智力活动成果创造人的人身不可分离的专属权，比如：署名权、发表权、修改权等；知识产权中的财产权则是指享有知识产权的人基于这种智力活动成果而享有的获得报酬或其他物质利益的权利。

按照智力活动成果的不同，知识产权可以分为工业产权和版权(即著作权)两大类。工业产权保护的对象主要包括发明、实用新型、外观设计、商标等；版权保护的对象则包括作者对其作品享有的著作权、商标权、专利权、发明权、发现权等。对于上述知识产权，我国《民法通则》第五章第三节作了明确规定。

(三)知识产权的保护范围

WTO组织的《与贸易有关的知识产权协议》即《TRIPS》，将知识产权保护的范围规定为：

(1)著作权及相关权利(指邻接权)；

(2)商标权；

(3)地理标记权；

(4)工业品外观设计权；

(5)专利权；

(6)集成电路布图设计权；

(7)对未公开信息的保护权；

(8)对许可合同中限制竞争行为的控制。

中国知识产权主要包括：

(1)著作权(版权)；

(2)专利权；

(3)商标权；

(4)发现权；

(5)科技成果权；

(6)集成电路的布图设计权和植物新品种权。

知识产权不完全是自然拥有的，比如专利权和商标权，它的获得是需要国家相关法律的确认，并需要履行一定的手续。

(四)知识产权的作用

知识产权保护知识拥有者和创新者的利益，它是法律赋予知识产品所有人对其智力创造成果所享有的某种专有权利。知识产权制度的保护功能和公开功能，既保护了知识产权创造者的独占性，又激励竞争对手在高起点上去创造新的知识。

二、专利法律制度概述

(一)专利权与专利法的概念

专利权是指由国家专利主管机关依法授予专利申请人在一定期限内实施其发明创造的专有权。专利申请人依法被授予专利权后，享有专利法赋予的权利，未经专利权人许可，任何人不得制造、使用、销售其取得专利的发明成果(法律另有规定的除外)，否则构成侵权，当受法律的制裁。

专利法是确认发明人(或其权利继受人)对其发明享有专有权，规定专利权人的权利和义务的法律规范的总称。国家颁发专利证书授予专利权的专利权人，在法律规定的期限内，对制造、使用、销售(有些国家还包括进口该项专利发明或设计)享有专有权(又称垄断权或独占权)。其他人必须经过专利权人同意才能为上述行为，否则即为侵权。专利期限届满后，专利权即行消灭。任何人皆可无偿地使用该项发明或设计。

(二)授予专利的范围

实行发明专利制度的国家，有些还采用实用新型和外观设计的保护形式。实用新型指对物品的形状、构造或其组合作出的革新设计，亦称“小发明”、“小专利”。其特点是，对发明要求较低，申请和审批手续比较简单，费用较少，保护期限较短。采用实用新型保护的只有少数国家和地区。外观设计也称工业品外观设计，指对产品的外形、图案、色彩或其结合作出富于美感而适用工业上应用的设计。中国的《专利法》对实用新型、外观设计的保护作了明确规定。

中国专利法规定了不授予专利权的六种情况：

(1)违反国家法律、社会公德或妨害公共利益的发明创造；

(2)科学发现；

(3)智力活动的规则和方法；

(4)疾病的诊断和治疗方法；

(5)动物和植物的品种；

(6)用原子核变换方法获得的物质。但对动物和植物品种的生产方法，可以授予专利权。

(三)授予专利的条件

专利授予条件各国专利法规定有所不同。中国和多数国家一样都要求发明应具备新颖性、先进性和实用性。

新颖性，是指在申请日以前符合以下条件：

(1)没有同样的发明或者实用新型在国内外出版物上公开发表过;

(2)没有同样的发明或者实用新型在国内公开使用过;

(3)没有同样的发明或者实用新型在国内以其他方式为公众所知;

(4)没有同样的发明或实用新型在申请日以前由他人向中国专利局提出过申请,并记载在申请日后公布的专利申请文件中。

创造性,是指发明创造专利的创造性同申请日以前已有的技术相比有突出的实质性的特点和显著的进步;实用新型专利的创造性同申请日以前已有的技术相比具有实质性特点和进步。

实用性,是指该发明或者实用新型能够制造或使用,并且能够产生积极效果。

专利申请获得批准,意味着该专利具有新颖性、创造性和实用性这三项特征。

(四)专利的申请与审批

专利申请在中国采用先申请原则。授予专利的机关主要进行形式和实质条件的审查。所谓形式审查,是关于专利申请文书的写法和格式的审查;所谓实质审查,是关于发明专利自身状况的审查。

专利的审批目前各国专利法大体规定有 3 种制度:

(1)登记制,专利局对专利申请案只进行形式审查,如果手续、文件齐备即给予登记,授予专利权,而不进行实质审查。采用登记制的,其专利往往质量不高。

(2)实质审查制,即不仅进行形式审查,还要审查发明的新颖性、先进性和实用性。实质审查能够保证专利的质量,但需有大批高水平的审查人员,且容易造成大量积压。

(3)延期审查制,对形式审查合格的申请案,自提出申请之日起满一定期限(如 18 个月)即予以公布,给予临时保护;在公布后一定年限内经申请人要求专利局进行实质审查,逾期未要求实质审查的,则视为撤回申请。采用延期审查制可减轻审查工作的负担。中国对专利的审批采用延期审查制。

(五)专利的实施

指专利权人或者他人为了生产经营目的制造、使用和销售专利产品或使用专利方法。专利的实施有三种情况:

(1)自己实施。专利权人取得专利后,制造其产品,使用其方法,以获得最大的经济效益。

(2)许可他人实施。专利权人通过订立许可合同的方式,许可他人实施其专利,并收取费用。

(3)强制许可。专利局在一定条件下,不经过专利权人的同意,准许其他单位和个人实施专利权人专利的一种强制法律手段。

(六)专利权的保护期限

各国专利法的规定不同。最短有 5 年以下的,如伊朗、委内瑞拉等。大部分国家规定在10～20年之间，如英国为16年，美国为17年，联邦德国为18年，法国为20年。还有的国家规定了几个期限，申请人可以自行选择，如阿根廷、智利等。期限开始的时间，有的国家规定从提出申请之日起算，有的国家规定从授予专利权之日起算。中国的《专利法》规定，发明专利权的期限为20年，实用新型和外观设计专利权的期限为10年，都自申请日起计算。

（七）专利权人的权利和义务

专利权人的权利包括：

(1)独占权，是指专利权人有自己制造、使用和销售专利产品，或者使用专利方法的权利。他人未经专利权人同意，不得支配其专利。

(2)转让权，是指专利权人将专利的所有权或持有权，通过签订转让合同的方式转让给他人。转让后转让人不再享有专利权，受让人成为新的专利权人。专利权的转让，必须签订书面合同，经专利局登记和公告后才发生法律效力。

(3)许可权，是指专利权人有权许可其他单位或个人制造、使用、销售其专利产品，使用其专利方法。被许可人无权就该专利再许可第三人使用或将该专利转让给第三人。专利实施许可必须签订书面合同。

(4)进口权，是指专利权人有权禁止他人未经其许可，进口与其专利产品相同的产品或进口依其专利权方法可直接获得的相同的产品。

(5)标记权，是指专利权人有权在专利产品的包装上标明专利记号和专利号。发明人和设计人无论是否为专利权人，都有在专利文件上写明自己是发明人或设计人的权利。这种人身权利，不因专利权的转让而消灭。

(6)排除侵犯权，是指专利权人在自己的专利权受到侵犯时，有请求专利管理机关进行处理，或者直接向人民法院起诉的权利。

(7)放弃权，是指专利权人通过向专利局提出书面申请或以不缴年费的方法放弃其专利权。放弃专利权，实际上是专利权人对其专利权的一种处分。

专利权人的义务包括：

(1)缴纳年费的义务；否则，视为放弃专利权；

(2)职务发明创造专利权的单位有支付奖励费的义务；

(3)实施专利发明创造的义务。专利权人实施其专利，既是一项权利，也是一项义务；否则，国家专利机关有权强制实施。

（八）我国的专利法

我国第一部《专利法》颁布于1944年。新中国成立以后，1950年颁布了《保障发明和专利权暂行条例》；1954年颁布了《有关生产发明、技术改进及合理化建议的奖励暂行条例》；此后又颁布了《发明奖励条例》。改革开放后，1984年通过了历经24稿的《专利法》，1992年和2000年该法进行了两次修改；1985年1月公布了《中华人民共和国专利法实施细则》，该细则于 1992 年和 2001 年也进行了两次修订。专利法及实施细则的颁布、修订和实施，标志着中国的专利保护制度日趋成熟，它在促进发明创造、科技发展、对外开放和国际交流方面发挥着重要的作用。

三、商标法律制度概述

（一）商标与商标法的概念

商标是商品生产者或经营者在其生产、制造、加工、拣选、经销的商品上，以文字、图形或它们的组合所表示的一种特殊标志。对于商品的生产者或经营者来说，商标具有排他性、标记性、地域性和竞争性的特征。

商标法是确认商标专用权，规定商标注册、使用、转让、保护和管理的法律规范的总称。它的作用主要是加强商标管理，保护商标专用权，促进商品的生产者和经营者保证商品和服务的质量，维护商标的信誉，以保证消费者的利益，促进社会主义市场经济的发展。

我国于 1982 年颁布了《中华人民共和国商标法》，2001 年进行了第二次修正，自 2001 年 12 月 1 日施行。

（二）商标注册与商标注册条件

商标注册，是指商标使用人对其使用的商标，依照法定程序，向商标管理机关提出注册申请，经审核批准，商标管理机关授予注册人以商标专用权的法律活动。经过商标管理机关核准注册并刊登在商标公告上的商标为注册商标。商标注册的申请是取得商标专用权的前提。商标注册制度是保护商标专用权的一种基本法律制度。

商标注册的条件是：(1)申请人必须具备合法资格。(2)商标必须具备法律规定的构成要素；商标设计必须具备显著特征，便于识别。

我国的《商标法》规定了 9 种禁止商标使用的文字、图形和标志：(1)中华人民共和国的国家名称、国旗、国徽、军旗、勋章，以及中央国家机关所在地特定地点的名称或标志性建筑的名称、图形；(2)外国的国家名称、国旗、国徽、军旗；(3)政府间国际组织的名称、旗帜、徽记；(4)表明实施控制、予以保证的官方标志、检验印记；(5)“红十字”、“红新月”的名称、标志；(6)带有民族歧视性的；(7)夸大宣传并带有欺骗性的；(8)有害于社会主义道德风尚或者有其他不良影响的；(9)县级以上行政区划的地名或者公众知晓的外国地名。

（三）商标权的法律保护

注册商标的所有人对其所有的注册商标，享有独占的使用权，未经其许可，任何人都不准在同一种商品或者类似商品上使用与注册商标相同或近似的商标。凡具有下列行为之一的，均属侵犯注册商标专用权：①未经注册商标权人许可，在同一种商品上使用与其注册商标相同或者近似的商标；②销售侵犯注册商标专用权的商品；③伪造、擅自制造他人注册商标标识或者销售伪造、擅自制造的注册商标标识；④未经商标注册人同意，更换其注册商标并将该更换商标的商品又投入市场；⑤给他人的注册商标专用权造成其他损害的，具体包括：a. 经销明知或者应知是侵犯他人注册商标专用权商品的；b. 在同一种或者类似的商品上，将与他人注册商标相同或者近似的文字、图形作为商品名称或者商品装潢使用，并足以造成误认的；c. 故意为侵犯他人注册商标专用权提供仓储、运输、邮寄、隐匿等便利条件的。

（四）商标权的保护期限

注册商标专用权具有时间性。《商标法》第 37 条规定，注册商标有效期为 10 年，从商标核准注册之日起计算。这是指商标专用权的有效期限；在有效期限内商标专用权受到法律保护，超过期限，又未申请续展的，即注销其注册商标。

商标专有权的续展，每次的续展期为 10 年。从可以续展的含义上来讲，商标专有权人可以经续展永远享有该商标专用权。

（五）商标权人的权利和义务

商标权人的权利，简称商标权或商标专用权，是指商标注册人对其注册商标所享有的权利。商标权的范围，以核准的注册商标和核定使用的商品为限。商标专用权是一个集合的概念，具体内容包括三项权：(1)独占权，是指商标的专用权，具有绝对的、排他的权利性质。(2)转让权，是指商标注册人将其商标权转让给他人所有。商标的转让，必须是在注册商标的有效期内进行，并以受让人能保证使用该注册商标的商品质量为条件。(3)使用许可权，是指商标注册人通过订立合同的方式，允许他人使用其注册商标。商标使用许可合同应当报商标局备案。使用许可的形式可以是排他许可、独占许可或一般许可。

商标权人承担的义务主要有：(1)确保使用注册商标的商品质量的义务。(2)如连续 3 年停止使用注册商标的，注册商标将被撤销；(3)商标权人注册商标、续展注册商标，要依法缴纳各种费用。

四、著作权法律制度概述

（一）著作权与著作权法的基本概念

著作权，也称版权，是指著作权人依法对其文学、艺术和科学作品所享有的人身权利和财产权利的总称。

著作权法也叫版权法，它是确认作者对其创作的文学、艺术和科学作品享有的某些专有权利，调整著作权人与作品的使用者或传播者之间的有关对作品著作权的占有、使用和处分等问题而产生的著作权法律关系的行为规范的总称。新中国第一部著作权法于 1990 年 9 月 7 日颁布，1991 年 6 月 1 日生效实施。2010 年 2 月 26 日第二次修正，包括总则、著作权，著作权许可使用和转让合同，出版、表演、录音录像、播放，法律责任和执法措施，附则等六章，共六十一条。

著作权法是调整、规范著作权和著作权有关权益关系的法律规范的总称。我国《关于修改〈中华人民共和国著作权法〉的决定》，进一步完善了国家保护著作权这一知识产权方面的法律。

（二）著作权法律的保护对象

著作权法律的保护对象包括由作者的脑力劳动所创造的、为著作权法所确认的，并受著作权法保护的一定形态的知识产品。它们必须具备：独创性、可复制性、合法性。著作权法律保护的作品范围具体包括：文学、艺术、自然科学、社会科学、工程技术和计算机软件等。

计算机软件被列为著作权保护的作品是在 1990 年 9 月，颁布于《中华人民共和国著作权法》中。为给予计算机软件专门的保护，1991 年 6 月 4 日国务院又颁布了《计算机软件保护条例》。被保护的计算机软件由两部分组成：包括计算机程序和文档。计算机程序是指为了得到某种结果而可以由计算机等具有信息处埋能力的装置执行的代码化指令序列或者可以被自动转换成代码化指令序列的符号化指令序列或者符号化语句序列。程序包括使用程序语言编写的源程序和使用机器语言编写的目标程序。同一计算机程序的源程序和目标程序为同一作品。文档是指用来描述程序的内容、组成、设计、功能规格、开发情况、测试结果及使用方法的文字资料和图表等，如程序设计说明书、流程图、用户手册等。计算机软件在表现形式、开发和应用等诸多方面与其他作品相比有着显著不同的特点。例如，软件中程序本身不可直观，程序作为产品带有明显的功能性和应用性，并且极易被修改、复制和传播等；因此通过单独立法对软件著作权进行专门保护就显得十分必要。我国借鉴国际先进管理经验，著作权行政管理部门将加强软件著作权的保护，实行计算机软件著作权登记制度，鼓励软件著作权登记。依据国务院颁布的《计算机软件保护条例》以及《计算机软件著作权登记办法》，计算机软件著作权登记证书是软件著作权有效或登记申请文件所述事实的初步证明。软件著作权登记申请人通过登记机构的定期公告，可以向社会宣传自己的产品；在发生软件著作权争议时，《软件著作权登记证书》是主张软件权利的有力武器，同时是向人民法院提起诉讼，请求司法保护的前提；在进行软件版权贸易时，《软件著作权登记证书》作为权利证明，有利于交易的顺利完成。同时，国家权威部门的认证将使您的软件作品价值倍增；合法在我国境内经营或者销售该软件产品，并可以出版发行；申请人可享受《产业政策》所规的有关鼓励政策。

（三）著作权的权能

著作权由人身权和财产权两部分内容构成。

著作人身权具体包括四项权能：发表权、署名权、修改权、保护作品完整权。

著作财产权包括：复制权、发行权、出租权、展览权、表演权、放映权、广播权、信息网络传播权、摄制权、改编权、翻译权、汇编权等。

著作权中的人身权占有极其重要的地位，这是因为在作品中高度凝聚了著作者的思想观点、愿望、理想、性格和风格等精神因素，这是其他知识产权所不能比拟的。

（四）著作权的归属

国家版权局是中国的著作权行政管理部门，主管全国的著作权管理工作。中国采用“自动取得”的原则，即著作权自作品完成创作之日起产生，作品不论是否发表，作者均享有著作权，并受著作权法保护；外国人的作品首先在中国境内发表的，享有著作权；外国人在中国境外发表作品，根据其所属国同中国签订的协议或共同参加的国际条约享有著作权。著作权属于作者，如无相反的证明，在作品上署名的公民、法人或者其他组织为作者，两人以上合作创作作品的作者共同享有著作权。

（五）著作权的保护期

著作权受法律保护是有时间限制的，著作权期限届满，丧失著作权，该作品便进入“公有领域”，任何人不征得原著作权人的同意、不支付报酬都可以利用。中国对著作人身权和著作财产权保护期做了区别规定。著作人身权利中的署名权、修改权、保护作品完整权保护期不受限制，受到法律的永久保护；著作财产权和发表权的法律保护是受限制的。作者是公民的，为作者终身及死后50年；合作作品截止于最后死亡作者终身及死后50年；法人、其他组织作品，自作品首次发表后第50年，但作品自创作完成后50年内未发表的不再享有保护；电影、摄影等作品截止于作品首次发表后50年，但作品自创作完成后50年内未发表的不再享有保护。

五、标准与知识产权的关系

传统的标准多体现为对产品或服务的技术要求和质量要求，涉及的都是公开且成熟的技术，而知识产权保护的是具有独特性、创新性的人类智力成果，两者并不具有密切的关系。然而，随着高新技术的快速发展，标准与知识产权的关系发生了微妙的变化，它们在市场的利益驱动下，由分离走向了结合。

（一）标准与知识产权的区别

在传统的意义上，标准与知识产权是互相排斥的。标准具有公共产品的特性，追求公开性和普遍适用性，它不构成任何特权。制定标准的目的就是要广泛推行“在一定的范围内获得最佳秩序”。与标准不同，知识产权是一种私权，指人们对自己通过脑力劳动而创造的智力成果所依法享有的专有权，一方面它们通过专利权、商标权和著作权等的定义来体现知识产权的含义，另一方面它们不可回避地体现了一种私有权的性质，作为受法律保护的、合法的私有权，它们具有“绝对性和排他性”。

（二）标准与知识产权的联系

对于知识可以做一个全新的分类：(1)内容类知识；(2)方法类知识；(3)规则类知识。方法类知识比内容类知识重要，规则类知识则是最有力量的知识。因为内容类知识是关于“是什么”和“为什么”的知识，方法类知识是关于“怎么做”及“谁来做”的知识，而规则类知识不但约束了怎么做事，约束了什么人做事，更重要的是约束了竞争对手：你能这样做，不能那样做。标准就属于规则类知识。传统的标准技术要素中主要包含的是对某种产品性能、形状的描述、质量规定或其他技术指标，并不涉及专利和专有技术本身；但是随着知识经济的发展，特别是高新技术产业的发展，技术标准中产品性能与功能的结合日益加强，技术标准包含的创新成分日益增加，专利与技术标准开始从分离走向结合，出现了技术标准专利化的趋势。许多跨国公司对标准感兴趣，并不是因为标准本身的知识含量，而是因为在标准中不仅隐藏着诸多专利或技术秘密，而且还隐藏着技术转让和许可的可能。如果不使用标准中所涉及这些专利或技术，就难以制造出或提供出符合标准的产品。利用标准来控制竞争对手，通过“标准”这一公示化的手段和策略，在市场竞争中，一旦取得消费者的认同，便可抢得先机，任何欲分得一份市场的人，就必须进入其标准体系中，按照其标准进行生产。这样，后来者就不得不从标准制定方或参与方中，通过商业途径获取相应的技术和其他知识产权。由此知识产权贸易产生了，并作为纽带将标准和知识产权紧密的联系到一起。

标准专利化的趋势通常从两个途径表现出来，一是政府标准化组织或政府授权的标准化组织在制定标准时收入了包含有专利的技术。二是受专利保护企业的私有技术通过竞争获得市场主导地位而成为产业的事实标准。技术标准与专利的这种结合不仅能够有效地“锁定”技术标准的使用者，为技术标准制定者带来丰厚的收益，同时也为企业获得了一种新的竞争优势，并且利用这种优势排挤竞争对手，达到垄断市场的目的。

在经济全球化、国际竞争日益激烈的今天，无论是国家还是企业都必须清醒地认识到：知识产权比知识本身重要，技术标准比技术本身重要。知识产权是知识价值的权力化、资本化；技术标准是技术成果的规范化、标准化。以技术为核心的知识产权是标准产生的基础，而知识产权保护制度是标准实施的前提和保障；我们要在认清“标准”与“标准所涉及的技术”的基础上，准确把握标准与知识产权的关系，在基础产业和高新技术等领域建立以知识产权为基础的标准，并成为标准制定和形成过程中的主角，掌握更多的标准制定的话语权。否则，就不可能形成真正的竞争优势，就可能永远受制于人。在当今世界，谁掌握了制定规则的权力（即规则类知识），谁就有了主宰市场的领袖地位。

第三节　标准化与铁路信息化建设

铁路信息化建设是一项既依赖于信息技术又与信息应用直接关联的复杂系统工程。协调技术和应用之间的关系，保证信息的共享和互联互通，很关键的条件是信息化的相关技术标准。信息化体系主要由六要素组成，即：信息技术应用、信息资源、信息网络、信息技术和产业、信息技术人才、信息化政策法规和标准规范。这六要素有着互相依存、互相作用的关系，而信息化标准规范是贯穿于六要素的始终，这也证明信息化标准对于信息化的发展具有举足轻重的作用。从国家的层次来看，信息技术标准体系对于一国信息产业、知识经济的发展乃至国家竞争力的提高都有着至关重要的作用。而从我国铁路行业层次来看，信息技术是铁路现代化建设，特别是高速铁路建设的重要支撑技术，信息化发展水平是铁路现代化发展水平的重要标志之一。铁路信息技术标准体系将有助于铁路信息化建设有序、高效地发展，有利于先进的信息技术尽快在铁路行业得到利用，提高铁路现代化水平，提高我国铁路信息技术和相关产品在国际市场上的竞争力。比如：标准化能有效地保障和促进信息共享，标准化能有效形成和促进铁路各业务系统协同工作，标准化是实现引进、消化、再创造的必不可少的前提和保障等等。

现代铁路的显著特点是规模和国际化程度越来越大、自动化和信息化程度越来越高、技术要求越来越复杂，信息共享和系统协调运行的要求越来越高。此外，随着信息技术的发展、信息化系统种类和数量的增加，供货厂家的数量也越来越多。这就需要通过制定和执行标准，使各系统运行和各部门的生产活动保持协调一致，使同类系统及系统间接口的技术保持高度的统一，只有这样才能保证铁路生产正常和高效地进行。

一、国际标准化与现代铁路信息化建设

（一）标准化使现代铁路的信息化系统兼容性的保障

世界经济的全球化使得铁路跨境运输和跨地区运输越来越普遍。因此，世界各国铁路部门越来越注重高速铁路的技术兼容性理念，在此方面欧洲的高速铁路有突出的表现。例如：法国 TGV 高速铁路技术不仅已为欧洲各国所接受，而且也应用于一些亚洲国家。之所以有如此骄人的成果，不得不说欧洲铁路技术注重兼容性是一个不容忽视的因素，其中欧洲联盟理事会 1996 年颁发的全欧高速铁路系统的互通性（Interoperability of trans-European high-speed rail system）指令（即 96/48/EC 号指令），该指令适用于各个子系统的有关参数、互操作单元、接口和程序的规定，以及为达到其互操作所需的全欧高速铁路系统的全部兼容的条件。为实现全欧高速铁路兼容性目标起到了关键性作用，为真正开放共同铁路市场和提高世界范围的竞争能力创造有利环境。在考虑全欧高速铁路系统规模和复杂性的前提下，将系统分成若干个结构性或功能性子系统，并为包括部件和接口在内的各子系统规定基本要求、基本参数和明确的技术规范，以保证基础设施、能源、信号、控制指挥以及车辆等方面的互操作性。规定由诸如欧洲标准化委员会（CEN）、欧洲电工标准化委员会（CENELEC）或欧洲电信标准学会（ETSI）等欧洲标准化机构按照欧盟委员会的指令来制定统一、和谐的泛欧高速铁路技术规范。在保持每个成员国现有铁路网合理成本和效益的基础上，达到整个共同体内高速铁路畅通的目标。规定泛欧高速铁路系统各子系统安全性、有效性和适用性的认证评定机构、程序和模式，以便推动国际贸易、运输服务和铁路工业的发展。

（二）标准化促进现代铁路信息化建设统一和协调发展

现代铁路尤其是高速铁路系统是一个多专业、多部门、多系统组成的大系统，需要各子系统及其信息化建设，应相互协调发展，使整个系统能够高效运行。因此，要求相关的信息技术必须相互配套、同步发展，即具有系统性。世界各国铁路部门越来越注重铁路信息化技术统一和协调发展的理念。日本的新干线高速铁路技术，经过 40 多年发展的新干线高速列车已在日本形成了一整套系列化技术标准。如：电力牵引电源的频率也从 50 Hz 逐步向 60 Hz 统一过渡；各系列型式的列车统一采用动力分散式车辆，以提高加减速效率，且可降低车辆重量与轨道负荷；信号系统采用统一的自动列车控制系统（ATC），可在列车驾驶室显示与确认各种信号；行车控制中心则采用统一的列车集中控制装置（CTC），可以监控所有列车的运行状况。

欧盟同样在铁路运输指挥现代化建设，统一成员国铁路信号标准方面做了相当多的工作。欧洲铁路运营管理系统（The European Railway Traffic Management System，ERTMS）是最具代表性的系统之一。ERTMS是欧盟战略的重要组成部分，是由6个欧洲铁路行业联盟（Union of European Railway Industries UNIFE）成员——阿尔斯通（Alstom）、安萨尔多（Ansaldo）、庞巴迪（Bombarder）、英维思铁路集团（Inversys Rail Group）、西门子（Siemens），以及Thales公司开发的一个重要的工业项目。该系统由欧洲列车控制系统（European Train Control System，ETCS）和GSM-R组成。其目的是统一欧洲各国的铁路指挥和控制系统的标准，使欧洲铁路系统实现无缝连接，提高欧洲铁路的竞争力。在推进和实施ERTMS的进程中，欧洲国家都在积极努力。在近十年内，大多数欧洲国家的主要线路将装备ERTMS。ERTMS工程还得到了欧盟的财政支持，专门成立了两个独立的工作组，加快实现欧洲铁路的互通性，振兴欧洲铁路。ERTMS正在迅速成为一个全球性标准。

（三）标准化现代铁路的技术有序化

铁路现代化建设的规律决定了铁路信息化建设具有阶段性和持续性等特点，这就要求相关的信息技术必须有序地发展。国外拥有更多技术含量的高速铁路往往是从应用和改进成熟的技术标准开始的。例如，在20世纪通过建立新的铁路基础设施标准大力发展电气化铁路，不断修订包括信号控制等领域的技术标准来提高旅客列车速度。又如，通过制定和修订铁路设计标准、工程标准、维护标准和管理标准，尽可能地优化高速铁路系统的运营管理、维护方式、安全保障机制等。

尽管世界各国铁路部门都认同标准化对现代化铁路发展所起到的重大作用，但是要在世界范围内实现这一目标并非易事。这不仅是因为代表世界先进水平的欧洲、美国和日本等铁路系统的标准存在着较大的差异，而且与铁路系统密切相关的运营部门、设备制造厂商、零部件供应商和工程设计公司等单位对标准都有各自侧重的方面和不同的要求。在这种情形下，国外铁路系统通过充分的标准化实践经验，长期坚持贯彻执行有序化的工作理念，不仅把运输安全、效能和质量作为铁路标准化工作的首要考虑因素，而且也把运输业绩、经济成本、技术协调等因素纳入铁路标准化工作范畴，朝着世界铁路系统整体化标准目标发展。为此，国际社会正从以下几个方面进行努力：

（1）有计划、有次序地推进消除国与国之间、区域与区域之间存在标准差异的工作进程。通过制定统一的相关标准，为铁路设备制造厂商和运营部门扫除障碍。

（2）有选择、有重点地制定和修订某些专业领域的统一技术标准。例如，开展轮轨制动系统、气动设计、牵引动力和动态重量转移等技术标准的探讨。

（3）有组织、有协调地开展各国铁路部门及有关企业都能接受的标准化活动。循序渐进地把一些优秀的国家标准、区域标准糅和纳入到国际标准中，建立一个可供各国参考和借鉴的规范。同时，在充分协调各方利益和技术的基础上，制定一些范围宽泛的、技术分级和分期实施的通用专业标准，以促进跨国铁路顺畅衔接和技术装备水平升级换代。

二、我国标准化与铁路信息化建设

(一)标准化有利于保障技术产品的质量

信息化系统在铁路运输生产中起的作用越来越重要,对信息系统工作的稳定性和可靠性的要求也越来越高。为保证应用于铁路的信息系统的质量,就需要有关方面根据实际的需要和技术发展的状况,制定合理的标准,使得各系统的供货厂商在零部件选择、生产组织,检验测试和包装运输及工程实施等各个环节,有“法”可依。在专业分工更细的当今现代信息产业中,也只有标准化才能保障在进行系统集成时,得到一个高性能、高质量和高效率的信息化系统。合理的标准可以淘汰掉多余的、功能低的产品品种,保证上市产品的质量。此时,标准是衡量技术产品质量的主要依据,也只有采用标准化的方法,生产、建设和使用各方才能对技术产品有一个统一的认识和评价基础,确保信息化工程的顺利进行。

(二)标准化是避免垄断、不公平竞争和保障技术市场良性发展的有力措施

标准是供需多方协商的结果,标准强调统一和公开。因此,即使发布的标准往往有利于较先掌握先进技术的公司和企业,但仍然有利于打破技术壁垒,使有发展潜力的企业有机会研发高质量产品并参与到市场的竞争中。这就必然促使技术产品的生产厂商,根据市场变化和用户新的需求不断地开发和应用新技术,及时修订企业产品标准,合理调整产品结构,采用先进技术装备组织专业化生产,实现优质、高产、低耗、低成本、高效率的生产。以便能够在市场竞争中保持产品的地位不被取代。

(三)标准化是降低信息化系统建设、维护和使用成本的有效方法

我国铁路信息化系统的种类越来越多、规模越来越大、建设速度也越来越快;同时信息化系统也从单一功能(专业)向多功能、多专业的大型综合性系统转化。这样的系统必然包含众多的硬件和软件,构成大系统的众多子系统间也需要进行信息交换(共享)以实现系统的协调工作。标准化能够提高零部件“通用化”程度,有利于实现互换组合,便于选用不同厂家的优质产品集成优化的应用系统。同时,便于相应的备品和备件的选购,从而降低建设成本和维护成本。

(四)标准化有利于先进技术的引进

随着我国改革开放政策的实行以及铁路跨越式的快速发展,国际上先进技术的引进以及消化吸收成为加速我国铁路现代化建设有效途径。特别是在我国高速铁路建设过程中,有大量的国际先进技术可供借鉴和选择。但我国铁路有我们国家的特殊性,国外很多技术直接引进未必适合我国国情,对此我国在技术引进过程中是有过教训的。在这种情况下,可以借鉴国际上先进的技术标准,根据我国的实际情况和需求,制定符合我国国情的相关技术标准。这样可以利用我国巨大市场的优势,引导国外厂商根据我国的需要,研发适合我国铁路现代化建设需要的产品,确保引进的技术能够很好地满足我国铁路运输的需要,发挥其应有的作用。此外,采用标准化的手段有利于引进国际上先进的技术;通过采用和借鉴国际上先进的技术标

准，可以有选择的引进真正代表国际先进技术水平和发展趋势的技术，避免在引进工作中吃亏上当，造成巨大的损失；通过标准化手段有利于将消化和吸收国外先进的信息技术，实现技术的再创新。

本章小结

介绍了标准化与信息技术的关系以及信息技术标准化的内容与范围，重点介绍了知识产权的七本概念以及标准与知识产权的关系。

复习思考题

1. 简述信息技术标准的研究重点。
2. 简述信息技术标准的范围。
3. 为什么说专利与技术标准开始从分离走向结合？
4. 试阐述标准在铁路信息化建设中的作用。
5. 试论述标准在我国技术引进中的作用。

第七章

国外铁路信息技术主要标准体系及相关标准

目前国外从事铁路信息化相关标准研究的机构包括国际铁路联盟 UIC、IEEE、欧洲铁道研究所、欧洲标准化组织 CEN、JIS 日本工业标准调查会、美国国家标准学会 ANSI 等。

第一节　国际铁路联盟 UIC

一、UIC 概述

国际铁路联盟(UIC)是世界铁路最大的国际性标准化机构。它成立于 1922 年,到目前为止已发展到 198 个成员。其中有 82 个正式成员(包括欧洲、俄罗斯、中东、北非、南非、印度、巴基斯坦、中国、日本、韩国、哈萨克斯坦和全球运营的铁路公司等),80 个准成员(包括亚洲、非洲、美洲和澳大利亚的铁路公司等),37 个赞助成员(相关或附属铁路运输的企业或服务商)。

UIC 的会址设在巴黎。我国把 UIC 标准定为国际标准,这些标准是完全涉及铁路行业的。

UIC 的组织机构,是在 UIC 总部两年一任的主席和总秘书处领导下,设有十个专门委员会进行标准制修订的工作。另外还有两个技术委员会和一个试验研究所。

十个专门委员会是:

(1)远景规划专门委员会;

(2)商务专门委员会;

(3)财务专门委员会;

(4)运营专门委员会;

(5)机车车辆专门委员会;

(6)工务专门委员会;

(7)法规专门委员会;

(8)人事专门委员会;

(9)物资专门委员会；

(10)信息处理专门委员会。

两个技术委员会是：

(1)文件技术委员会(CTD)；

(2)统计技术委员会(CTS)。

一个研究所：

试验研究所(ORE)。

二、UIC 铁路相关标准

UIC 的宗旨是推动国际铁路运输的发展，促进国际合作，改进铁路技术装备和运营方法，开展有关问题的科学研究，实现铁路建筑物、设备的技术标准的统一。主要制定以下几个方面的标准：旅客和行李运输、货物运输、财务、会计、成本、统计、运营、车辆、牵引、工务工程、技术条件、信息技术及其他。近年来随着 IT 技术的发展，一批与铁路信息化相关的标准迅速出台，其中可分为通用基础标准、业务应用系统标准和数据交换标准 3 大类。通用基础标准主要涉及里程、车辆、货车货物及其损失信息，列车位置、运输经路、地域、包装等方面的编码标准，业务应用系统标准主要涉及计算机订票系统的服务、信息交换标准、列车时刻表编制标准、铁路无线通信、传输网络及维护标准，数据交换标准主要涉及行车控制中心、危险品数据库间的数据交换标准等。

UIC 建立了一些铁路信息化相关的标准，其中可分为通用基础标准、业务应用系统标准和数据交换标准三大类。表 7-1 介绍了相关的标准名称和相应代号。

表 7-1　UIC 标准系列

代　号	名　　称	代　号	名　　称
219	国际货运联运统一里程表	920-2	列车位置不正数字编码
438-1	客运车辆识别标记	920-5	国际货物运输经路标准数字编码
920-4	日期与时段的统一数字代码	912-3	EDIFACT 结构中铁路信息库
918	计算机化客票预定与相关服务标准规则	915	旅客运输数据的结构化(数字模型)表示
918-0	电子化座位/铺位预订和电子化生成旅行记录-总体规则	917-1	国际互连的铁路数据传输网络技术规范
918-1	电子计算机预订座位/铺位和电子文件的传输-信息交换	917-2	全球铁路数据传输网络维护
		917-4	国际铁路通讯维护编码信息
919	计算机辅助编制客货列车时刻表的标准规范	221	货物统一代码(NHM)
920-11	境外货车损坏信息标准数字编码	438-2	货车识别标记
920-12	国际运输货物损坏标准数字编码	920-14	在铁路运输中使用统一数字地域编码
920-13	国际货物运输需要的总体信息标准数字编码	751-1	铁路无线通信设备-固定和移动单元-通用技术要求

续上表

代 号	名 称
751-2	铁路无线通信设备-技术规范
920-15	单元装载和运输包装的统一数字编码
751-3	国际地对车无线通信系统技术要求
753-2	UIC铁路成员国通信网络扩容的通用技术要求
753-3	UIC通讯网络的维护、运营、性能标准通用过程
758	铁路航空移动无线通信应用
481	国际危险品数据库信息内容及交换规范
482	NHM国际数据库信息内容及交换规范
450-1	国际列车运行中铁路间实时信息交换
451-1	保证列车准时运行的时刻表恢复裕度
425-2	国际货物运输计划
407	基于计算机技术的行车控制中心间的数据交换

第二节　欧洲铁路信息技术主要标准体系与相关标准

一、欧洲铁路信息化概述

欧洲是世界上铁路最发达的地区之一。欧洲国家多，国土面积小，各国内部的铁路网很密集。近几年来，欧洲铁路公司和信号公司在对各自的既有信号系统进行升级或者技术改造的同时，在欧盟(EU)委员会和国际铁路联盟(UIC)的推动下，欧洲7大铁路信号公司，如法国的Alstom(阿尔斯通)公司、瑞典的Adtranz公司、德国的Siemens(西门子)公司、法国的Alcatel(阿尔卡特)公司、意大利的Ansaldo(安萨尔多)公司(含法国CSEE公司)、英国WestingHouse(西屋)公司，以及Invensys公司，联合起来为信号系统的互联和兼容问题制定信号标准，并制造了相关的产品：在较大范围内开发并应用新型计算机辅助铁路运输管理系统；在进路控制方面，随着区域计算机联锁技术逐步取代陈旧技术，自动化系统得到广泛应用；在列车防护和控制系统方面，研制了基于通信的列车控制系统(CBTC)；为了欧洲铁路信号系统的互联和兼容问题，制定了统一的、开放性信号系统标准，从而实现欧洲各国铁路互通运营。

1. 种类繁多的通信、信号、行车指挥自动化系统

欧洲有7大铁路信号公司(Alstom、Adtranz、Siemens、Invensys、Alcatel、Ansaldo、WestingHouse，它们都是UNIFE的成员)，它们研制生产的列车运行控制系统(ATP/ATC)有十余种，如德国的LZB系列和FZB系列、法国的TVM系列等。这些运行控制系统有的适用于中速铁路，有的适用于高速铁路。在欧洲铁路网上，各个国家的铁路部门使用各自不同的信号制式管理列车的运营。

2. 基于通信的列车运行控制系统

近年来，几乎所有欧洲国家铁路都在建立列车运行管理和保证行车安全系统方面寻求新的经济有效的技术方案，其中包括地区性线路。德国铁路和Adtranz公司共同研究制定了无线通信管理列车运行(FFB)地区性线路运营规划，在建立的列车运行管理系统中，几乎全部通

过无线通信系统来实现通信服务联系，完全不用地面信号和监督线路空闲的线路设备，保证在任何线路上的列车运行安全。基于通信的列车控制系统（CBTC）按欧洲统一的安全标准设计，系统符合欧洲 PrEN50129 和 PrEN50128 标准设计的一体化安全要求（SIL4，安全完善度等级 4）。

3. 信息联锁系统

近年来，欧洲联锁设备经历了从继电器联锁技术到电子计算机联锁技术、再到区域计算机联锁技术的历程，取得了令人瞩目的发展。计算机联锁系统主要用硬件冗余表决、软件冗余表决、动态信息及接口技术实现。目前欧洲联锁系统普遍采用以下三种硬件冗余结构：

(1)结构核查方法。如阿尔卡特公司联锁装置，采用两台计算机分别按两种不同设计的程序工作，一台计算机按输入指令检查运行和安全情况，另一台计算机核查结果，采用不同的程序检查后确认不会产生危险情况，最后发出指令。

(2)二取二结构/二乘二取二结构。如西门子公司 SIMIS 计算机联锁系统和意大利安萨尔多公司的计算机联锁系统（ACC）；

(3)英国的 SSI 和 SGI、阿尔卡特公司的 SELMIS 等均采用了三取二结构的硬件表决技术。有三台相同的计算机，采用相同的程序，同时验算指令，如有两台的结果相同，才发出指令。软件冗余技术也就是采用具有相异性的不同版本软件比较。软件冗余有内部比较与外部比较两种方式。内部比较即其中一处理通过通信获得，而另一处理用程序状态数据与其本身状态比较，检查结果正常与否。而外部比较则是第三者（软件或硬件）获得两处理进程的状态、逻辑数据，进行合理性表决判断。意大利安萨尔多公司的计算机联锁系统（ACC）采用具有相异性的不同版本软件比较。动态技术是针对计算机特征为满足安全性而使用的一种技术。用动态码表示计算机、程序、任务的正常运行，没有死机、停机的发生。

4. 行车指挥系统

行车密度和速度的提高，各种列车速度的差异以及线路通过能力的提高对行车调度提出了越来越高的要求，调度决策必须迅速转化为运营措施。上述情况要求把行车调度员和车站值班员的工作集中到一个多功能的工作站来完成，即把监视和控制集中到一处完成，以达到更高程度的自动化。自动识别和解决运行冲突是构成这种自动化系统的基础。行车控制中心是把行车操作控制和调度合并于一个系统，达到数据信息集中、技术设备集中和人员集中的目的。铁路行车指挥系统中的重要工作之一就是编制列车运行图。如德国联邦铁路 1989 年开始使用该系统。1992—1994 年度运行图中已有 35％采用上述系统编制，目前德国铁路已经全部用电子计算机编制运行图。由奥地利开发的 ELEKTRA 安全和控制系统的基本结构，可用于电子联锁和行车指挥系统，用 ZLS900 型车站进路自动控制系统实现车站行车指挥自动化。ZLS900 型是以微机构成的改进型车站进路自动控制系统，它包括列车自动选路数据管理器如列车自动选路系统两大功能。ZLS900 系统连接在车站操纵工作站系统的标准局域网上，通过局域网与车次表示系统和集中联锁操纵工作站进行通信，构成调度集中和车站联锁之间的中间环节，代替行车值班员的人工操作，自动控制列车进路和信号。

5. 高速铁路通信

由于高速铁路车地间传输信息速率要求高，所以德国和法国高速铁路都采用列车无线通信系统实现高速列车的车地之间的信息传输。德国结合机车信号作为主体信号的具体条件，大多采用了 ZBF-70 系统，型号为 AEG-70 系统，型号为 AEG-Telefunken。这种列车无线设备的工作频率为 450～470 MHz，可以保证调度员、司机和车站间的双向通信。从 1986 年在部分地区开始使用 ZBF90 系统，1989 年后又陆续采用 AEG Olympia 型号，后两种设备的技术性能都优于前者，便于与欧洲各国联网。在法国 TGV-A 高速铁路线上采用的是瑞士的 Autophon 型无线通信，其频率为 450 MHz，它有 3 个分系统。随着欧洲铁路信号标准化进程的推进，欧洲高速铁路上的无线通信技术将统一采用 GSM-R 标准。

6. 铁路通信、信号和运输管理自动化系统向标准化、统一化发展

目前，欧洲由于种类繁多的铁路信号模式互不兼容，影响了欧洲铁路跨国运输的效率。在欧盟(EU)和国际铁路联盟 UIC 的支持下，欧洲铁路制定了统一的列车运行管理系统 ERTMS(欧洲铁路运输管理系统)，包括欧洲列车运行控制系统 ETCS(欧洲列车控制系统)、列车与地面的双向无线通信系统 GSM-R 和欧洲运输管理系统 ETMS。

二、欧洲标准化组织(CEN 和 CENELEC)

(一)CEN 和 CENELEC 概述

欧洲的标准制定机构中最主要的是 CENELEC(欧洲电工标准化委员会)和 CEN(欧洲标准化委员会)以及它们的联合机构 CEN/CENELEC。

欧洲标准化委员会(法文名称缩写为 CEN)建于 1961 年。1971 年起 CEN 迁至布鲁塞尔，后来它与 CENELEC 一起办公。在业务范围上，CENELEC 主管电工技术的全部领域，而 CEN 则管理其他领域。其成员国与 CENELEC 的相同。除卢森堡外，其他 18 国均为国际标准化组织(ISO)的成员国。

欧洲电工标准化委员会(法文名称缩写为 CENELEC)1976 年成立于比利时的布鲁塞尔，是由两个早期的机构合并的。它的宗旨是协调欧洲有关国家的标准机构所颁布的电工标准和消除贸易上的技术障碍。CENELEC 的成员是欧洲共同体 12 个成员国和欧洲自由贸易区(EFTA)7 个成员国的国家委员会。除冰岛和卢森堡外，其余 17 国均为国际电工委员会(IEC)的成员国。

CENELEC 与 CEN 长期分工合作后，又建立了一个联合机构，名为“共同的欧洲标准化组织”，简称 CEN/CENELEC。但原来两机构 CEN、CENELEC 仍继续独立存在。1988 年 1 月，CEN/CENELEC 通过了一个“标准化工作共同程序”，接着又把 CEN/CENELEC 编制的标准出版物分为下列三类：

1. EN(欧洲标准)：按参加国所承担的共同义务，通过此 EN 标准将赋予某成员国的有关

国家标准以合法地位,或撤销与之相对立的某一国家的有关标准。也就是说成员国的国家标准必须与 EN 标准保持一致。

2. HD(协调文件):这也是 CEN/CENELEC 的一种标准。按参加国所承担的共同义务,各国政府有关部门至少应当公布 HD 标准的编号及名称,与此相对立的国家标准也应撤销。也就是说成员国的国家标准至少应与 HD 标准协调。CENELEC 与 CEN 的成员组织包括部分欧共体国家,包括比利时、丹麦、德国、法国、希腊、英国、爱尔兰、意大利、卢森堡、荷兰、葡萄牙、西班牙、欧洲自由贸易区、芬兰、冰岛、挪威、奥地利、瑞典、瑞士。

3. ENV(欧洲预备标准):由 CEN/CENELEC 编制,拟作为今后欧洲正式标准,供临时性应用。在此期间,与之相对立的成员国标准允许保留,两者可平行存在。

CEN/CENELEC 规定:对于 EN 和 ENV,采用同一种编号系统。其中 40000 以下的编号属于 CEN,50000 以上的归 CENELEC,介乎其中的属于 CEN/CENELEC。

(二)CENELEC 铁路相关标准

CENELEC 铁路标准是以 IEC 61508 国际标准为基础,吸收欧洲各国行之有效的安全技术,为计算机化的铁路安全防护系统制定的铁路标准,它们的相互关系见图 7-1。

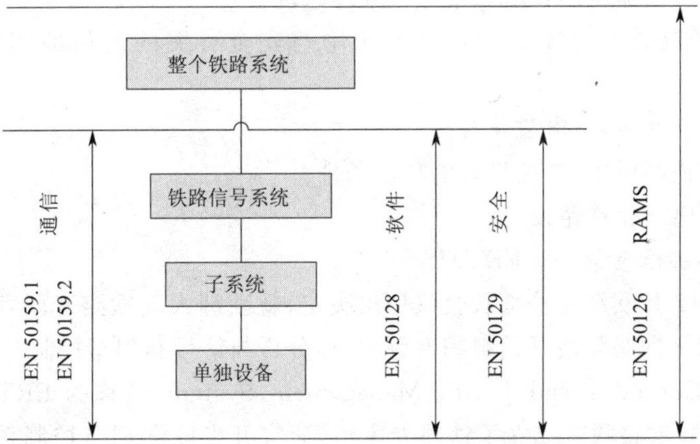

图 7-1 CENELEC 铁路标准关系图

应用范围包括:

1. EN 50126 铁路应用:可靠性、可用性、可维护性和安全性(RAMS) 规范和说明。

该标准定义了系统的 RAMS (reliability、availability、maintainability、safety),即可靠性、可用性、可维护性和安全性,并且给出了系统的 RAMS 是建立在整个系统的整个生命周期范围内,指导性地给出了在整个生命周期内各个阶段 RAMS 的管理和要求。但在该标准中,未定义 RAMS 的具体定量目标。目前,该标准已上升为国际标准,标准号为 IEC 62278。

2. EN 50129 铁路应用:铁路控制系统领域的安全相关电子系统。

这个标准定义了为保证安全相关的铁路信号电子系统/子系统/设备安全所必须满足的条件。这些条件包括：

质量管理措施(质量管理的目的是减少人为失误，进而减少系统故障产生的风险)、全管理措施(对整个生命周期内的安全管理，规范程序和文档)。

功能和技术安全措施(要解释保证设计安全的技术原则和措施，提供相应的证据，如设计规则、计算、测试结果和安全分析等)、安全接受和认证。

对于一个安全相关系统，必须提供前面的3个报告，才能进行第四步骤即安全接受和认证。

3. EN 50128 铁路应用：铁路控制和防护系统的软件。

EN 50128 针对软件的安全保证提出了相关的规范和设计标准。在该标准中，对铁路控制和防护系统的软件进行了安全完善度等级(SIL)的划分，针对不同的安全要求制订了相应的标准，按不同等级对整个软件的开发、检查、评估、检测过程，包括对软件需求规格书、测试规格书、软件结构、软件设计开发、软件检验和测试、软硬件集成、软件确认评估、质量保证、生命周期、文档等提出相应的程序与规范的要求。

4. EN 50159.1 铁路应用：通信、信号和处理系统。

该标准针对开放式及封闭式的传输系统中与安全有关的通信的相关的规范和设计标准。

5. EN 50121 铁路应用：电磁兼容。

6. EN 50125 铁路应用：铁路设备的环境条件。

7. EN 61375 电子化铁路设备。

(三)UIC 铁路标准范例——ERTMS

信息 1989 年 12 月欧洲运输部长会议作出决定，就欧洲大陆铁路互联互通中的技术问题寻找解决方案。国际铁路联盟开始组织专题项目，分析与信号和列车控制有关的问题，欧洲铁路运输管理系统(European Rail Traffic Management System，简称为 ERTMS)项目由此诞生。1990 年末，国际铁路联盟成立了铁路专家组，研究开发欧洲列车控制系统的需求。考虑到需求规范作为工业研发的基础，工业和铁路部门于 1991 年 6 月共同商讨了紧密合作的原则，制订了项目的框架结构，包括基于开放计算机结构的新型车载设备(EUROCAB，欧洲车载设备)，用于数据传输的非连续式系统(EUROBALISE，欧洲查询应答器)和一个新型的连续式传输系统(EURORADIO，欧洲无线)。1993 年底，欧盟委员会发出了互通运营指令，同时还做出一个决定，要创造一个结构、定义互通运营的技术规范。

欧洲铁路运输管理系统(ERTMS)是欧盟的“欧洲主要工业项目”，用于建立单一的铁路信令标准以加强跨国互操作和信号购买，来改善铁路部门的竞争力。

其包括三个基本的元素：

1. 铁路全球移动系统(GSM-R)

通信元素包括驾驶车辆与线路控制器之间的通信系统，以及欧洲列车控制系统的数据的承载路径。它是基于具有特定铁路特征的公共标准GSM的操作，例如优先与强占(eMLPP)、功能性寻址位置相关寻址—语音广播服务(VBS)、语音组呼叫(VGC)、调车模式、紧急电话、通用分组无线业务(GPRS选项)、快速呼叫建立。

2. 欧洲列车控制系统(ETCS)

系统信号的组成包括移动授权的控制、列车自动保护和联锁接口。其考虑到逐步减少火车司机的复杂性(控制动作的自动化)；其将铁道道边信号传入驾驶舱；其为车上信息盘提供信息；其考虑永久的列车控制；列车司机集中于核心任务。

3. 欧洲运输管理层(ETML)

经营管理水平旨在通过智能解读列车时刻表和列车运行数据来优化列车行驶。它涉及实时列车管理和路线规划、铁路节点的流动性、客户和操作员的信息。

一个独特的、协调的列车命令/控制、远距离通信系统的部署结合跨欧洲的交通管理设施的建立，构成了真正的综合的铁路网实现的关键因素。铁路作为制导的地面系统，需要使用专用的框架。它的有效性和吸引力，在很大程度上，取决于交通管理的手段和方法、在一致的安全可靠的方式下最大化不同运输类型的运力和吞吐量的能力。欧洲铁路交通管理系统的典型的功能结构如图7-2所示。

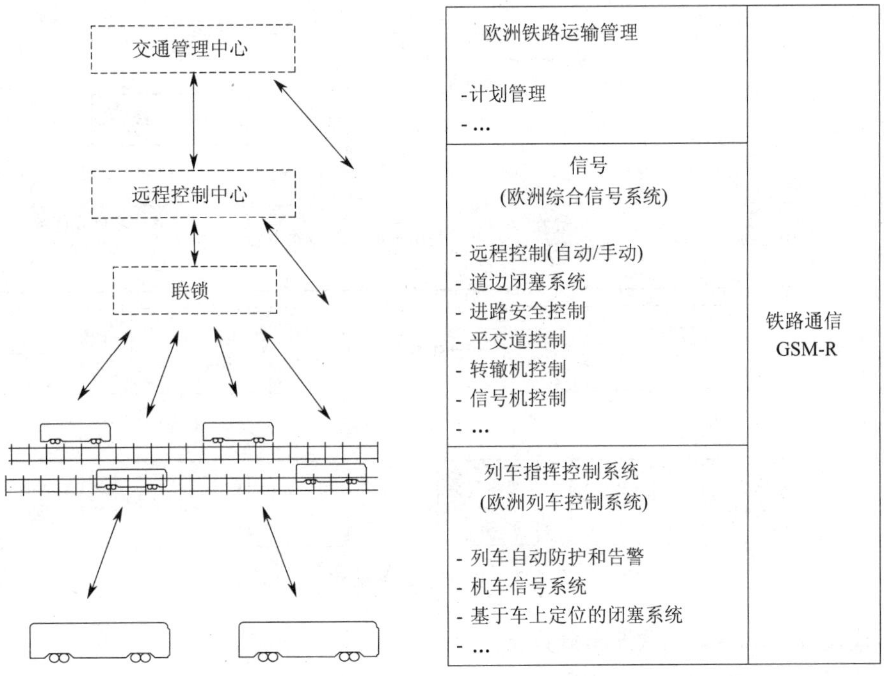

图7-2　欧洲铁路运输管理系统功能结构图

从功能和技术的角度,列车控制/命令系统与特定的铁路需求紧密相关。该系统要求特殊的解决方案,需要法规的限制,从而建立统一的信号系统,按照严格的安全标准建立底层的列车控制/命令系统,使得列车驾驶员很好的利用控制/需要无线的通信链路。通信的方法和技术要满足市场的扩展性,适应通用移动通信机制,满足公路车辆和个人设备的通信需求,同时整合铁路专用的固定网络。因此,探索一个综合通信系统,利用核心技术平台可以满足所有的铁路通信,用于语音及数据的传输。铁路交通管理是一个重要的领域,用于完成铁路服务的优化,该系统要采用更为智能、高度计算机化的技术。铁路交通系统安装的技术生命周期一般要比铁路架构及车辆要短,因此,一个良好的计划策略可以有效地改善系统的购买和维护,其具有特别的重要性。

欧洲铁路运输管理系统主要包括以下几部分:

1. 轨道旁设备(图 7-3):包括无线电闭塞中心,欧洲点式应答器。

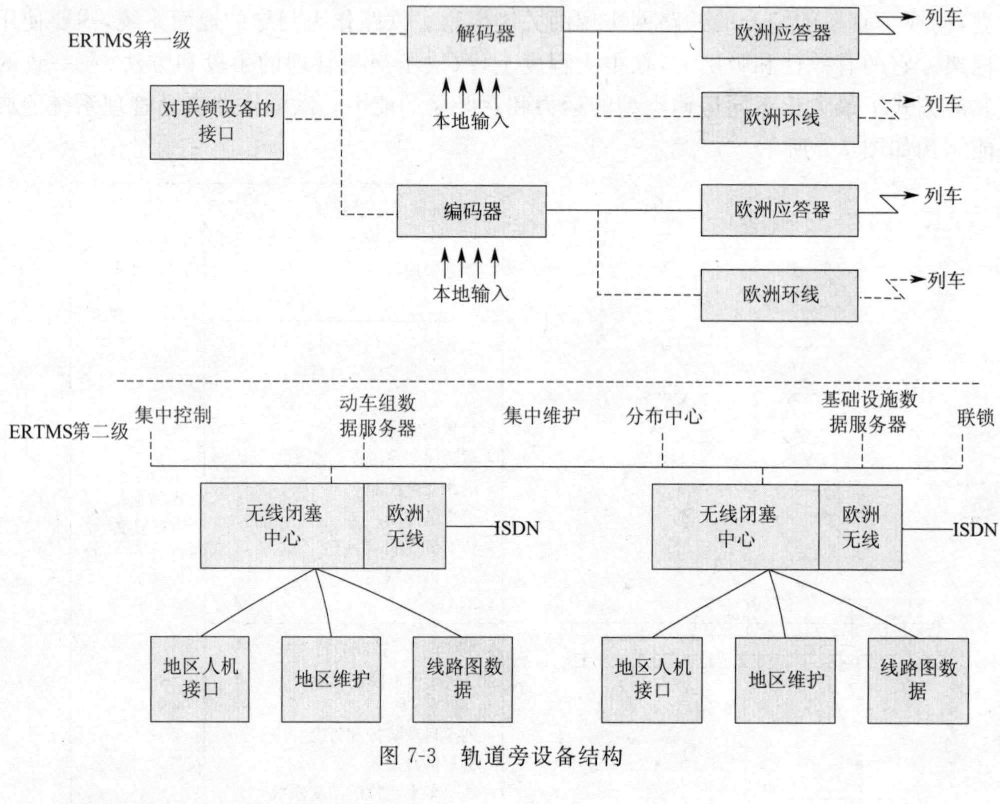

图 7-3　轨道旁设备结构

2. 车载设备(图 7-4)—欧洲车载设备

3. GSM-R 无线电通信—欧洲无线

GSM-R 是一个拥有上、下行 4 MHz 带宽频率,工作在 900 MHz 频段的铁路无线电专用通信系统，提供高效、低运营费用和高可用性，以及不同铁路通信网络间互通的功能。欧洲设立的 EIRENE 和 MORANE 项目，用做指派、开发、测试和认证这个新型无线电系统的原型。无线电通信方案如图 7-5 所示。由 EIRENE/MORANE 项目确认的应用范围，包括：①调度员—司机间的运营通信；②自动列车控制；③调车作业；④远程遥控；⑤紧急情况区域广播；⑥列车支持通信；⑦车站和维修段的地区通信；⑧旅客服务。

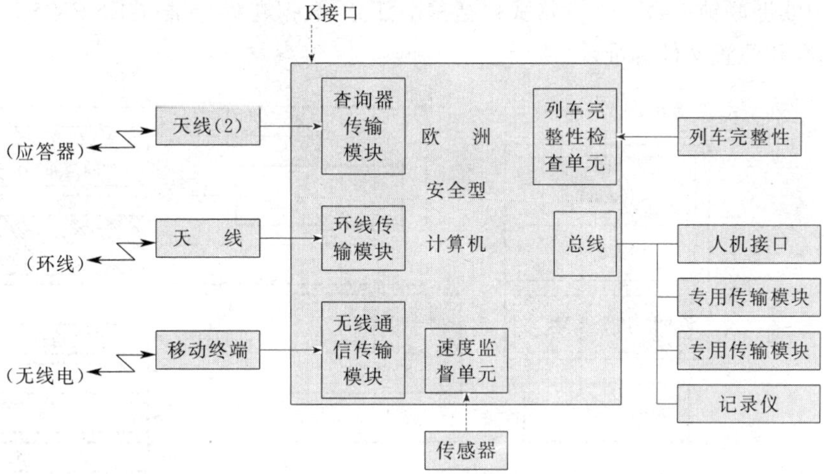

图 7-4　车载设备的结构

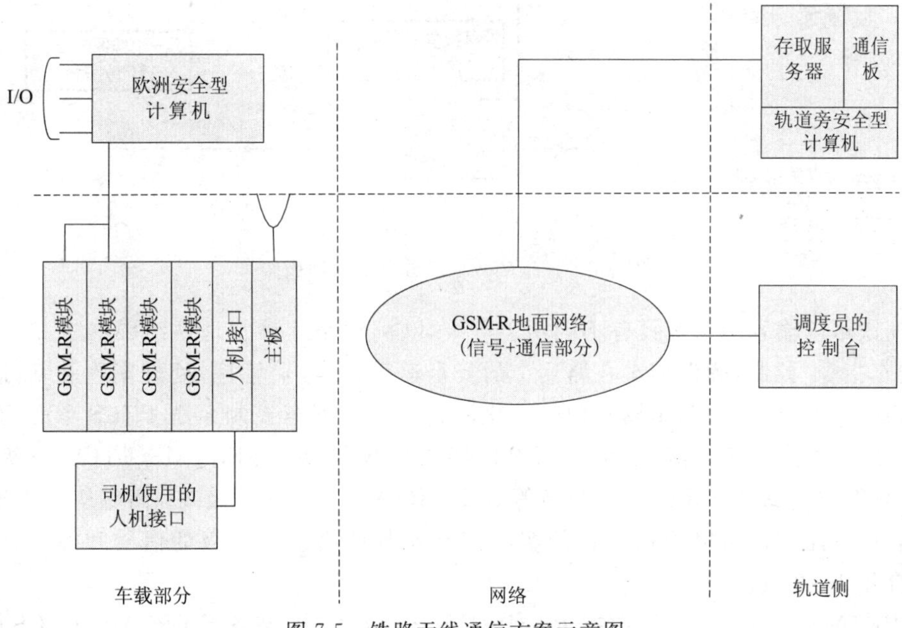

图 7-5　铁路无线通信方案示意图

4. 联锁(Interlocking)

欧洲联锁(Euro-Interlocking)数据准备工作是为联锁应用的数据交换文件格式标准化而开展的。在不同数据准备阶段之间信息交换的标准化手段要遵循 CENELEC 的安全和可靠性的过程。欧洲联锁文件格式标准描述了一个公共的欧洲结构和框架,实现在铁路和供应商之间数据交换和在数据准备工具的数据传输的配置。图 7-6 给出了一个通用的数据准备上下文图表,其中欧洲联锁的数据文件格式包括三个部分:数据建模标准(GENERIS/UML),联锁数据文件标准和位置文件标准。

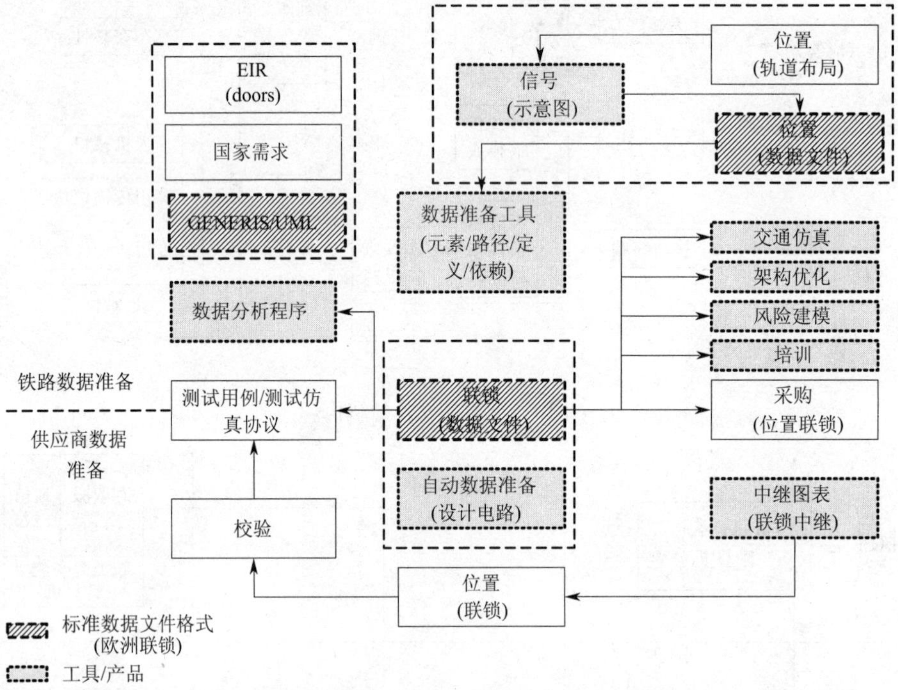

图 7-6 通用的数据准备上下文结构图

欧洲铁路运输管理系统具有不同功能等级,欧洲铁路运输管理系统瞄准了 2 个主要功能:①列车指令/控制,确保列车在路网中的安全运营;②运输管理,处理车辆和基础结构管理问题,保证对线路能力和车辆应用的优化配置。欧洲列车控制系统 ETCS 考虑到长期发展的需要,制定了多个应用等级;ERTMS/ETCS 等级 0、ERTMS/ETCS 等级 STM、ERTMS/ETCS 等级 1、ERTMS/ETCS 等级 2、ERTMS/ETCS 等级 3。高等级向下兼容,使得欧洲各国铁路部门可以根据各自的实际需要安装使用不同等级的信号和控制系统。这里主要介绍 1～3 级。

1. ERTMS/ETCS 第 1 级:在 ERTMS/ETCS 等级 1 中,装备了 ERTMS/ETCS 的列车,

在装备有点式传输设备欧洲应答器 Eurobalise 的线路上运行，地面向列车传输的信息完全依靠 Eurobalise，轨道电路只完成轨道区段的空闲/占用检查和列车的完整性检查。为了增加信息传输的覆盖范围，线路上可以安装欧洲环线 Euroloop 或者无线注入单元。因此 ERTMS/ETCS 等级 1 分成带注入信息和不带注入信息两种类型。

(1)不需填充的欧洲点式查询应答器，特点为：

①覆盖现有信号系统。

②通过查询应答器传送运行指令。

③采用轨道电路检查列车完整性和所在的位置。

(2)点式查询应答器＋采用欧洲环线填充信息，特点为：

①覆盖现有信号系统。

②通过查询应答器传送运行指令。

③由轨道电路检查列车完整性和所在的位置。

2. ERTMS/ETCS 第 2 级：在 ERTMS/ETCS 等级 2 中，装备了 ERTMS/ETCS 的列车，在由无线闭塞中心控制的、并且装备了 Eurobalise 和 Euroradio 的线路上运行。车地之间的双向信息通信由 GSM-R 提供传输通道，由 Eurobalise 提供列车定位信息，地面设备完成列车完整性检查。第 2 级建立在欧洲点式查询应答器和欧洲无线(GSM-R)之上。它大量减少了道旁信号设备，通过 GSM-R 传送运行指令，用点式查询应答器做为列车定位，并通过道旁的无线电闭塞中心检查列车完整性。

3. ERTMS/ETCS 第 3 级：在 ERTMS/ETCS 等级 3 中，装备了 ERTMS/ETCS 的列车，在由无线闭塞中心控制的、并且装备了 Eurobalise 和 Euroradio 的线路上运行。车地之间的双向信息通信由 GSM-R 提供传输通道，列车定位和列车完整性检查由车载设备实现。Eurobalise 只提供 ETCS 等级转换命令。第 3 级建立在点式查询应答器、欧洲无线(GSM-R) 和列车检测之上。特点为：

①通过 GSM-R 传输运行指令；

②通过点式查询应答器实现列车定位；

③使用车载设备实现列车完整性检查；

④实现移动闭塞运行模式。

第三节　美国铁路信息技术主要标准体系与相关标准

一、美国铁路概述

信息美国铁路网由 700 条铁路构成，线路总长 35 298 km，拥有 130 万辆货车，2 000 台货运机车，8 900 列客运机车车辆及动车组。20 世纪 80 年代中期至本世纪初，美国铁路货运收入一直呈上升趋势，而每吨公里的雇员数量却大幅下降。美国铁路网拥有7个Ⅰ级铁路公司、数百个Ⅱ级区域性铁路公司和Ⅲ级短途铁路公司。美国铁路50%的机车归运营公司所有，各大公司拥有自己的车辆和线路，其货物运输往往由两个或两个以上运营公司联合完成。根据1966年交通运输法案，成立了联邦铁路管理署(FRA)，其主要职责是保证铁路安全条例颁布实施，提供铁路管理援助计划，支持改进国家铁路和铁路交通运输安全的研究及发展，恢复东北铁路客运通道，加强政府对铁路运输服务的支持。FRA不直接管理铁路企业。铁路企业成立相应的行业协会，依照技术法规和标准自主管理，约束各企业的行为。与FRA有关的协会主要有3个：北美铁道协会(AAR)、美国铁路小运输公司协会(ASRRA)和美国公共运输协会(APTA)。

美国铁路技术法规由FRA负责组织相关协会制定草案、递交法规提案，经国会讨论通过后，以"联邦法 Title49 交通运输"颁布施行。"联邦法 Title49 交通运输"有A、B两个副标题，标题A部分为"运输部行政法规"，标题B部分为"与运输有关的其他法规"。FRA铁路法规一般以"联邦法 Title49 交通运输"《第2章—联邦的铁路运输部》编号No. 200—299发布，内容涉及轨道铺设、旅客服务、货车安全、信号安全及其检查维护的规定，其中与铁路动力设备有关的技术法规主要包括9个方面：货车安全标准—CFR215，机车安全标准—CFR 229，蒸汽机车安全标准—CFR230，铁路安全设备标准—CFR231，客运设备安全标准—CFR238，货车制动系统安全标准—CFR232，货车尾部反光设备安全标准—CFR224，防误撞系统安全标准—CFR229、238和电空制动安全标准。

FRA通过以下措施确保铁路安全性：

(1)联邦法(CFR，其中运输为Title49)；

(2)执行手册(包含对CFR解释的详细案例)；

(3)安全咨询(对铁路和公共安全性的警告)；

(4)执行协议/执行令(FRA与铁路运输公司就安全问题签订的法律协议)；

(5)紧急命令(纠正特殊安全问题的法律命令)。

美国铁路将列车速度等级分为9级，1～5级为常速，6～9级为高速，6级177 km/h，7级201 km/h，8级257 km/h，9级322 km/h，目前实际运行最高速度达到8级。建立的美国高速铁路轨道安全标准(CFR 213.345 车辆限定试验)，要求线路试验按设计速度加16 km/h来验证轮轨关系及加速度影响，并着手研究高速列车风险评价体系。

二、美国铁道协会(AAR)

美国铁道协会成立于1934年，是联合了许多小的和更为专业化的组织的一种"伞形"组织，其中的先驱组织不仅有"车辆制造厂商协会"和"通用时间会议"，还包括"美国铁道协会"(American Railway Association)，"铁道行政人员协会"(Association of Railway Executives)，"铁路会计人员协会"(Railway Accounting Officers Association)，"铁路财务人员协会"，

(Railway Treasury Officers Association),“铁路经济局”(Bureau of Railway Economics)和“爆炸物及其他危险品安全运输局”(Bureau For The Safe Transportation of Explosives And Other Dangerous Articles)。

美国铁道协会(AAR：Association of American Railroads)的前身,可以追溯到年组成的“车辆制造厂商协会”。该协会组织实现了货车标准化的试验工作。还可追溯到“各铁路管理人员通用时间会议”。时间问题特别能说明合作的必要性。早在19世纪80年代,美国铁路至少使用着一百个不同的地区时间,造成时刻表异常复杂。直到1883年11月,美国铁路才开始把全国分为4个时间地区东部、中部、山区和太平洋,采用了新的标准“铁路时间”。这个“铁路时间”制迅速地为联邦、各州和地区政府所采用。但迟至1819年,国会才制定“标准时间制法令”,使“铁路时间”在全国范围内成为法定的。

美国交通技术中心(TTCI)对AAR标准实施的检查TTCI是AAR所属的技术机构。为了保证AAR标准的贯彻,TTCI有21名标准检查执行人员负责检查各成员对AAR标准贯彻实施的情况。检查是定期进行的,每个成员每年至少一次,检查收费按照上一年运营费用定价。检查方式以现场核查、抽样试验为主,并查看记录。

三、AAR标准特征

AAR是确保北美铁路安全、迅速、高效、整洁、技术先进的非营利性技术协会,其成员包括美国、加拿大、墨西哥的铁路货运公司以及美国客运公司(Amtrak)等;其业务主要涉及铁路货运方面以建立行业标准为基础的技术服务,不同组织机构之间的运输协调和铁路技术基础性、耐久性和有效性的研究等。在美国铁路运输交换服务中,通过AAR的交互规则和技术标准保障各公司的机车车辆及其部件的互换性、兼容性。A A R的标准手册和建议规范分为三大类。一般技术规范加“M”,标准加“S”,推荐规范加“RP”。针对铁路运营商的交换规则(rule),主要为装备使用和维护方面的内容;针对设备制造商的标准手册及推荐规范(Manual of Standards and Recommended Practices—MRSP),主要为装备和零部件机械性能方面的内容;货物装载规则,适用于铁路、国际贸易和货运的载荷规定。

1. 交换规则分为“AAR现场手册”和“办公室手册”。现场手册规定铁路车辆在互换性方面的可接受规则,概略说明可允许的修理、处罚限制、损害责任和争议处理,禁止交换的车辆及部件列表等;办公室手册包括市场公平收费制度和车辆修理补偿金、修理费用的协议时间、标准及AAR对新造、改造、升级车辆的机械要求等。

2. AAR标准(包括技术标准和检修规程)必须符合并严格执行FRA颁布的技术法规,主要侧重于机械设备性能、互换性、运输标准,也包括电气、列车通信信号等要求。AAR的标准主要包括:强制性的规范、标准及推荐实例,制动设备、罐车、机车、缓冲系统、车轮、车轴、轴承及车辆设计的专业出版物,M-1003 AAR质量保证规范,交换规则参考,19卷AAR铁路车辆及部件制造与修理技术标准，AAR 专业技术委员会的职责，代表 AAR 的 TTCI 管理委员会和维护标准。

3. 货物装载规则分为敞车装载规则和棚车装载规则，规定了不同车种、不同货物的装载方法及装载重量等内容。

AAR 规则每年更新两次。无论标准还是规则的制定或修订，都以试验数据作为依据。如摇枕、侧架因铸造缺陷易发生问题，AAR 立项研究，在大量试验统计的基础上制定了 M202—2005 和 M203—2005，提出了新的疲劳试验合格判定依据。如对旧罐车罐体补修后进行的疲劳试验证明裂纹未发展和转移，为规则制定提供依据。

AAR 主要通过标准来协调各成员之间安全与运输方面的问题。除标准外，各公司间还签有协议书，规定了在对方运行出现故障时的职责范围。对于非成员公司，他们与成员公司间也签有协议，保证 AAR 标准的实施。AAR 不要求所有从事铁路运输的公司都是其成员，但通过上述措施，使非成员也受 AAR 标准约束。AAR 标准的具体编制工作由其所属的技术机构(TTCI)组织各专业技术委员会负责。

美国铁路产品需遵循 AAR 标准的认证制度：

1. 根据 AAR 标准规定，对美国铁路运行的机车车辆及其部件都要进行认证。AAR 认证分为质量保证体系认证和产品质量认证。AAR 标准要求，不仅新型车辆必须做鉴定试验，而且修理后的车辆也要做疲劳试验。同时，AAR 标准对 AAR 的会员具有约束力，一些小公司要进入铁路也必须通过 AAR 认证。我国多家铁路机车车辆及部件生产企业已经获得了 AAR 的质量体系认证和产品质量认证证书。

2. AAR 的质量体系认证依据 AAR 标准手册 M-1003:2003 进行，该规范对应 ISO/IEC 9000:2000，覆盖了 AAR 对材料、产品和服务的认证要求，适用于铁路用的新产品或翻新产品，其目的是确保制造材料、产品和服务的安全性、可互换性和经济性。AAR 质量体系认证证书有效期 3 年，在有效期内，每年均要由其认可的 1 名审查员对质量体系进行一致性审查，以确认其连续符合 M-1003:2003 的要求。产品质量认证则按照相应的产品技术标准进行型式试验，AAR 颁发合格证。

3. AAR 质量认证由 AAR 组织，TTCI 标准部门负责认证检测试验、工厂审核等具体工作，认证证书由 AAR 技术委员会决定，AAR 颁发。涉及的产品主要为机械零部件，如车轴、轴承、制动机等。货车及其组件的正式批准一般包含维护和检验要求，部件的正式批准需要技术认可和质量保证认证。

四、美国铁路相关标准

表 7-2 是美国铁路部分相关标准，其中 ANSI(American National Standards Institute)表示美国国家标准学会，ASME(American Society of Mechanical Engineers)表示美国机械工程师协会。

表 7-2　美国铁路标准实例

编　　号	中文名称
ANSI Y32.7—1972	铁路地图和概貌图的图形符号
ANSI/ASME Y32.7—1972	铁路线路图与示意图的图示符号
ANSI/IEEE 1477—2003	铁路运输车辆的乘客信息系统的标准
ANSI/IEEE 1478—2001	铁路运行车辆电子设备的环境条件
ASME Y32.7—1972	铁路地图和分布图用图形符号
IEEE 1475—1999	在推动装置，摩擦闸和铁路快速运输车辆的火车上主控装置之间的接口和功能
IEEE 1477—1998	铁路直达运输车辆用乘客信息系统
IEEE 1482.1—1999	铁路运输车辆工作记录
IEEE 1570—2002	公路铁路交叉时铁路子系统和公路子系统间的接口

第四节　日本铁路信息技术主要标准体系与相关标准

一、日本铁路概述

日本的轨道交通主要分为两类，一类是 JR 又叫国铁，另外一类则是私营铁路。JR 是日本铁路的简称，是日本最大的铁路运营集团，日本铁路原为日本的国有铁路，在 1987 年分为六个客运铁路公司，它们分别是：JR 东日本（东日本客运铁路公司）：运作东京市区及整个东北本州地区（东京地域）。JR 北海道（北海道客运铁路公司）：运作整个日本北海道北岛的列车和公共汽车。JR 中日本/JR 东海（中日本/东海客运铁路公司）：JR 中日本在名古屋，运作往返于东京和京都/大阪的新干线主线。JR 西日本（西日本客运铁路公司）：JR 西日本列车从大阪往返于整个西南本州地区。JR 四国（四国客运铁路公司）：JR 四国的列车连接本州主岛的所有主要城市，交通网覆盖全岛。JR 九州（九州客运铁路公司）：运作整个九州岛的南部列车。

另外一类则是私营的铁路，这些铁路线和 JR 的地方列车一样，主要是供日本人上下班和学生上学来回乘坐的交通工具。这些铁路线连接的大多数是城市郊外的住宅区和城市的市中心区。另外，如果是到一些特别有名的景点去观光，也可以乘坐私营的一些线路，这些私营铁路只在这个景区运行。日本全国的私铁公司有一百几十家，规模不等。小至仅运行数公里区间的，大致拥有 500 km 以上的铁路网的。大部分私营的铁路基本上都有各自独立的运行和客票价格体系。一般来说，在私铁和 JR 线并行的情况下，私铁的服务费多为大城市较低，地方城市较高。

日本铁路在制定安全计划、培养高素质员工、采用新技术装备、加大安全设施的投入等方面给予了充分的重视：

安全管理:事故调查由责任追究转变为原因究明型;事故防范由上意下达型转变为员工参与型。安全投资由政府指令性转变为安全优先型;员工考核由以制约为主的减点考核转变为激励为主的加点考核;工会与原国铁经营者的关系由相互对立型转变为再安全管理上达成共识。铁路是由人操纵机器来实现运输的,必须构筑最完善的人机协调系统来最大限度地规避风险。要调查员工为什么会犯错误而导致事故,从设备上如何开发人机结合系统来防止同类事故;研究组织机构上有无缺陷,来考虑如何促使人与机器的最佳结合。因此,在做法上着重从技术管理上查明事故原因,使安全管理不断趋于科学化、规范化,安全管理水平才能得以持续提高。

员工的素质管理:日本政府有铁道公司须定期对员工进行教育的法令,日本铁道公司有完善的教育体系。

技术装备的革新:日本铁道公司的安全目标值为两个"零",即乘客死亡为零,员工的死亡为零。列车晚点1分钟即列为事故。日本铁道安全的高起点、高标准,是通过高质量的设备来实现的。日本铁道公司采用ATOS列车运行管理系统。对运输生产实行计算机指挥;对旅客的发送、到达、统计、分析实行自动化处理;对运输设备的技术状态信息实行全天候、全方位的监控;对自然环境信息进行集中监控。日本政府对新干线单独发布了铁道运输规则,实现了全封闭、全立交。在法律上规定人畜、其他车辆进入新干线为违法行为。并且因地制宜地采用3种不同制式的列车自动停车装置。新干线采用ATC,列车密度大的地区和既有线改造后的提速地段采用ATS-P型列车自动停车装置,其他地区采用ATS-SN型自动停车装置。各车站的站台均设有紧急按钮,一旦发生人员掉下站台或自然灾害的时候,可按下紧急按钮,停止向接触网供电,关闭进站信号。列车上的轴温检测装置集中在司机室里;地面的检热装置用于对列车轴温和电机温度进行检测,与支公司调度所联网;超温报警则停止列车的运行。在机车中装有侵限保护装置,一旦发生脱轨侵限,死机立即按下按钮,1 km以内的列车都会收到信号而停车。对线路施工作业人员配备TC无线列车接近报警装置,以确保人身安全。司机室内存有各种非正常行车的处理办法,司机只要手触荧光屏,就能得到各种操纵提示。

日本的轨道交通网大都互相联结,如同蛛网一般密布。私营铁路和JR地方铁路经常公用铁路站或者互相联结,JR新干线和快线也在一些主要站点和地方的轨道交通网联结,日本的轨道交通网全部实现了自动化,推行安全性及先进性,各种信息都可以通过系统自动通知。日本铁路的标准化主要来自于日本标准化组织——日本工业标准调查会(JISC)。

二、日本工业标准调查会(JISC)

(一)JISC概述

根据日本工业标准化法建立的全国性标准化管理机构。成立于1949年。总部设在首都东京。1921年4月,成立工业品规格统一调查会(JESC),开始有组织、有计划地制定和发布日本国家标准。1929年该会代表日本参加国家标准化协会国际联合会(ISA)。1946年2月工业品规格统一调查会解散，并同时成立工业标准调查会。1949 年 7 月 1 日日本开始实施《工业标准化法》，根据该法设立日本工业标准调查会。1952 年 9 月日本工业标准调查会代表日本参加国际标准化组织（ISO），1953 年参加国际电工委员会（IEC）。

日本工业标准调查会的主要任务是组织制定和审议日本工业标准（JIS）；调查和审议 JIS 标志指定产品和技术项目。它是通商产业省主管大臣以及厚生、农林、运输、建设、文部、邮政、劳动和自治等省的主管大臣在工业标准化方面的咨询机构，就促进工业标准化问题答复有关大臣的询问和提出的建议，经调查会审议的 JIS 标准和 JIS 标志，由主管大臣代表国家批准公布。

调查会由 240 名以内的委员组成。委员由有关大臣从有经验的生产者、消费者、销售商和第三方的专家和政府职员中推荐，经通产省大臣任命，任期 2 年。正、副会长由委员中遴选产生。另设 258 名专门委员，负责调查专门事项，根据会长提议，由通产省大臣任命。遇有必要调查审议特别事项时，设临时委员，该事项调查审议结束，临时委员即行退任。调查会由总会、标准会议、部会和专门委员会组成。标准会议是它的最高权力机构，负责管理调查会的全部业务，制定综合规划，审议重大问题；审查部会的设置与撤销，以及规定专门委员会的比例，协调部会之间的工作。标准会议按审议工作范围设立土木、建筑、钢铁、有色金属、能源等 29 个部会。各部会由会长指定的委员组成，负责审查专门委员会的设置与撤销，协调专门委员会之间的工作，对专门委员会通过的 JIS 标准草案进行终审。专门委员会是每项技术专题设置一个，由生产、使用、销售等各方面的代表按比例选举产生，负责审查 JIS 标准的实质性内容。调查会共设有 2 000 多个专门委员会，有委员 2 万名左右。调查会隶属于通商产业省工业技术院。工业技术院标准部是调查会的办事机构，负责调查会的日常工作，实际上是具体制定日本工业标准化方针、计划和落实计划的管理机构。标准部下设标准、材料规格、纺织和化学规格、机械规格和电气规格 5 个课。

1922 年 10 月 9 日，工业品规格统一调查会（JESC）制定发布了第一个日本标准规格（JES）《金属材料抗拉试样》。1949 年 10 月 31 日，日本工业标准调查会制定发布了第一个日本工业标准《电机防爆结构（煤矿用形 JIS C 0901）》。日本工业标准（JIS）是日本国家级标准中最重要、最权威的标准。根据日本工业标准化法的规定，JIS 标准对象除药品、农药、化学肥料、蚕丝、食品以及其他农林产品另制定有专门的标准或技术规格外，涉及各个工业领域。其内容包括：产品标准（产品形状、尺寸、质量、性能等）、方法标准（试验、分析、检路与测量方法和操作标准等）、基础标准（术语、符号、单位、优先数等）。专业包括：建筑、机械、电气、冶金、运输、化工、采矿、纺织、造纸、医疗设备、陶瓷及日用品、信息技术等。1990 年以来，JIS 标准总数一直保持在 8 200 个左右。其中：产品标准约 4 000 个，方法标准 1 600 个，基础标准 2 800 个。

根据日本工业标准化法的规定，日本自 1949 年 7 月开始实行质量标志制度。最初仅以产品为对象。1950 年 3 月，水泥瓦、生铁等共 10 种产品获得了第 1 批 JIS 标志。1966 年又将加工技术正式纳入 JIS 标志制度。1967 年 1 月批准“工业用镀铬”为第 1 个 JIS 指定加工技术项目。从此诞生了加工技术 JIS 标志。

(二)日本铁路相关标准

JIS 发布的相关铁路的标准包括铁道线路(JIS E 1***)、电化铁道接触网(JIS E 2***)、信号及安全设备(JIS E 3***)、机车车辆(JIS E 4***)、机车动车(JIS E 5*** 和 JIS E 6***)等。

三、日本铁路信息技术发展前景

日本已经在 IT 技术应用于铁路运输方面开展了诸多研究,建成了著名的客票预订系统(1960 年)、应用于日本新干线的列车运营管理系统 COMTRAC 和 COSMOS、数字 ATC、新一代列车控制系统(ATACS)、计算机和无线电辅助列车控制系统(CARAT)、气象信息系统(MICOS)、智能地震预警系统(UREDAS)和基于非接触式智能卡的收费系统(2001 年)等,但仍有不少亟待解决的问题:铁路运输计划不能智能地根据人们的需求而定,旅客服务系统功能不完善,虽然铁路旅客也能通过互联网获得诸如时刻表、换乘列车和事故情况等方面的信息,但并非所有铁路单位都能实时提供这些信息,并且在信息的格式和内容上也没有统一的标准;由于公路、铁路、航空、水运等不同运输方式自成系统,没有信息共享,所以除汽车以外,旅行者难以通过单一方式的交通工具满足其从一个地方到另外一个地方的旅行需求。

日本铁道技术综研所(Japan Railway Technology Research Institute,简称 RTRI)于 2000 年开始着手综合使用信息和通信技术的铁路智能交通系统的研究,提出了一个 21 世纪铁路系统,即有效使用公共交通系统的联运系统概念,称为数字铁路系统(CyberRail)。提出这个概念的目的是要将其作为研究机构、铁路运营单位和相关 IT 公司讨论的起始点,以建立一个联运的经营模式,解决阻碍联运发展问题并提高机动性。

CyberRail 的基本机制就是一个由 IT 构成的多式联运的电脑运输空间。该电脑运输空间就是不间断地监测联运网络中移动目标的位置、状态以及其他数据,并在由信息系统和网络组成的电脑空间中进行记录和追踪,如图 7-7 所示。根据这些信息为指挥和控制提供决策。

CyberRail 是一个运用移动无线通讯和互联网技术的 IT 铁路系统。主要实现的功能为:提供联运交通信息和指南;铁路相关信息分发与流通的管理;联运交通运营计划的管理;高级调度系统;考虑了节能列车运营、铁路员工保护和与公路交通合作等的高级列车控制。

1. 联运旅客援助和个人导航

先进的计算机和通信技术使得非常详细的、及时的旅客帮助成为可能。这类用户服务用于帮助旅客制定(或修改) 旅行前或旅行中联运旅行计划,并根据预定的线路为他们导航。旅行线路经常需要修改。在联运旅客援助系统中,集中计划系统是必要的,计划系统包括公共交通网络的线路指南系统和每一种交通方式单独提供的各类导航系统。为了使计划系统和导航系统能够有效的集成,给每位旅客的线路信息的语句结构和术语应明确定义和标准化。

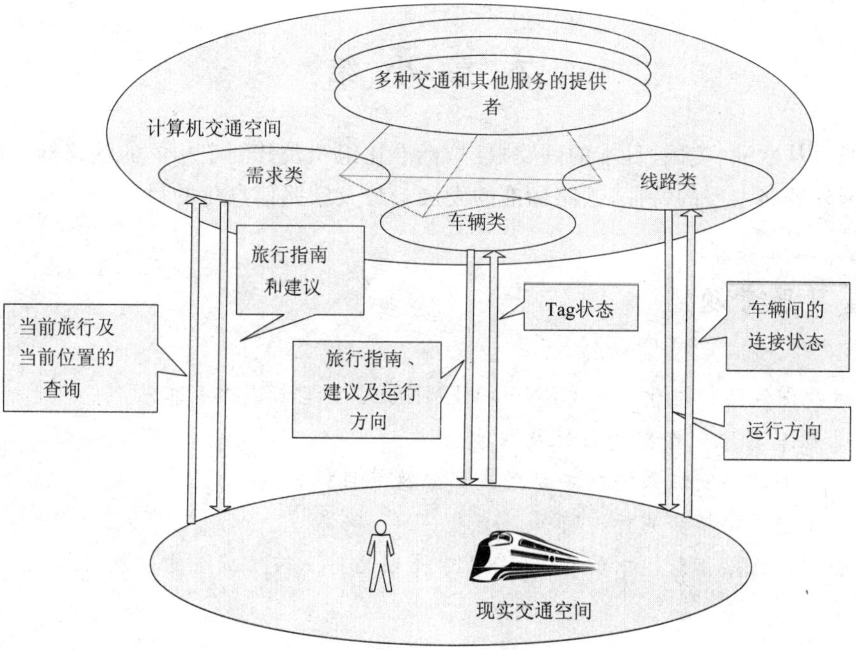

图 7-7　CyberRail综合铁路系统示意图

2. 面向需求的交通计划和时间表优化

从旅客的角度来看，这类用户服务的主要目的是优化运输计划（包括在无序状态下调整列车时刻表）。用总的旅行时间和拥挤度标准偏差（即如何将旅客合理分配到每一列火车上）等这样的评估参数来考虑多目标的优化问题。为了从旅客的角度来评估运输计划，必须用很高的精确度来估计旅客的需求。这类工作将通过分析以往售票数据，及通过调用安装在用户终端（PDAs、移动电话等）内个人导航系统中的数据，收集旅客需求来实现。

3. 铁路相关信息发布和交换的通用平台

4. 智能列车控制

这类用户服务实现了基于通信的列车控制系统的性能，它们的研发工作正在日本、西欧及北美进行。目前基于通信的列车控制主要分为三类：

（1）列车预测控制；实现缩短列车间隔、及早发现异常，并可基于对交通状况的预报来控制列车，降低能耗。

（2）监控和故障检测；通过从列车或轨道旁的装置，监控列车运行轨迹以防止列车出轨和列车相撞。

（3）对在轨道上作业的工人及维修车辆的保护：站台和平交道口是这类服务的对象，通过维修人员的手持终端和维修车辆的位置信息，为他们提供列车驶近信息，从而提醒维修人员和控制维修车辆，以免他们被行驶的列车碰撞。

本章小结

本章通过从欧洲、美国、日本的铁路概况、标准化组织及其制定相关的铁路标准的介绍，明确了当前国外铁路发展的特征，铁路标准的发展趋势及铁路信息化的目标。

复习思考题

1. 简述欧洲铁路标准化组织 CEN 和 CENELEC 的目标及其职能。
2. 简述 UIC 标准化组织的目标及职能。
3. 简述欧洲铁路交通系统的主要组成部分及其目标。
4. 简述美国铁路协会的标准特征。
5. 结合国外铁路信息技术的标准，分析中国铁路信息技术标准的发展目标。

第八章

我国铁路信息技术标准体系及相关标准

标准化是一项综合的技术基础工作，是组织现代化大生产的重要手段，是科学管理的重要组成部分。通过标准的制定、修订和组织实施，可以有效地保证和提高产品质量、工程质量和服务质量，提高经济效益和社会效益，促进对外经贸发展。我国加入世界贸易组织，特别是铁路改革与发展步伐的加快，对铁路标准化工作提出了更新、更高的要求。铁路标准化工作正面临着深化改革和发展的重要课题。

中国铁路的信息化建设已经初见规模，但是有关信息系统的标准距离铁路信息化规划的要求还有较大距离。在公用基础信息标准方面，仅有通信、线路、钢轨损伤、货运事故分类、行车事故统计、货车车种/车型/车号、货物运输品名等标准，在业务应用系统标准化方面，仅仅涉及列车超速防护、调度集中和调度监督系统以及列车调度指挥系统（TDCS）、调度集中（CTC）系统间的数据通信标准。

目前国内外有关铁路标准化的标准都不尽完善，这一问题已经引起了许多发达国家的关注。与其他国家相比，我国在铁路信息化标准方面的差距依然很大，主要体现在以下两个方面：第一是现有铁路信息化标准比较零散，不成体系，缺乏统一的标准化规划。第二是已经全面实施的几大业务信息系统缺乏统一的标准。所以从我国铁路信息化建设的实际出发，建立科学合理的铁路信息化标准体系及相关标准已经刻不容缓。

第一节　我国铁路行业标准化管理

为加强铁路行业的标准化管理，促进铁路技术进步，适应社会与经济发展的需要，根据《中华人民共和国标准化法》和《中华人民共和国标准化法实施条例》及有关规定、制定我国铁路行业标准化管理办法。铁路行业标准化工作的主要任务是制定铁道国家标准和铁路行业标准，组织并监督铁道标准的实施，指导和推动企业标准化工作。铁路行业标准化工作是铁路科学技术工作的重要组成部分。标准化发展规划已经纳入铁路发展规划；制定标准需要进行的试验研究项目，也已列入铁路科技研究开发计划。铁道标准的制定工作积极采用国际标准和国外先进标准，逐步建立具有中国铁路特点的标准体系。

铁路行业标准化工作实行统一领导、分级管理的原则。国家铁路局科技与法制司负责铁路行业的标准化行政管理工作，其主要职责是：

(1)贯彻国家标准化工作的法律、法规、方针、政策，制定铁路行业实施的具体办法。

(2)负责管理与协调铁路行业标准化工作，制定铁路行业标准化工作规划并组织实施，编制铁路行业标准体系表。

(3)编制铁道国家标准年度计划建议和铁路行业标准年度计划。

(4)组织制定、复审铁道标准，审批、发布铁路行业标准。

(5)组织铁道标准的宣传、贯彻工作，并对标准实施情况进行监督检查。

(6)指导铁路行业专业标准化技术委员会和企事业单位的标准化工作。

(7)组织铁路行业的标准化技术交流活动。组织重要新产品和引进技术项目的标准化审查工作。

各企业单位负责标准化工作的专业人员，其主要职责是：

(1)制定本单位的标准化工作计划并组织实施。

(2)实施国家标准和行业标准，建立以技术标准为主体，包括管理标准和工作标准在内的企业标准体系。

(3)可制定严于国家标准和行业标准的企业标准；对没有国家标准和行业标准的产品要制定企业标准，并按规定备案；采用国家规定的企业标准代号。

(4)负责标准信息资料的收集、整理，管理本单位标准资料和档案。

(5)积极参与铁道标准的制定。

(6)负责本单位的产品开发、技术改进和设备引进的标准化审查工作。

(7)组织标准化的宣传、教育、培训工作。

国家铁路局科技与法制司负责铁道标准的技术管理工作，其标准化工作的主要职责是：

(1)研究并提出铁路行业标准化工作建议。

(2)汇总并提出铁道国家标准、铁路行业标准年度计划建议。

(3)对铁道标准的实施情况进行调查、分析，提出铁路行业标准体系调整建议。

(4)负责对各专业标准化技术委员会上报的铁道标准报批稿进行技术及标准化审核。

(5)承担铁路进口机电产品标准化审查的备案工作。

(6)负责铁道标准档案及标准信息管理工作，定期公布标准目录。

(7)负责有关国际标准和国外先进标准的收集、分析工作。

(8)开展标准化的技术咨询服务工作。接受企业产品标准的备案。

铁路行业专业标准化技术委员会负责本专业范围内的标准化技术管理工作，具体工作由专业标准化技术委员会秘书处承担，其主要职责是：

(1)研究、提出铁道标准项目建议和铁路行业标准体系调整建议。

(2)组织制定、复审本专业范围内的铁道标准。

(3)负责本专业范围内铁道标准的解释、宣传和贯彻工作。

(4)管理标准制定和工作经费。

(5)承担新产品标准化审查工作。

(6)承担和参加标准化技术交流活动。

(7)开展标准的技术咨询服务工作。

(8)承担本专业范围内的国际标准和国外先进标准的收集、分析工作。

制定铁道国家标准,需在全国范围内统一的下列技术要求:

(1)通用的技术术语、符号、代号等技术语言。

(2)保障人身健康和财产安全的技术要求。

(3)基本原料、材料、燃料的技术要求。

(4)通用的试验、检验方法。

(5)互换性配合要求。

(6)国家需要控制的铁路用设备和工业产品的通用技术要求。

制定铁路行业标准需在铁路行业内统一的下列技术要求:

(1)铁路技术术语、符号、代号等通用技术语言。

(2)铁路用重要设备和产品的规格、性能、试验方法等以及安全、卫生要求。

(3)铁路用重要设备和产品的结构要素、通用零部件。

(4)互换性配合要求。

(5)铁路运输生产、信息、作业等技术要求和运输服务标准。

(6)铁路用重要设备使用、维修、管理技术要求。

制定企业标准,需在本企业范围内统一的下列技术要求:

(1)没有国家标准、行业标准的产品。

(2)在国家标准、行业标准基础上的补充、提高。

(3)在技术开发和生产过程中对设计、工艺、管理等技术要求。

铁道标准分为强制性标准和推荐性标准。强制性标准有:

(1)铁路用产品及在生产、贮运和使用中的安全、卫生标准。

(2)环境保护的废弃物质排放标准和环境质量标准。

(3)重要的铁路通用技术术语、符号、代号等标准。

(4)需要控制的产品以及铁路通用的试验、检验方法标准。

(5)互换性配合标准。

(6)需要控制的铁路用重要设备和产品质量标准。

其他标准为推荐性标准。

各专业标准化技术委员会每年向国家铁路局科技与法制司提出年度铁道标准项目申请,

同时送各技术委员会和对口单位。各技术委员会和对口单位对铁道标准项目申请进行汇总、初审后,提出年度计划建议报国家铁路局科技与法制司。铁道国家标准年度计划建议经国家铁路局科技与法制司组织审查后报国家质量技术监督局。铁路行业标准年度计划建议,由国家铁路局科技与法制司组织审查,经国家铁路局批准后下达。铁道标准制定应按标准起草、标准送审和标准报批的程序进行。铁道国家标准由国家铁路局科技与法制司组织审查后,报国家质量技术监督局批准发布。铁路行业标准经国家铁路局科技与法制司组织审查后,经国家铁路局批准后发布,并报国家质量技术监督局备案。标准实施后要适时进行复审,复审周期一般不超过 5 年,以确认继续有效、修订或废止。

各企、事业单位应执行铁道标准,并保证实施标准所需的物质技术条件;各企、事业单位负责人应把贯彻执行标准作为主要职责之一。研究开发新产品要充分考虑标准化要求,在设计、鉴定时,应进行标准化审查。重要的新产品由国家铁路局科技与法制司组织进行标准化审查,并提出《新产品标准化审查报告》。各企、事业单位进口设备和引进技术应进行标准化审查;进口列入《进口机电产品标准化管理目录》的产品,按规定进行标准化审查备案。企业应在产品或其说明书、包装上标明执行标准的代号、编号和名称。国家铁路局科技与法制司会同有关业务部门负责管理标准实施的监督工作,各专业标准化技术委员会和国家铁路局产品质量监督检验中心协助进行标准实施的监督工作。国家铁路局科技与法制司组织制定的铁道行业标准属科技成果,对技术水平高、取得显著效益的应予以表彰。对在标准化工作中作出突出贡献的单位和个人应予以表彰。生产、销售、进口不符合强制性标准的产品,应依照《中华人民共和国标准化法》和《中华人民共和国标准化法实施条例》进行处罚。

违反有关标准规定,造成人员伤亡、设备损失或其他严重后果的,依法追究有关人员的行政责任,按情节轻重,分别处以责令限期改正、通报批评、行政处分以及追究经济责任等;构成犯罪的,提请追究刑事责任。

标准化工作人员应严守职责、秉公办事,如有违法失职、徇私舞弊的应严格查处,造成不良后果的给予行政处分,造成重大损失构成犯罪的提请追究刑事责任。

铁路工程建设标准由铁路总公司建设主管部门组织制定、审查,并办理批准发布手续。

第二节　我国铁路标准体系

我国铁路行业标准化体系经过 50 多年的发展,初步建立了与我国铁路技术体系基本相适应的铁路标准体系。特别是自 20 世纪 80 年代中期至今,铁路行业制定的国家、行业标准数量增加显著(见表 8-1),形成了一定规模的按机车车辆、工务工程、牵引供电、通信信号、铁道运输和基础与综合专业分类的总体框架。

表 8-1　现行铁道国家、行业标准数量(2016 年 6 月统计)

标准 \ 专业分类	机车车辆综合	铁道机车	铁道车辆	工务工程	牵引供电	通信信号综合	铁路通信	铁路信号	铁路运输	基础与综合	总计
铁路行业标准	360	385	400	376	136	22	108	193	112	101	2 193
铁路部门计量检定规程	17	10	21	16	2	6	0	1	5	15	93

除了以 TB 或 JJG 发布的铁路行业标准外,还有大量的标准用途的行业技术条件存在于技术文件中,形成了现行铁路行业技术性文件体系基本框架(见图 8-1)。

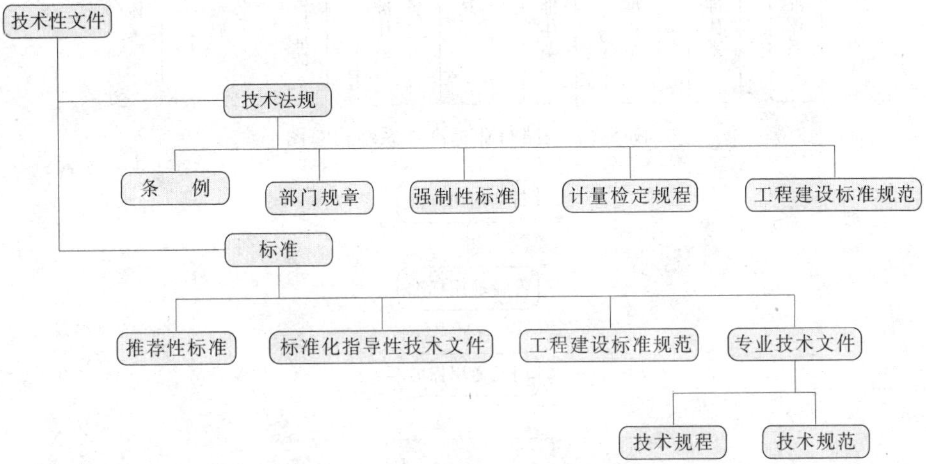

图 8-1　铁路行业现行有效的技术法规和标准形式框架

一、铁路行业现行有效的技术法规和标准形式

(1)条例:条例是领导机关制定或批准规定某些事项或机关团体的组织、职权等带有规章性质的法规性文件。

(2)部门规章:按照《立法法》规定应当属于执行法律或者国务院的行政法规、决定、命令的事项,由部门首长签署命令公布。

(3)强制性标准:国家或行业强制性标准、与铁路相关强制标准。

(4)计量检定规程:《中华人民共和国计量法》规定,计量检定必须执行检定规程。计量检定规程具有强制性,属技术法规范畴。

(5)工程建设标准规范:涉及工程质量、安全、卫生及环境保护等方面的强制性标准范畴,属技术法规;其余应为推荐性规范,属于标准范畴。

(6)技术规程和技术规范:部文发布的检修、段修、厂修规程;司、局文件发布的暂行技术条件。

二、铁路行业标准体系结构总体框架及各专业标准结构

铁路行业标准体系结构总体框架及各专业标准结构如图 8-2～图 8-11 所示。

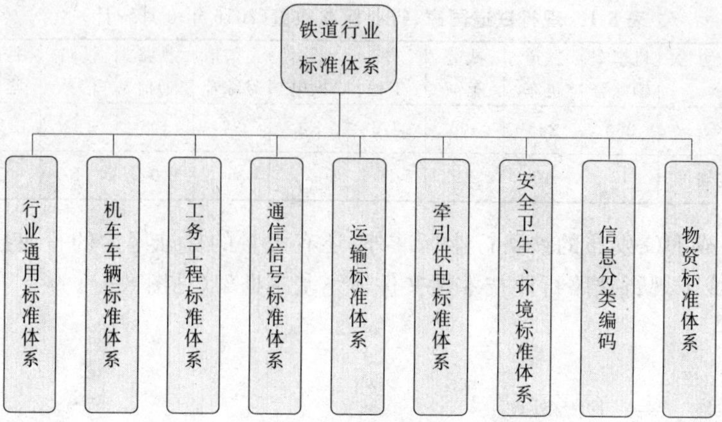

图 8-2　铁路行业标准体系结构总图

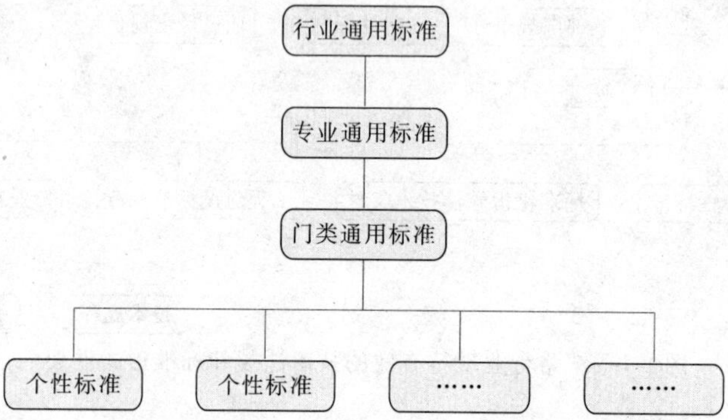

图 8-3　铁路行业标准体系基本层次结构图

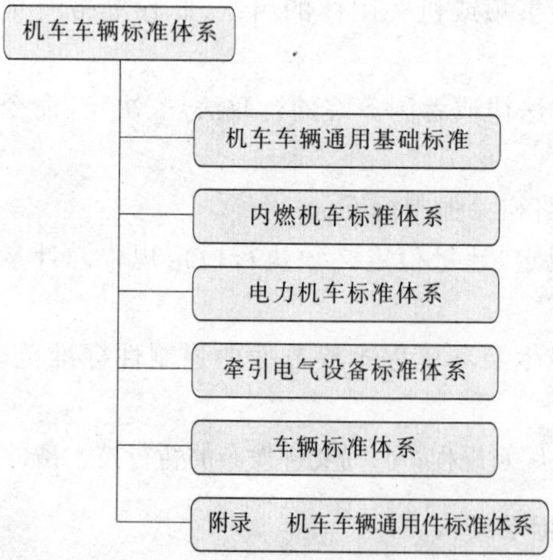

图 8-4　铁路行业机车车辆标准体系结构图

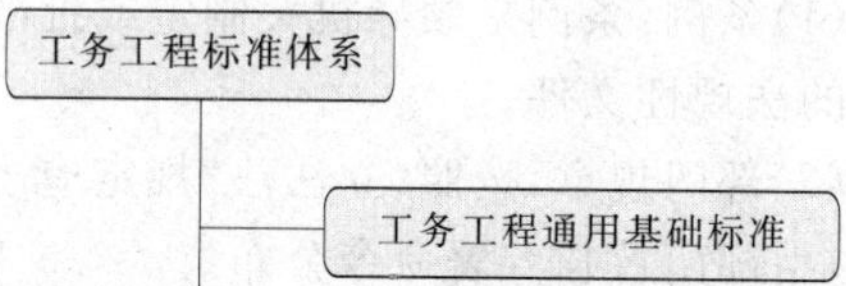

图 8-5　铁路行业工务工程标准体系结构图

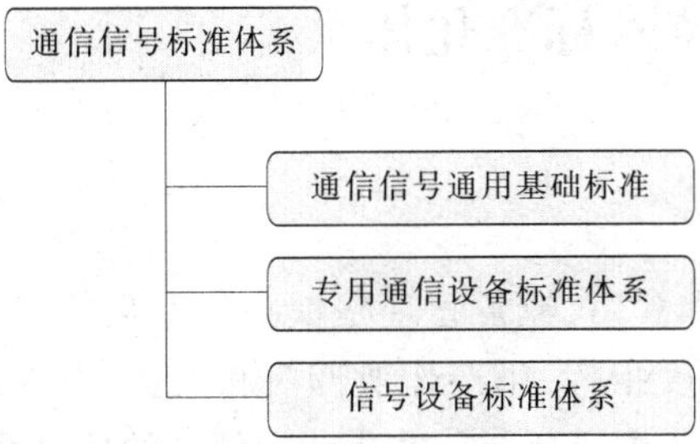

图 8-6 铁路行业通信信号标准体系结构图

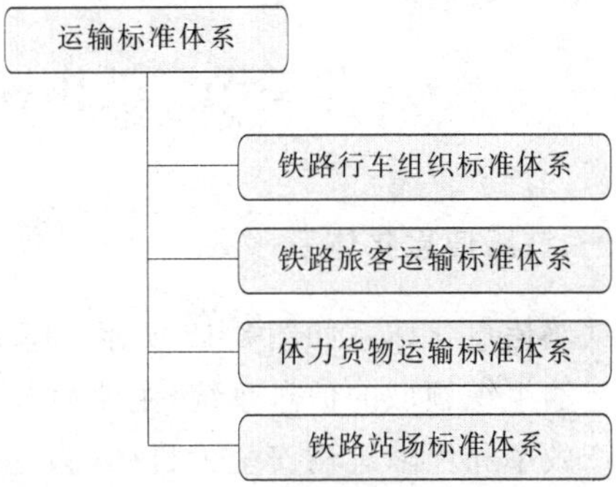

图 8-7 铁路行业运输标准体系结构图

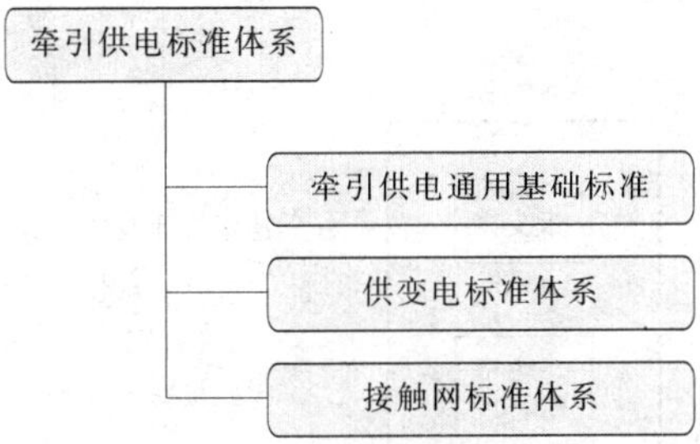

图 8-8 铁路行业牵引供电标准体系结构图

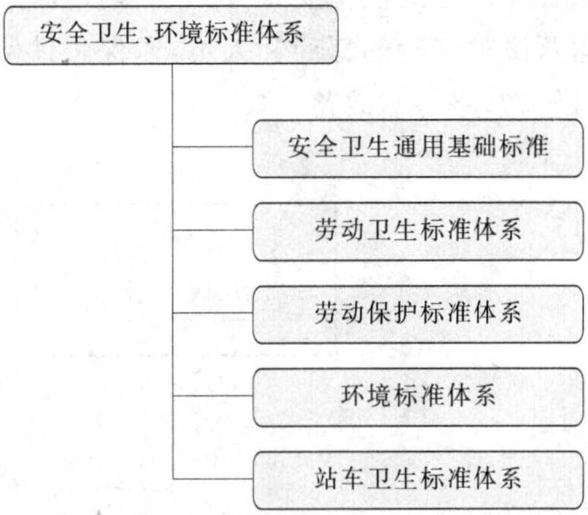

图 8-9 铁路行业安全卫生、环境保护标准体系结构图

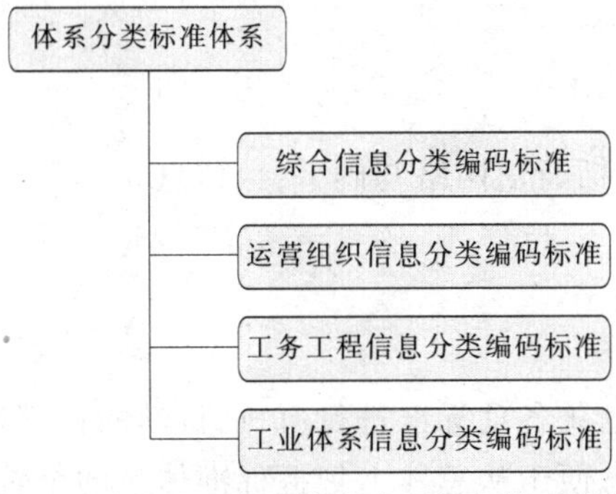

图 8-10 铁路行业信息分类编码标准体系结构图

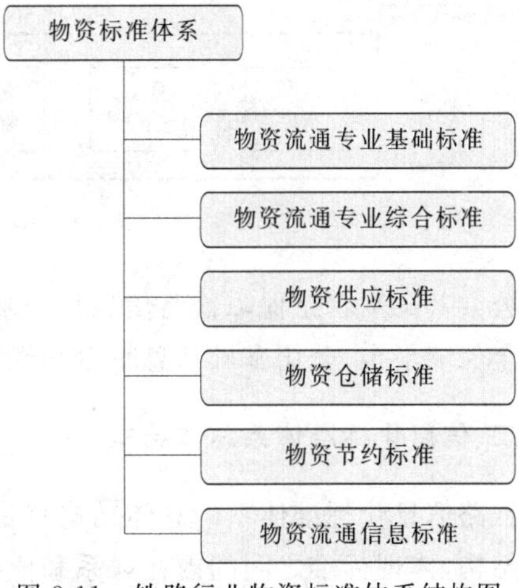

图 8-11 铁路行业物资标准体系结构图

第三节　我国铁路信息技术标准化体系

一、铁路信息化体系

铁路信息化体系如图 8-12 所示。运输组织、客货营销、经营管理是铁路信息化的三大领域。运输组织领域的信息系统，主要服务于运输的调度指挥、生产作业部门和人员，以提高运输生产效率和保障运输安全为目标，涵盖运输生产的各主要环节。客货营销领域的信息系统，主要服务于铁路市场营销人员和旅客、货主，以提高铁路运输市场竞争能力、增运增收为目标，向旅客和货主提供优质服务。经营管理领域的信息系统，主要服务于运力资源、经营资源管理与运营决策支持的部门和人员，以保障铁路运输的运力资源的优化配置和降低运输成本为目标，提高铁路运输效益。

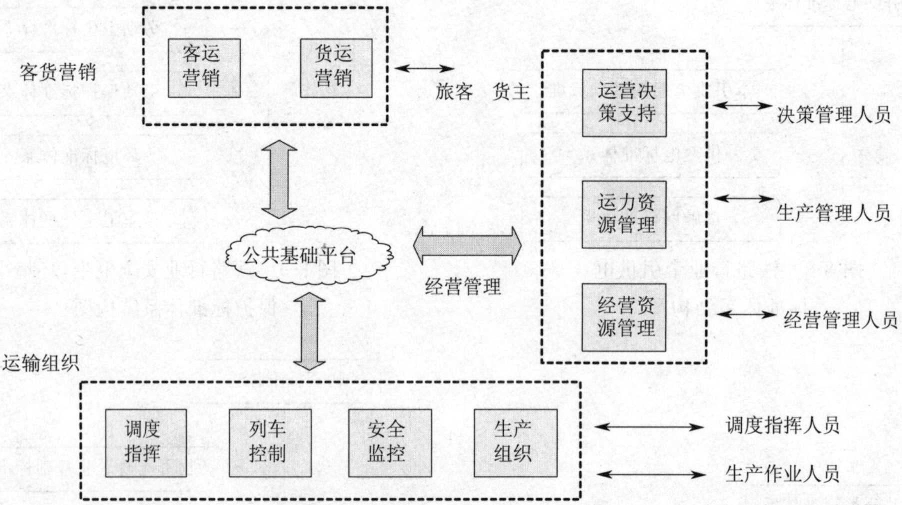

图 8-12　铁路信息化体系

公共基础平台是保障铁路信息化的基础，主要包括通信网络基础平台、信息共享平台、信息安全保障平台、公用基础信息平台和铁路门户。

二、信息化标准体系总体结构

铁路信息化标准体系的总体结构就是对铁路信息化各项标准进行有机、科学的排列形成层次结构，体现标准之间的内在联系和依存制约关系，便于从总体上把握标准体系的全貌，使各标准协调统一，避免重复和遗漏。

我国铁路信息化标准体系目前还没有给出统一的体系架构。本章提出的铁路信息化标准总体架构是以铁路信息化总体规划为指导原则，重点参考铁路总公司重大科研项目“铁路信息化标准体系研究”研究成果及相关行业的信息化标准体系资料基础上而制定的。铁路信息化标准体系框架如图 8-13 所示，它由信息技术通用基础标准体系、基础设施标准体系、信息资源标准体系、业务应用标准体系、信息安全标准体系、管理与服务标准体系和新技术应用标准体系等七大类构成。

其中通用基础标准分为定义及术语、编制通则 2 个二级类目。

定义及术语主要包括铁路信息化相关定义、基础术语和专业术语，定义及术语由定义、基础术语、专用术语 3 个三级类目组成；编制通则主要包括编制铁路信息化标准体系及信息化标准应遵循的基本准则和规则。

基础设施标准分为硬件环境标准、硬件资源标准、基础软件标准、信息网络标准 4 个二级类目。

硬件环境标准主要包括信息机房、信息设备间、数据(灾备)中心等硬件环境方面的标准，硬件环境标准由信息机房标准 1 个三级类目组成，主要包括信息机房、信息设备间、数据(灾备)中心的建筑、场地、电气、综合布线、防火、防水、防雷、接地、温湿度调节、监控等方面的标准；硬件资源标准主要包括计算机设备(含服务器、存储器等)、外设及专用终端(含识别设备，如：条码、磁卡、接触式和非接触式 IC 卡等)、网络设备(含路由器、交换机等)、安全设备(含防火墙、网匣、漏洞扫描器等)、虚拟化资源等硬件资源及其选型、配置、更新、报废等方面的标准；硬件资源标准由计算机设备标准、外设及专用终端标准、网络设备标准、安全设备标准、虚拟化资源标准 5 个三级类目组成，基础软件标准主要包括操作系统、数据库系统、编程语言、中间件、工具软件等基础软件及其选型、配置等方面的标准；基础软件标准由操作系统标准、数据库系统标准、编程语言标准、中间件标准、工具软件标准 5 个三级类目组成；信息网络标准主要包括网络体系结构、网络资源的运用与管理等方面的标准；信息网络标准由网络体系结构标准、网络接口标准、网络交换与传输标准、网络接入标准、网络资源管理标准 5 个三级类目组成。

信息资源标准分为数据元标准、元数据标准、信息分类与编码标准、业务文档格式标准、数据模型标准 5 个二级类目。

数据元标准主要包括铁路数据元及其编制、维护、管理等方面的标准；元数据标准主要包括铁路元数据注册、维护、管理等方面的标准；信息分类与编码标准主要包括铁路信息分类编码及其编制、维护、管理等方面的标准；信息分类与编码标准由通用基础信息分类与编码标准、应用信息分类与编码标准 2 个三级类目组成；业务文档格式标准主要包括利用描述技术定义的各种业务文档格式和非结构化数据格式等方面的标准；数据模型标准主要包括数据库、数据仓库、数据模型的建立、维护、管理等方面的标准。

业务应用标准分为应用支撑标准、应用系统标准 2 个二级类目。

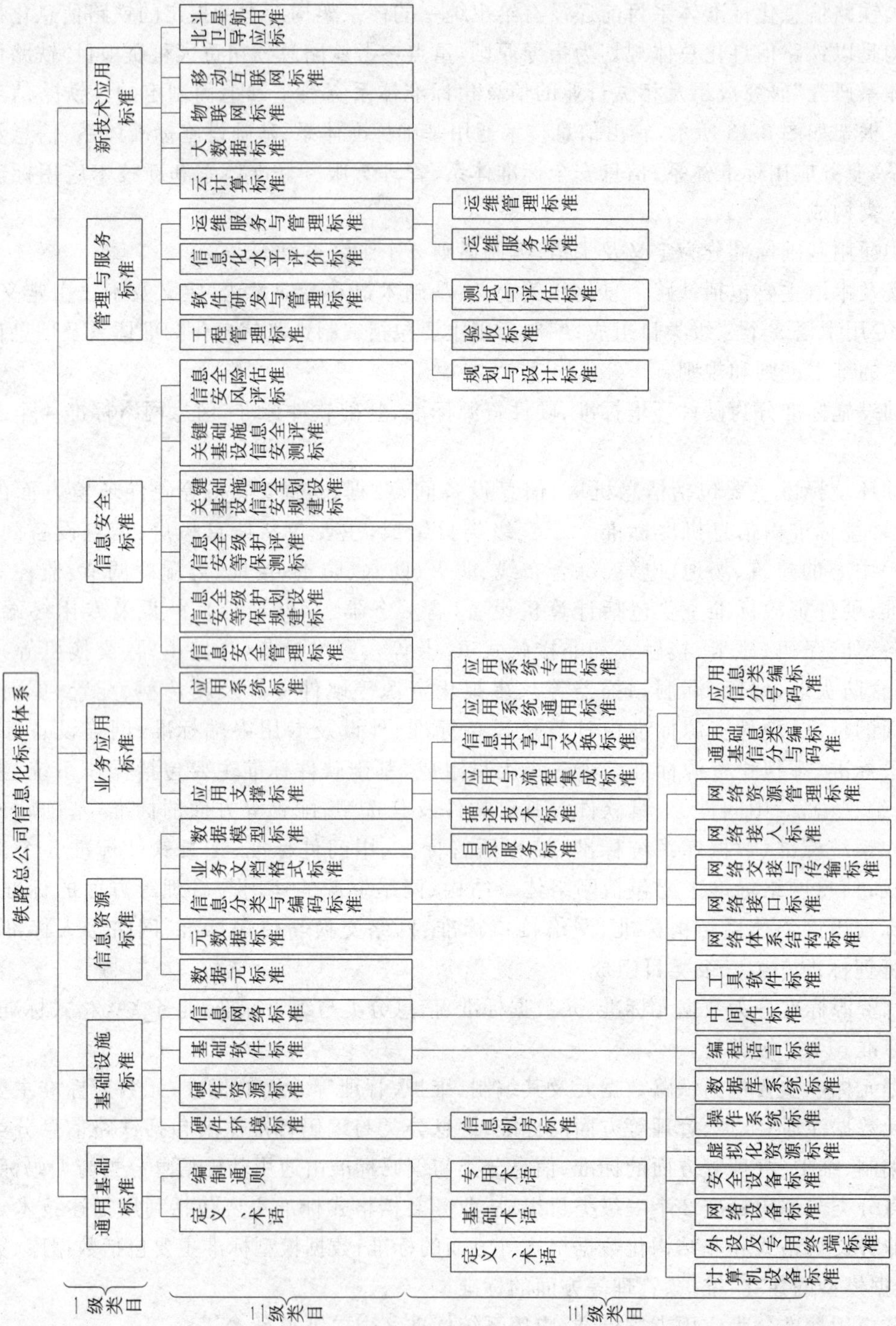

图 8-13　铁路信息化标准体系的总体架构

应用支撑标准主要包括目录服务、描述技术、应用与流程集合、信息共享与交换等方面的标准。应用支撑标准由目录服务标准、描述技术标准、应用与流程集成标准、信息共享与交换标准 4 个三级类目组成，其中，目录服务标准包括目录服务分级分类、目录服务的建立与维护等方面的标准；描述技术标准包括标准通用标记语言（SGML）、可扩展标记语言（XML）、超文本标记语言（HTML）等方面的标准；应用与流程集成标准包括信息集成平台、企业服务总线、应用系统集成、流程集成等方面的标准；信息共享和交换标准包括信息系统间、信息系统与外部系统间的数据接口、共享与交换机制、共享平台等方面的标准；应用系统标准主要包括应用系统的技术条件、业务流程、用户界面、统一授权等方面的标准。应用系统标准由应用系统通用标准、应用系统专用标准 2 个三级类目组成，其中，应用系统通用标准包括战略决策、资源管理、经营开发、智能运输、建设管理、综合业务协同等应用系统共同遵循的标准；应用系统专用标准包括一个或少数几个应用系统遵循的系统级标准。

信息安全标准分为信息安全管理标准、信息安全等级保护规划建设标准、信息安全等级保护测评标准、关键基础设施信息安全规划建设标准、关键基础设施信息安全测评标准、信息安全风险评估标准 6 个二级类目。

信息安全管理标准主要包括安全组织结构、人员安全、资产管理安全、物理环境安全、访问控制、通信和运营安全、采购开发和维护安全、信息安全紧急事件处置、业务连续性安全保障、合规性、系统安全分级分类等方面的标准；信息安全等级保护规划建设标准主要包括信息系统等级保护规划、设计、实施、验收等阶段所遵循的安全体系结构、安全工程规划设计、安全施工、安全保护策略、原则、框架、技术机制、产品及其配置要求等方面的标准；信息安全等级保护测评标准主要包括用于评估和确认信息系统达到信息安全等级保护规划和设计的安全功能和安全保证要求等方面的标准；关键基础设施信息安全规划建设标准主要包括关键基础设施信息安全保护规划、设计、实施、验收等阶段所遵循的安全体系结构、安全工程规划设计、安全施工、安全保护策略、原则、框架、技术机制、产品及其配置要求等方面的标准；关键基础设施信息安全测评标准主要包括用于评估和确认信息系统达到关键基础设施信息安全保护规划和设计的安全功能和安全保证要求等方面的标准；信息安全风险评估标准主要包括用于对信息系统运行环境、技术有效性变化、配置变更、政策变化、业务变化等进行风险评估等方面的标准。

管理与服务标准分为工程管理标准、软件研发和管理标准、信息化水平评价标准、运维服务与管理标准 4 个二级类目。

工程管理标准包括铁路信息化规划、立项、设计、施工、测试、验收、评估、投产上线等方面的标准。工程管理标准由规划与设计标准。验收标准、测试与评估标准 3 个三级类目组成，其中，规划与设计标准主要包括信息化规划、工程立项、可行性研究、工程设计、工程实施等方面的标准；验收标准主要包括信息工程验收、投资上线等方面的标准；测试与评估标准主要包括信息系统测评、测试(含软件测试)、评估等方面的标准;软件研发和管理标准主要包括软件研发过程与产品质量管理等方面的标准;信息化水平标准主要包括信息化基础建设、信息资源质量、信息系统应用与效果、信息化管理与服务水平等方面的评价标准;运维服务和管理标准主要包括业务应用系统、系统软件、硬件设备、网络及相关基础设施的运行维护和管理等方面的标准。运维服务与管理标准由运维服务标准、运维管理标准 2 个三级类目组成,其中,运维服务标准主要包括基于 IT 基础架构(ITIL)制定的计划管理、事件管理、问题管理、故障管理、变更管理、配置管理、应急管理、资产管理、备品备件管理等方面的标准;运维管理标准主要包括运维人员配置、运维定额、工作量与费用估算等方面的标准。

新技术应用标准分为云计算标准、大数据标准、物联网标准、移动互联网标准、北斗卫星导航应用标准 5 个二级类目。

云计算标准主要包括云计算技术应用以及相关硬件、软件的选型、配置等方面的标准;大数据标准主要包括大数据技术应用以及相关硬件、软件的选型、配置等方面的标准;物联网标准主要包括物联网技术应用以及相关硬件、软件的选型、配置等方面的标准;移动互联网标准主要包括移动互联网技术应用以及相关硬件、软件的选型、配置等方面的标准;北斗卫星导航应用标准主要包括北斗卫星导航系统应用以及相关硬件、软件的选型、配置等方面的标准。

三、我国铁路行业信息技术相关标准列表介绍

我国铁路行业铁路企业信息技术标准列表见表 8-2、表 8-3。

表 8-2 我国铁路行业信息技术相关标准列表

标准号	标准名称	被替代标准
GB/T 21413.4—2008	铁路应用 机车车辆电气设备 第 4 部分:电工器件 交流断路器规则	
GB/T 21413.5—2008	铁路应用 机车车辆电气设备 第 5 部分:电工器件 高压熔断器规则	
GB/T 21561.1—2008	轨道交通 机车车辆 受电弓特性和试验 第 1 部分:干线机车车辆受电弓	
GB/T 21561.2—2008	轨道交通 机车车辆 受电弓特性和试验 第 2 部分:地铁与轻轨车辆受电弓	
GB/T 21562—2008	轨道交通 可靠性、可用性、可维修性和安全性规范及示例	
GB/T 21563—2008	轨道交通 机车车辆设备 冲击和振动试验	
GB/T 16904.1—2006	标准轨距铁路机车车辆限界检查 第 1 部分:检查方法	GB/T 16904.1—1997

续上表

标　准　号	标 准 名 称	被替代标准
GB/T 16904.2—2006	标准轨距铁路机车车辆限界检查　第2部分:限界规	GB/T 16904.2—1997 GB/T 16904.3—1997 GB/T 16904.4—1997 GB/T 16904.5—1997
GB/T 17426—1998	铁道特种车辆和轨行机械动力学性能评定及试验方法	
GB/T 18818—2002	铁路货车翻车机和散装货物解冻库检测技术条件	
GB/T 21413.1—2008	铁路应用　机车车辆电气设备　第1部分:一般使用条件和通用规则	
GB/T 21413.2—2008	铁路应用　机车车辆电气设备　第2部分:电工器件　通用规则	
GB/T 21413.3—2008	铁路应用　机车车辆电气设备　第3部分:电工器件　直流断路器规则	
GB/T 12816—2006	铁道客车内部噪声限值及测量方法	GB/T 12816—1991
GB/T 12818—2004	铁道客车组装后的检查与试验规则	GB/T 12818—1991
GB/T 13317—1991	铁路旅客运输组织术语	
GB/T 15165—1994	铁路车站及枢纽术语	
GB/T 16566—1996	铁路隧道术语	
GB/T 7179—1997	铁路货运术语	GB/T 7179—1987
GB/T 8568—1988	铁路行车组织名词术语	
GB/T 10302—1988	中华人民共和国铁路车站站名代码	
GB 10493—1989	铁路站内道口信号设备技术条件	
GB 10493—1989/XT1—2005	铁路站内道口信号设备技术条件(1号修改单)	
GB 10494—1989	铁路区间道口信号设备技术条件	
GB 10494—1989/XT1—2005	铁路区间道口信号设备技术条件(1号修改单)	
GB/T 4549.9—2004	铁道车辆词汇　第9部分:电气装置	
TB/T 3424—2015	电力机车辅助滤波柜	
TB/T 3416.1—2015	动车组编码标识系统　第1部分:总则	
TB/T 3416.2—2015	动车组编码标识系统　第2部分:产品组	
TB/T 3416.3—2015	动车组编码标识系统　第3部分:安装地点与位置的标识	

续上表

标 准 号	标 准 名 称	被替代标准
TB/T 3411—2015	电动车组辅助变流器	
TB/T 3349—2014	电动车组牵引变压器	
TB/T 3348—2014	电动车组牵引特性试验方法	
TB/T 3347—2014	电动车组牵引系统温升试验方法	
TB/T 3303—2000	铁路车站旅客引导显示系统设置标准	
TB/T 3308—2013	铁路建筑实际限界测量和数据格式	
TB/T 3326—2015	铁路应急通信系统实验方法	
TB/T 3233—2010	铁路综合接地系统测量方法	
TB/T 3330—2015	无线闭塞中心技术规范	
TB/T 3324—2013	铁路数字移动通信系统(GSM-R)总体技术要求	
TB/T 3362—2015	铁路数字移动通信系统(GSM-R)智能网技术条件	
TB/T 3363—2015	铁路数字移动通信系统(GSM-R)通用分组无线业务(GPRS)子系统技术条件	
TB 10088—2015	铁路数字移动通信系统(GSM-R)设计规范	
TB/T 3364—2015	铁路数字移动通信系统(GSM-R)模拟光纤直放站	
TB/T 10430—2014	铁路数字移动通信系统(GSM-R)工程检测规程	
TB/T 3365.1—2015	铁路数字移动通信系统(GSM-R)SIM卡　第1部分:技术条件	
TB/T 3396.5—2015	高速铁路扣件系统试验方法　第5部分:绝缘电阻的测定	
TB/T 3346—2014	电动车组电气制动特性试验方法	
TB/T 3325—2013	列车无线车次号校核信息传送系统	
TB/T 3339—2013	铁道车辆运行品质轨边动态监测系统(TPDS)探测设备	
TB/T 3340—2013	铁道车辆滚动轴承故障轨边声学诊断系统(TADS)探测设备	
TB/T 3341—2013	铁道货车故障轨边图像检测系统(TFDS)探测设备	
TB/T 3287—2013	机车信号车载系统设备	
TB/T 3278—2011	轨道交通　可靠性、可用性、可维修性和安全规范及示例GB/T 21562中机车车辆RAM的应用指南	TB/T 3033—2002
TB/T 3277.1—2011	铁路磁介质纸质热敏车票　第1部分:制机票	
TB/T 3277.2—2011	铁路磁介质纸质热敏车票　第2部分:自动售票机	

续上表

标　准　号	标 准 名 称	被替代标准
TB/T 3277.3—2011	铁路磁介质纸质热敏车票　第 3 部分:自动检票机	
TB/T 3242—2010	LED 铁路信号机构通用技术条件	
TB/T 3221—2010	机车车辆用压力变送器	
TB/T 3220—2010	机车车辆用数字式语音记录装置	
TB/T 3219—2010	机车车辆继电器和接触器可靠性试验规则	
TB/T 3213—2009	高原机车车辆电工电子产品通用技术条件	
TB/T 3201—2015	铁路通信漏泄同轴电缆	TB/T 3201—2008
TB/T 3202—2008	铁路信号点灯单元	制定
TB/T 3203—2008	列车调度指挥系统、调度集中系统组网技术条件	制定
TB/T 3204—2008	铁路应急通信接入技术条件	制定
TB/T 3195—2008	铁路数控车轮机床[1/2]	
TB/T 3190—2007	铁路车务视频监控系统技术条件	制定
TB/T 3185—2007	电力机车受电弓动态检测系统	制定
TB/T 3188—2007	铁道客车行车安全监测诊断系统技术条件	制定
TB/T 3189—2007	铁路信号计轴应用系统技术条件	制定
TB/T 3161—2007	旅客列车数字广播系统	制定
TB/T 3152—2007	铁路环境振动测量	
TB/T 3153—2007	铁路应用　机车车辆布线规则	制定
TB/T 3154—2007	机车车辆车轮和轮箍伤损代码	制定
TB/T 3160.1—2007	铁路调度通信系统　第 1 部分:技术条件	部分代替 TB/T 3053.1—2002 TB/T 3053.2—2002
TB/T 3160.2—2007	铁路调度通信系统　第 2 部分:试验方法	部分代替 TB/T 3053.1—2002 TB/T 3053.2—2002
TB/T 3147—2012	铁路轨道检查仪	TB/T 3147—2007
TB/T 3137—2006	铁路产品标识代码编制规则	
TB/T 3126—2005	铁路车站计算机联锁单元控制台	

续上表

标 准 号	标 准 名 称	被替代标准
TB/T 3130—2006	铁路通信业务分类	
TB/T 3131—2006	铁路车站客运电视监视系统设置及主要技术条件	
TB/T 3133—2006	机车车辆电子产品的可靠性、可用性、可维修性和安全性规范(RAMS)	
TB/T 3112—2005	铁路站内轨道电路电码化设备	
TB/T 3116—2005	列车总线上的信息传送	
TB/T 3100.1—2004	铁路数字信号电缆　第1部分:一般规定	
TB/T 3100.1—2004/XG 2—2007	铁路数字信号电缆　第1部分:一般规定(2号修改单)	
TB/T 3100.2—2004	铁路数字信号电缆　第2部分:塑料护套铁路数字信号电缆	
TB/T 3100.3—2004	铁路数字信号电缆　第3部分:综合护套铁路数字信号电缆	
TB/T 3100.4—2004	铁路数字信号电缆　第4部分:铝护套铁路数字信号电缆	
TB/T 3100.5—2004	铁路数字信号电缆　第5部分:内屏蔽铁路数字信号电缆	
TB/T 3100.5—2004/XG 1—2007	铁路数字信号电缆　第5部分:内屏蔽铁路数字信号电缆(1号修改单)	
TB/T 3100.6—2008	铁路数字信号电缆　第6部分:应答器数据传输电缆	制定 TB/T 3100.6
TB/T 3092.1—2004	铁路信号旗	
TB/T 3097—2004	铁路车站非正常作业进路安全监督装置	
TB/T 3084—2003	铁路列车调度感应通信设备技术要求和试验方法	
TB/T 3070—2002	铁路机车车辆自动识别设备技术条件	
TB/T 3072—2002	铁路运输通信服务标准	
TB/T 3059—2009	车机联控作业	TB/T 3059—2002
TB/T 3060—2016	机车信号信息定义及分配	
TB/T 3062—2002	铁道客车通信连接器技术条件	
TB/T 3062—2002/XG 1—2003	铁道客车通信连接器技术条件(1号修改单)	
TB/T 3052—2002	列车无线调度通信系统制式及主要技术条件	TB 2294—1991 TB/T 2457—1993
TB/T 3052—2002/XG 2—2006	列车无线调度通信系统制式及主要技术条件(2号修改单)	
TB/T 3035—2002	列车通信网络	
TB/T 3042—2002	铁路道岔产品型号编制规则	GB 5912—1986 (原文本有效)
TB/T 3026.4—2002	数字会议电话　话筒分配器技术要求和试验方法	
TB/T 3026.5—2002	数字会议电话　分机技术要求和试验方法	
TB/T 3026.6—2002	数字会议电话　测试转换箱技术要求和试验方法	

续上表

标　准　号	标 准 名 称	被替代标准
TB/T 3027—2015	铁路车站计算机联锁技术条件	TB/T 3027—2002
TB/T 3021—2001	铁道机车车辆电子装置	TB/T 1394—1993 TB/T 2587—1995 TB/T 2768—1996
TB/T 3021—2001/XG 1—2002	铁道机车车辆电子装置(1号修改单)	
TB/T 3022—2001	TD系列单元控制台技术条件	TB/T 1622—1985 TB/T 1623—1985 TB/T 2849—1997
TB/T 3022—2001/XG 1—2002	TD系列单元控制台技术条件(1号修改单)	
TB/T 3023—2001	铁路光缆接头盒主要技术条件	
TB/T 3024—2001	ZP・Y—8型移频自动闭塞设备	
TB/T 3025—2008	铁路运输通信数字式语音记录仪	TB/T 3025—2002
TB/T 3026.1—2002	数字会议电话　汇接设备技术要求和试验方法	
TB/T 3026.2—2002	数字会议电话　控制终端技术要求	
TB/T 3026.3—2002	数字会议电话　主席控制盘技术要求	
TB/T 2999.1—2000	ZP・Y1—18型移频自动闭塞设备	
TB/T 2999.2—2000	ZP・Y2—18型移频自动闭塞设备	
TB/T 2999.3—2005	ZPR・Y2—18型移频自动闭塞设备	
TB/T 2993.1—2000	铁路通信站用交流配电设备	TB 1341—1985
TB/T 2993.2—2000	铁路通信站用－48 V直流配电设备	TB 1340—1985
TB/T 2993.3—2000	铁路通信站用－48 V高频开关整流设备	TB 1342—1985
TB/T 2993.3—2016	铁路通信电源　第3部分:通信用不间断电源设备	
TB/T 2993.4—2016	铁路通信电源　第4部分:通信用高频开关整流设备	
TB/T 2993.5—2016	铁路通信电源　第5部分:交流配电设备	
TB/T 2993.6—2016	铁路通信电源　第6部分:直流配电设备	
TB/T 2996—2000	数字式电话集中机技术要求及试验方法	
TB/T 2997.1—2000	铁路程控共线电话设备　主控机技术要求及试验方法	
TB/T 2997.2—2000	铁路程控共线电话设备　共线话机技术要求及试验方法	
TB/T 2997.3—2000	铁路程控共线电话设备　汇接机技术要求及试验方法	
TB/T 2998—2000	450 MHz独立同步半双工列车无线调度设备	
TB/T 2992—2000	区间道口信号设备故障监测技术条件	
TB/T 2966—1999	铁路运输设备分类与代码基本规定	

续上表

标　准　号	标 准 名 称	被替代标准
TB/T 2969—1999	平交道口自动控制或报警的技术要求	
TB/T 2970—1999	铁路灯光信号机的一般要求	
TB/T 2971—2000	铁路行李、包裹事故代码	
TB/T 2972—1999	驼峰毫米波测速雷达技术条件	
TB/T 2973—2006	列车尾部安全防护装置及附属设备	TB/T 2973—2000
TB/T 2952—1999	SDH 传输设备技术要求	
TB/T 2935—1998	分组式终端进入分组交换数据网技术要求	
TB/T 2934—1998	铁路通信术语	TB 1446—1982 TB 1629—1985
TB/T 2925—1998	铁路长途人工电话无绳式交换设备技术条件	
TB/T 2913—1998	铁路客车车型车号代码	TB 1888—1987 TB 1944—1987
TB/T 2913—1998/XG 1—2003	铁路客车车型车号代码(1 号修改单)	
TB/T 2896. 1—1998	铁路列车广播机技术要求	
TB/T 2896. 2—1998	铁路列车广播机试验方法	
TB/T 2890—1998	电气化铁道专用并联电容器技术条件	
TB/T 2891—1998	电气化铁道并联电容器静态型高次谐波过流保护技术条件	
TB/T 2892—1998	电气化铁道用中倍率镉镍蓄电池直流电源装置	
TB/T 2893—1998	铁路信号彩色屏幕显示图形符号	
TB/T 2762—2010	机车车辆继电器基本技术条件	
TB/T 2859—1997	JT1 型通用式机车信号设备	
TB/T 2850—1997	铁路分组交换数据通信网编号	
TB/T 2852—2015	轨道电路通用技术条件	TB/T 2852—1997
TB/T 2852—1997/XG 1—2004	轨道电路通用技术条件(1 号修改单)	
TB/T 2853—1997	25 Hz 相敏轨道电路技术条件	
TB/T 2854—1997	臂板电锁器联锁车站股道空闲检查设备技术条件	
TB/T 2826—1997	电气化铁道密集型并联电容器技术条件	
TB/T 2831—1997	电气化铁道牵引供电远动系统技术条件	
TB/T 2776—1997	铁路工种分类与名称代码	
TB/T 2675—2003	450 MHz 同/异频单工列车无线调度设备技术要求和试验方法	TB/T 2675. 1—1995 TB/T 2675. 2—1995 TB/T 2695. 3—1995 GB/T 15836. 1—1995 GB/T 15836. 2—1995

续上表

标 准 号	标 准 名 称	被替代标准
TB/T 2678—1995	铁路450 MHz车站电台电源技术要求和试验方法	
TB/T 2678—1995/XG 1—2002	铁路450 MHz车站电台电源技术要求和试验方法(1号修改单)	
TB/T 2679—1995	交流电气化铁道对短波、超短波收信台(站)无线电干扰的防护距离	
TB/T 2667—1995	列车超速防护技术条件	
TB/T 2668—2004	铁路自动站间闭塞技术条件	TB/T 2668—1995
TB/T 2653—2003	铁道信号设备雷电防护用变压器	TB/T 2653—1995
TB/T 2655—1995	铁路电化引入架技术要求及试验方法	
TB/T 2656—2005	铁路中间站光电数字引入柜技术要求和试验方法	TB/T 2656—1995
TB/T 2657—2016	JZSJC型交流灯丝转换继电器	TB/T 2657—1995
TB/T 2633—1995	铁路职工伤亡事故代码	
TB/T 2634—1995	钢轨超声波探伤探头技术条件	
TB/T 2615—1994	铁路信号故障—安全原则	
TB/T 2580—1995	电控列车制动试验机技术条件	
TB/T 2502—1994*	铁路道口自动广播机	
TB/T 2494.1—1994	轨道车辆车轴探伤方法　新制车轴超声波探伤	
TB/T 2340—2012	轨道超声波探测仪	TB/T 2340—2000 TB/T 2634—1995
TB/T 2494.2—2010	轨道车车轴探伤方法　第2部分:在役车轴超声波探伤	TB/T 2494.2—1994
TB/T 2495—1994*	DJ4型调度监督设备技术条件	
TB/T 2496—2000	信号微机监测系统技术条件	TB/T 2496—1994
TB/T 2497—1994	铁路半自动闭塞技术条件	
TB/T 2498—1994	XSZ—135型组合式信号机构	
TB/T 2498.2—1999	XSZ—150、XSZ—200型组合式信号机构	
TB/T 2499—2008	列车调度指挥系统(TDCS)数据通信规程	TB/T 2499—2002
TB/T 2500—1994*	铁路区间电话设备(有线)制式系列及主要技术条件	
TB/T 2493—2013	铁路线路及信号标志牌	TB/T 2493—1995
TB/T 2465—2010	铁路车站电码化技术条件	TB/T 2465—2003
TB/T 2466—1993	铁路桥梁、隧道信号技术条件	
TB/T 2467—1993	驼峰微机监测系统技术条件	
TB/T 2468—1993	铁路信号产品可靠性要求评定方法	
TB/T 2471—1993	DK・X3型道口信号机	

续上表

标准号	标准名称	被替代标准
TB/T 2472—1993	DK·S型道口闪光器	
TB/T 2473—1993	DK·K3型道口控制盘	
TB/T 2476.1—1993	铁路信号电缆　一般规定	
TB/T 2476.2—1993	铁路信号电缆　塑料护套信号电缆	
TB/T 2463.1—2002	铁路通信产品检验规则　总则	TB/T 2463.1—1993
TB/T 2463.2—2002	铁路通信产品检验规则　总机、端机类产品	TB/T 2463.2—1993
TB/T 2463.3—2002	铁路通信产品检验规则　分机、附属设备类产品	TB/T 2463.3—1993
TB/T 2463.4—2002	铁路通信产品检验规则　无线设备类产品	TB/T 2463.4—1993
TB/T 2435—1993	铁路货车车种车型车号编码	
TB/T 2436—2006	电力牵引　铁路机车车辆和公路车辆用除电子变流器供电的交流电动机之外的旋转电机	TB/T 2436—1993
TB/T 2437—2006	机车车辆用电力变流器特性和试验方法	TB/T 2437—1993
TB/T 2354—2007	旅客列车乘务电话	TB/T 2354—1993
TB/T 2306—2006	自动化驼峰技术条件	TB/T 2306—1992
TB/T 2316—1992	交流电气化铁道对有线广播线路干扰影响容许值	
TB/T 2317—1992	铁路电话交换网电话所间电路的设置和路由选择	
TB/T 2340—2012	钢轨超声波探伤仪	TB/T 2340—2000 TB/T 2634—1995
TB/T 2272—2013	牵引动力单元标记和图形符号	TB/T 2963—1999
TB/T 2296—2011	铁路信号计轴设备通用技术条件	TB/T 2296—1991
TB/T 2182—1991*	半自动化驼峰技术条件	
TB/T 2183—1991	铁路货运事故分类代码	
TB/T 2184—2004	铁路行车事故统计代码	TB/T 2184—1999
TB/T 2172—1990	铁路钢轨伤损代码	
TB/T 2178—1991	铁路电报交换网电报所地址编号	
TB/T 2180—2006	电气化铁路接触网综合检修作业车技术条件	TB/T 2180—1991
TB/T 2130.6—1990*	列车调度电话　分机技术要求和试验方法	
TB/T 2130.7—1990*	列车调度电话　双向增音机技术要求和试验方法	
TB/T 2133—1990	铁路客车通信配线主要技术要求	
TB/T 2130.1—1990*	列车调度电话　总机技术要求	
TB/T 2130.2—1990*	列车调度电话　总机试验方法	
TB/T 2130.3—1990*	列车调度电话　选叫通话箱技术要求和试验方法	

续上表

标　准　号	标　准　名　称	被替代标准
TB/T 2130.4—1990*	列车调度电话　汇接分配器技术要求和试验方法	
TB/T 2130.5—1990*	列车调度电话　载波中继器技术要求和试验方法	
TB/T 2117—1990	铁路机车信号技术条件	
TB/T 2118—1990	铁路移频机车信号设备	
TB/T 2119—1990	电气集中联锁试验技术条件	
TB/T 2120—1990	铁路信号交流继电器通用技术条件	
TB/T 2106—1989	铁路站场无线通信设备主要技术条件	
TB/T 2107—1989	铁路编组站、区段站技术(分类)条件	
TB/T 2099—1989	铁路文献机读数据著录项目及说明	
TB/T 2100—1989	铁路施工机械产品型号编制方法	
TB/T 2101—2004	铁路施工机械术语	TB/T 2101—1989
TB/T 2104—1989*	XBD 型电动臂板信号机构	
TB/T 2079—1989	铁路信号产品电路图绘制方法	
TB/T 2080—1989	铁路信号产品接线图绘制方法	
TB/T 2088—1989*	铁路电话交换网传输衰耗	
TB/T 2019—1988	交流电气化铁路对通信电缆线路危险影响的计算条件和方法	
TB/T 2022—1988*	TS4 型电锁器联锁控制台	
TB/T 2024—2007	铁路信号插入式交流二元继电器	TB/T 2024—1995
TB/T 2029—2005	铁路人工话务系统设备技术要求和试验方法	TB/T 2029—1988
TB/T 1945—1987	中华人民共和国铁路线路名称代码	
TB/T 1937—1987	铁路运输货物堆码标准	
TB/T 1938—1987	铁路装卸名词术语	
TB/T 1943—2001	中国铁路叙词表的编制与使用规则	TB/T 1943—1987
TB/T 1924—2008	标准轨距铁路轨距尺	TB/T 1924—1987
TB/T 1910—2004	铁路线路机械术语	TB/T 1910—1987
TB/T 1898—1987	车辆转向架型号编制规则	
TB/T 1889—1987	铁道产品标准化系数计算方法	
TB/T 1876—2011	450 MHz 铁路信号最小可用接收电平及测量方法	TB/T 1630—1985 TB/T 1876—1987
TB/T 1852—1986	铁路桥梁名词术语	
TB/T 1854—2006	铁路线路机械产品型号编制方法	TB/T 1854—1996
TB/T 1864—2005	驼峰车轮传感器通用技术条件	TB/T 1864—1987

续上表

标 准 号	标 准 名 称	被替代标准
TB/T 1838—1987	铁道车辆用路徽标记	
TB/T 1774—1986	继电式电气集中联锁技术条件	
TB/T 1777—2000	铁路车站客运广播设备制式系列及主要技术条件	TB/T 1777—1986
TB/T 1723—1994	铁路电话交换网铃流及信号音	TB/T 1723—1986
TB/T 1726—1986	铁路站场无线通信设备制式系列及主要技术条件	
TB/T 1730—1995	轨道车型号与功率系列	TB/T 1730—1986
TB/T 1736—1996	内燃、电力机车车型及车号编制规则	TB 1736—1986
TB/T 1692—1993	铁路电话交换网多频记发器信号方式	TB/T 1692—1985
TB/T 1693—1995	铁路电话交换网自动电话交换机的信号接口	TB/T 1693—1985
TB/T 1694—1995	调度集中和调度监督系统技术条件	TB/T 1694—1985
TB/T 1678—1997	交流电气化铁道通信防护专业术语	TB/T 1678—1985
TB/T 1679—1997	电气化铁道牵引供电系统电气图用图形符号	TB/T 1679—1985
TB/T 1688—1993	铁路电话交换网用户信号方式	TB/T 1688—1985
TB/T 1689—1993	铁路电话交换网带内单频脉冲线路信号方式	TB/T 1689—1985
TB/T 1690—1993	铁路电话交换网数字型线路信号方式	TB/T 1690—1985
TB/T 1691—1995	铁路电话交换网所间直流信号方式	TB/T 1691—1985
TB/T 1677—1997	电气化铁道牵引供电系统术语	TB/T 1677—1985
TB/T 1567—1990	铁路自动闭塞技术条件	TB 1567—1985
TB/T 1588—2005	铁路科学技术档案分类与代码	TB/T 1588—1985
TB/T 1555—2005	驼峰专用气动系统技术条件	TB/T 1555—1984
TB/T 1556—1984	驼峰机车信号技术条件	
TB/T 1557—1984	驼峰进路控制技术条件	
TB/T 1528.1—2002	铁路信号电源屏　第1部分:总则	TB/T 1528—1994
TB/T 1528.2—2005	铁路信号电源屏　第2部分:试验方法	
TB/T 1528.3—2002	铁路信号电源屏　第3部分:继电联锁信号电源屏	TB/T 2315—1992 TB/T 2474—1993 TB/T 2475—1993 TB/T 2669—1995
TB/T 1528.4—2002	铁路信号电源屏　第4部分:计算机联锁信号电源屏	
TB/T 1528.5—2005	铁路信号电源屏　第5部分:驼峰信号电源屏	
TB/T 1528.6—2002	铁路信号电源屏　第6部分:区间信号电源屏	
TB/T 1528.7—2002	铁路信号电源屏　第7部分:25 Hz信号电源屏	

续上表

标　准　号	标 准 名 称	被替代标准
TB/T 1502—2003	单双线半自动闭塞集中联锁(设信号员)接发列车作业标准	TB/T 1502—1992
TB/T 1503—2003	单双线半自动闭塞集中联锁(未设信号员)接发列车作业标准	TB/T 1503—1992
TB/T 1504—2003	单双线半自动闭塞色灯电锁器联锁　接发列车作业标准	TB/T 1504—1992
TB/T 1506—2003	单双线电话闭塞无联锁　接发列车作业标准	TB/T 1506—1992
TB/T 1498—1984	铁路通信信号产品包装技术条件	
TB/T 1500.1—2009	接发列车作业标准　双线自动闭塞集中联锁(设信号员)	TB/T 1500—2003
TB/T 1501—2003	双线自动闭塞集中联锁(未设信号员)接发列车作业标准	TB/T 1501—1992
TB/T 1484.1—2010	铁路机车车辆电缆订货技术条件　第 1 部分:额定电压 3 kV 及以下电缆	TB/T 1484—2001
TB/T 1484.2—2010	铁路机车车辆电缆订货技术条件　第 2 部分:额定电压 30 kV 电力电缆	TB/T 1484—2001
TB/T 1484.3—2010	铁路机车车辆电缆订货技术条件　第 3 部分:通信网络用电缆	TB/T 1484—2001
TB/T 1484.4—2010	机车车辆电缆　第 4 部分:无卤低烟阻燃通信网络用电缆	
TB/T 1466—1991	铁道机车车辆用灰铸铁件通用技术条件	TB 1466—1983
TB/T 1472—1983	综合护套、铝护套信号电缆技术条件	
TB/T 1478—1983*	铁路长途通信电缆制式系列及主要技术条件	
TB/T 1445—1982	轨道电路参数	
TB/T 1398—2001	机车电气设备文字符号	TB/T 1398—1981
TB/T 1395—2011	机车用直流开关电源柜	
TB/T 1381—1995*	铁路通信产品型号命名方法及管理办法	TB/T 1381—1987
TB/T 1352—1994	铁路线路术语	TB 1352—1979
TB/T 1353—1979	铁路道岔和交叉名词术语	
TB/T 1343—1979*	铁路长途通信传输质量指标	
TB/T 1120—2000	通信信号产品图样及技术文件的编号原则	TB/T 1120—1975
TB/T 1121—1998	通信信号企业标准的编号原则	TB/T 1121—1975
TB/T 1122—1992	铁路信号图形符号	TB 1122—1978
TB/T 1123—1992	铁路信号联锁图表编制原则	TB 1123—1978
TB/T 1124—2002	机车车辆通用件图样编号办法	TB/T 1124—1973
TB/T 1022—1998	铁路信号产品型号编制原则及管理办法	TB/T 1022—1977
TB/T 1023—1992	铁路信号文字符号编制原则	TB 1023—1978

续上表

标 准 号	标 准 名 称	被替代标准
TB/T 122—2001	机车车辆产品图样及设计文件编号原则	TB/T 122—1974
TB/T 1.1—1995	铁道车辆标记　一般规则	GB 7703.1—1987
TB/T 1.2—1995	铁道车辆标记　文字与字体	GB 7703.2—1987
TB/T 1932—2014	旅客列车卫生及监测技术规定	TB/T　1932—2009
TB/T 1588—2005	铁路科学技术档案分类与代码	
TB/T 3230—2010	GSM-R数字移动通信系统应用业务机车同步操控信息传送系统	
TB 10419—2003	Standard for Quality Acceptance of Railway Signaling Engineering《铁路信号工程施工质量验收标准》	
TB/T 10087—2010	铁路数据通信网设计规范	
TB 10072—2000	铁路通信电源设计规范	
TB 10755—2010	高速铁路通信工程施工质量验收标准	
TB/T 2953—2015	铁路地面信号产品高温及低温试验方法	
TB/T 2846—2015	铁路地面信号产品振动试验方法	
TB 10427—2011	铁路旅客车站客运服务信息系统工程施工质量验收标准	
TB 10074—2007	铁路旅客车站客运信息系统设计规范	
TB 10036—2000	铁路时分数字程控电话交换工程设计规范	
TB/T 3283—2015	铁路时间同步网技术条件	
TB 10306—2009	铁路通信、信号、电力、电力牵引供电工程施工安全技术规程	
TB/T 10034—2005	铁路无人值守机房环境远程监控系统工程设计规范	
TB/T 10419—2003	铁路信号工程施工质量验收标准	
TB 10007—2006	铁路信号设计规范	
TB/T 3232—2010	铁路应急中心通信设备技术条件	
TB 10418—2003	铁路运输通信工程施工质量验收标准	
TB 10006—2005	铁路运输通信设计规范	
TB/T 2962—2015	内燃机车操纵装置技术条件	
TB/T 3428—2015	微机控制的机车制动控制系统	
TB/T 2760.1—2010	机车转速传感器　第1部分:光电转速传感器	
TB/T 2760.2—2010	机车转速传感器　第2部分:霍尔氏速度传感器	
TB/T 2760.3—2010	机车转速传感器　第3部分:磁电式速度传感器	
TB/T 2763—2009	机车车辆用电流传感器和电压传感器	
TB/T 2888—2010	电气化铁路自耦变压器	

续上表

标　准　号	标 准 名 称	被替代标准
TB/T 3105.1—2009	铁道货车铸钢摇枕、侧架无损检测　第1部分:射线照相检验	
TB/T 3105.2—2009	铁道货车铸钢摇枕、侧架无损检测　第2部分:超声波检验	
TB/T 3105.3—2009	铁道货车铸钢摇枕、侧架无损检测　第3部分:磁粉检验	
TB/T 3214—2009	电力机车控制电源柜试验台	
TB/T 3215—2009	电力机车辅助变流器	
TB/T 3222—2010	机车运行监测数据无线传输车载装置	
TB/T 3226—2010	电气化铁路牵引变电所综合自动化系统装置	
TB/T 3197—2008	车载控制自动过分相系统技术条件[1/1]	
TB 10075—2000	铁路电力牵引供电隧道内接触网设计规范	
TB 10076—2000	铁路枢纽电力牵引供电设计规范	
TB/T 3328—2015	便携式牵引变电所电能质量检测装置	
TB/T 3410—2015	电动车组控制系统	
TB/T 3309—2013	电气化铁路动态无功补偿装置	
TB/T 3333—2013	机车及动车组司机警惕装置应遵循的条件	
TB/T 3238—2010	动车组牵引电动机技术条件	
TB/T 3405—2015	动车组司机制动控制器	
TB/T 3412—2015	动车组用电连接器	
TB/T 3282—2011	动车组运用维护手册编制导则	
TB/T 3403—2015	动车组制动控制系统	
TB/T 3404—2015	动车组制动装置零部件设计及制造规范	
TB/T 3408—2015	动车组转向架横向稳定性监测装置	
TB 10758—2010	高速铁路电力牵引供电工程施工质量验收标准	
TB/T 3251.1—2010	轨道交通　绝缘配合　第1部分:基本要求　电工电子设备的电气间隙和爬电距离	
TB/T 3251.2—2010	轨道交通　绝缘配合　第2部分:过电压及相关防护	
TB/T 3271—2011	轨道交通　受流系统　受电弓与接触网相互作用准则	
TB/T 3357—2015	机车、动车组牵引电传动系统	
TB/T 3358—2015	机车、动车组牵引电动机通风机组	
TB/T 2760.1—2015	机车、动车组转速传感器　第1部分:光电转速传感器	
TB/T 3249—2010	机车车辆车顶高压布线	
TB/T 1619—2010	机车车辆车轴磁粉探伤	
TB/T 1392—2015	机车车辆电磁阀	

续上表

标 准 号	标 准 名 称	被替代标准
TB/T 1608.1—2013	机车辅助电机　第1部分:异步电动机	
TB/T 1608.2—2013	机车辅助电机　第2部分:劈相机	
TB/T 3331—2013	机车车辆电气设备供电地面电源	
TB/T 3248—2010	机车车辆电子装置的安装	
TB/T 3393.1—2015	机车车辆高压互感器　第1部分:电流互感器	
TB/T 3393.2—2015	机车车辆高压互感器　第2部分:电磁式电压互感器	
TB/T 3391—2015	机车车辆隔离变压器	
TB/T 3441—2016	铁路无线调车灯显信息管理设备	
TB/T 1558.1—2010	机车车辆焊缝无损检测　第1部分:总则	
TB/T 1558.2—2010	机车车辆焊缝无损检测　第2部分:超声检测	
TB/T 1558.3—2010	机车车辆焊缝无损检测　第3部分:射线照相检测	
TB/T 1558.4—2010	机车车辆焊缝无损检测　第4部分:磁粉检测	
TB/T 1558.5—2010	机车车辆焊缝无损检测　第5部分:渗透检测	
TB/T 3256.1—2011	机车在役零部件无损检测　第1部分:通用要求	
TB/T 3256.2—2011	机车在役零部件无损检测　第2部分:轮箍、整体辗钢车轮轮辋超声波检测	
TB/T 3256.3—2011	机车在役零部件无损检测　第3部分:轮对磁粉检测	
TB/T 3256.4—2011	机车在役零部件无损检测　第4部分:车钩、钩尾框磁粉检测	
TB/T 3256.5—2011	机车在役零部件无损检测　第5部分:柴油机曲轴磁粉检测	
TB/T 3256.6—2011	机车在役零部件无损检测　第6部分:杆类、销类及轴类零件磁粉检测	
TB/T 3256.7—2011	机车在役零部件无损检测　第7部分:一般零部件磁粉检测	
TB/T 3256.8—2011	机车在役零部件无损检测　第8部分:一般零部件着色渗透检测	
TB/T 3425—2015	交流传动机车网络控制系统	
TB/T3439—2016	列控中心技术条件	
TB/T 3315—2013	交流传动机车异步牵引电动机	
TB/T 3335—2013	交流传动内燃机车主辅发电机	
TB/T 2765.1—2015	列车运行监控装置　第1部分:技术条件	
TB/T 2765.2—2015	列车运行监控装置　第2部分:记录事项	
TB/T 2765.3—2015	列车运行监控装置　第3部分:语音和电鸣音规范	
TB/T 2765.4—2015	列车运行监控装置　第4部分:专用IC卡	
TB/T 2765.5—2015	列车运行监控装置　第5部分:调车灯显接口盒	

续上表

标　准　号	标 准 名 称	被替代标准
TB/T 3063—2011	旅客列车 DC 600 V 供电系统技术要求及试验	
TB/T 1462—2010	内燃机车柴油机调速系统技术条件	
TB/T 2369—2010	铁道车辆冲击试验方法	
TB/T 2414—2010	机车制动机试验台	
TB/T 3105.4—2014	铁道货车铸钢摇枕、侧架无损检测　第 4 部分：数字化射线成像及工业计算机层析成像检测	
TB 10057—2010	铁路车辆运行安全监控系统设计规范	
TB 10080—2002	铁路电力牵引变电所用电系统设计规范	
TB 10421—2003	铁路电力牵引供电工程施工质量验收标准	
TB10009—2005	铁路电力牵引供电设计规范	
TB 10008—2006	铁路电力设计规范	
TB 10016—2006	铁路工程节能设计规范	
TB 10039—2012	铁路光伏发电系统及应急柴油发电站技术规范	
TB/T 3122—2010	铁路声屏障声学构件技术要求及测试方法	
TB/T 3239—2010	铁路用微合金化钢魏氏组织金相检验图谱	
TB/T 3200—2015	铁路道岔密贴检查器	
TB/T 2047.1—2011	铁路用无损检测材料技术条件　第 1 部分：磁粉检测用材料	
TB/T 2047.2—2011	铁路用无损检测材料技术条件　第 2 部分：渗透检测用材料	
TB/T 2047.3—2011	铁路用无损检测材料技术条件　第 3 部分：超声波检测用探头	
TB/T 3343—2014	微机控制的机车制动系统单机试验及评定	
TB/T 3355—2014	轨道几何状态动态检测及评定	
TB/T 2975—2010	铁路钢轨胶接绝缘接头技术条件	

表 8-3　铁路企业信息技术标准列表

标　准　号	标 准 名 称	被替代标准
Q/CR 9655—2015	客货共线铁路通信工程施工技术规程	
Q/CR 9606—2015	高速铁路通信工程施工技术规程	
Q/CR 9607—2015	高速铁路信号工程施工技术规程	
Q/CR 9745—2014	铁路自然灾害及异物侵限监测系统工程施工及验收标准	
Q/CR 9608—2015	高速铁路电力工程施工技术规程	
Q/CR 9609—2015	高速铁路电力牵引供电工程施工技术规程	

续上表

标　准　号	标 准 名 称	被替代标准
Q/CR 9657—2015	客货共线铁路电力工程施工技术规程	
Q/CR 9218—2015	铁路隧道监控量测技术规程	
Q/CR 9202—2015	铁路建设项目现场管理规范	
Q/CR 9204—2015	铁路建设项目工程试验室管理标准	
Q/CR 9228—2015	铁路通信、信号、电力、电力牵引供电施工机械配置技术规程	
Q/CR 9006—2014	铁路建设工程风险管理技术规范	

第四节　我国铁路信息技术标准化实例介绍

本节以《CTCS 技术规范总则》为例，对铁路信息标准化进行介绍。CTCS 是 Chinese Train Control System 的缩写，即中国列车运行控制系统，它以分级的形式满足不同线路的运输需求，在不干扰机车乘务员正常驾驶的前提下有效地保证列车运行的安全。在中国铁路高速发展的时期，干线铁路将进一步提速，已开通、将要开通和计划开通多条客运专线。为确保列车运行安全和提高运输效率，迫切需要装备性能先进、安全可靠的列车运行控制系统。

CTCS 系统是在对欧洲 ETCS 技术规范分析研究的基础上，结合中国铁路的具体情况，制定的具有自主知识产权的行业标准。CTCS 系统有两个子系统，即车载子系统和地面子系统。地面子系统可由以下部分组成：应答器、轨道电路、无线通信网络（GSM-R）、列车控制中心（TCC）/无线闭塞中心（RBC）。其中 GSM-R 不属于 CTCS 设备，是重要组成部分。

（1）应答器是一种能向车载子系统发送报文信息的传输设备，既可以传送固定信息，也可连接轨旁单元传送可变信息。

（2）轨道电路具有轨道占用检查、沿轨道连续传送地车信息功能。无线通信网络（GSM-R）是用于车载子系统和列车控制中心进行双向信息传输的车地通信系统。

（3）列车控制中心是基于安全计算机的控制系统，它根据地面子系统或来自外部地面系统的信息，如轨道占用信息、联锁状态等产生列车行车许可命令，并通过车地信息传输系统传输给车载子系统，保证列车控制中心管辖内列车的运行安全。

（4）车载子系统可由以下部分组成：CTCS 车载设备、无线系统车载模块。

（5）CTCS 车载设备是基于安全计算机的控制系统，通过与地面子系统交换信息来控制列车运行。

（6）无线系统车载模块用于车载子系统和列车控制中心进行双向信息交换。

《CTCS 技术规范总则》系统描述了 CTCS 的基本概念、目标、框架结构、分级和各级间的兼容关系，是CTCS设备研发的强制性规范。作为设计、招标、研发和相关标准制定的法规文件，必将促进中国列车超速防护系统跨越式发展，推进对外合作，具有重要的社会意义和经济意义。

本章小结

本章介绍了我国铁路行业标准化管理办法以及我国铁路标准体系。依据铁路总公司信息化的总体规划，建设中国特色的铁路智能运输信息系统作为总体目标。为了实现该目标，本章详细介绍了铁路信息化的体系结构、各领域的主要应用系统及其功能，总结了铁路行业同铁路信息化相关的标准；并以《CTCS技术规范总则》为例，对铁路信息标准化内容结构进行介绍。通过本章的学习，能够使读者能够了解铁路信息化标准的内容，有助于对整个铁路各应用系统间信息交互、业务流程的理解，为规划中的铁路智能运输信息系统的建设提出有益的思路。

?复习思考题

1. 请简要描述信息技术的含义、发展历史。公共基础平台主要包括哪些基本平台？
2. 我国铁路行业标准体系包括哪几个专业分类？
3. 铁路行业标准化工作的主要任务是什么？
4. 铁路信息化的应用领域是什么？简述每个领域的主要内容。
5. 结合《CTCS技术规范总则》，谈一谈我国铁路信息技术标准化与高速铁路发展的关系。

参考文献

[1] 朱建生，张百黎．铁路信息系统统一基础数据编码方案的相关问题研究[A].铁道科学研究院55周年论文集[C]，2005.

[2] 黄银霞，朱梅．技术标准体系与市场准入基础知识(3)[J]. 铁道技术监督，2007(12)：35.

[3] 芦金宁．铁路标准化工作的回顾与展望[J].铁道技术监督，2003(3).

[4] 芦金宁．铁路标准化工作的改革与发展[J].中国铁路，2002(9).

[5] 余祖俊，佟琼，黄磊．铁路信息系统编码方法的比较分析[J].铁道学报，2001(06)：23.

[6] 马钧培.中国铁路信息化建设与展望[J].交通运输系统工程与信息，2005(5).

[7] 李学伟，宁滨，黄磊．中国铁路信息化研究[J].中国软科学，2000(12).

[8] 马忠法．标准与知识产权之关系——兼谈在企业战略中的应用[J].知识产权，2007(1)：17.

[9] 张平，马骁．技术标准与知识产权的关系[J].科技与法律，2003(2).

[10] 古发辉．面向信息共享的信息分类编码标准体系与实施过程研究[J].情报杂志，2008(4).

[11] 彭旭．企业信息编码管理体系的建设和实施[J].CAD/CAM与制造业信息化，2009.

[12] 周岩．企业信息化和信息分类编目标准化[J]. 中国科技信息，2006(20).

[13] 张艳琦．我国信息分类编码标准化的现状及发展趋势[J].世界标准信息，2008(6).

[14] 李平，裴坤寿．关于统一铁路信息化标准的研究[J].铁道技术监督，2005(4).

[15] 沈同，邢造宇.标准化理论与实践[M].北京：中国计量出版社，2007.

[16] 李春田.标准化基础[M].北京：中国计量出版社，2001.

[17] 陈渭.标准化基础教程[M].北京：中国计量出版社，2008.

[18] 国家标准化管理委员会.标准化基础知识[M].北京：中国计量出版社，2004.

[19] 刘峥.标准及标准化[M].北京：中国计量出版社，2005.

[20] 陈仁竹，马亚良，石溦.标准化基础教程[M].北京：中国计量出版社，2008.